信息之争

《京报》的英译、传播与影响（1802—1911）

赵莹 著

社会科学文献出版社
SOCIAL SCIENCES ACADEMIC PRESS (CHINA)

本书系 2022 年国家社科基金重大项目
"全面抗战时期中国共产党国际抗日宣传方略及成效研究"
（项目号：22&ZD024）子课题阶段性成果

序

吴义雄

《京报》在历史上渊源久远，而清代是其迅速发展的时期。我们今天能看到的《京报》，基本上都是自清代保留下来的。这种具有独特形态和价值的报纸，虽是前近代国家政治生活的产物，但在晚清时期仍发挥了不容忽视的多种功能。按该书作者的说法，"在19世纪，《京报》是中国朝野之间主要的信息传播载体"。对这一传播载体本身进行研究，无疑能够为观察和理解相关时段的历史演变，提供一个有特色的具体视角。长期以来，学术界一直期待这方面的研究成果，而赵莹的这本书，即为一部具有特色的专门研究著作，其意义无庸赘言。

该书以"《京报》的英译、传播与影响"为研究主题，但书中对《京报》一般性知识的介绍也很必要。这是因为，迄今为止，关于《京报》的专业性研究和介绍仍然较少，研究者多知其名，却缺乏详细了解。故该书对《京报》的内容与版本、生产与运作情况的集中梳理，及其在清末退场、被《政治官报》替代过程的叙述（分别见第一、六章），都能令读者获益。当然，该书最大的贡献，在于揭示了《京报》在清中叶以降近一个世纪时间里，在中西关系特别是中英关系上的影响。

《京报》的英译、传播与影响（1802—1911）

英国在 18 世纪中后期逐渐成为西方对华关系的主角，在 19 世纪多国竞逐在华利益的过程中，更具有明显的优势地位。为了寻求或实现各种利益，其必须动用所有手段，来获取必要的信息和知识。清政府的法令、政策、政治动向、重要事件和内外人事变动等，则是英人在任何时期都首先渴望了解的信息。集中刊载清政府各种文件、常规性发布且较易获得的《京报》，便成为他们获取这些信息的首要读物。其实，早在英人关注该报之前，欧洲大陆的传教士和学者中，便不乏阅读并翻译《京报》的人士。但英人在中西交往环境下，将对《京报》的重视提高到前所未有的程度，这与其在华利益的日渐扩张并远远领先西方各国的情形相关。该书第二、三章分析了英人对《京报》认知和理解的历史背景，显示了几代英美人士特别是那些身在中国的人士，从多种角度出发，对《京报》认识不断深化的过程。他们发表的大量论述文字，在今天看来，承载了西人对这种跨越多个世纪的出版物之内容、价值和特点的认知，是一种信息史和知识史的见证。而在当时的论者看来，他们是在进行一种现实中的信息和知识价值的论证。他们对《京报》的发行背景、生成过程、载体形式、传播方式和内容特点的介绍和评论，围绕各方面情况进行的梳理、概括和分析，为其受众阅读和理解其所刊载文献的内容与价值，提供了必要的指引或门径。

很容易从书中发现，对《京报》进行翻译和论述的作者，大多是中西文化交流史上的著名人物。他们在中国语言、历史、文化方面的造诣，不仅使他们掌握了从事翻译活动必备的语言工具和知识储备，也使他们具备进行翻译的条件、策略和技巧，评论其作为资讯和知识载体之内容、特点及其作用的能力。其中，斯当东、德庇时曾兼具商人和外交官身份，威妥玛、阿礼国、梅辉立、庄延龄等人是专业外交官，而马礼逊、麦都思、裨治文等则是身负宗教使命的传教士。当然，在 19 世纪后期从事翻译活动的还有上海等地英文报馆的编译人员。这种组合表明，尽管现实因素是这些人关注《京报》的重要原因，但可以看到，这种出版物提供的信息不仅与政治、外交或商业议程相关，还与更广泛的领域，如文化、宗教领域联系在一起。在今天的研究者看来，上述人士大多具有"汉学家"的文化身份。他们对《京报》的研究和论述，也使他们毕生努力追求的关于中国的知识拼图更趋完整。因此，他们的翻译和相关论述，也构成至今仍有重要影响力的西方"汉学"或"中国学"的一部分。从这些方面来看，该书对于译介背景和译者认知的研究，也为理解多方面的学术问题提供了一个具有特色的视角。

作者在第三章对《京报》英译的历史过程的梳理和分析，以及第四章对字林报馆翻译活动的专题研究，构成了该书的主体部分。第三章以数万字的篇幅，展示了在大约一个世纪的时间里，《京报》英译的漫长历史画面。随后，作者专辟一章论述字林报馆的翻译活动，提供了《京报》英译最典型的个案。这样一种报刊大规模地翻译另一种报刊，并且长期持续的现象，不仅是翻译史研究的重要课题，也应成为晚清中西关系史研究的重要对象。从《印中搜闻》开始，英文报馆翻译《京报》持续了80余年的时间。虽然《印中搜闻》和后来的《中国丛报》，以及字林报馆早期依托《北华捷报》等报刊所开展的翻译工作，在规模上远不能与1872年之后字林报馆长期结集刊印的译文相比，但很明显，从机构的角度而言，各时期的英文报馆是百年《京报》英译的主要承担者。这就构成了中西传媒交流史乃至中西文化关系史上的一道独特景观，颇有令人深思之处。这两章的内容不仅可以使读者了解《京报》英译的历史过程，从事这个时期中西关系史研究的学者，还可以从中获得研究很多相关问题的资讯。作者对这个过程进行的阶段性划分，对每个时期翻译内容的论述，都是很重要的学术贡献。进行这样的工作，不仅要求作者花费巨大的精力搜寻和阅读大量英语文献，而且须具备这一个世纪中包括中西关系史在内的多方面历史过程的广泛知识，以及驾驭长时段历史问题，对其进行详细梳理，认真分析和深入阐述的水准。无论是在语言工具方面，还是知识储备方面，抑或是分析的能力方面，开展该课题的探讨，较一般可以依靠在本土语言和社会环境背景形成的"大块资料"而进行的研究，显然有更大的难度。在很多情况下，从事这种并无太多既有成果可以借鉴的问题的研究，作者所要付出的代价，不仅在于为克服这些"难度"而付出的极大努力，甚至包括因远离所谓"学术热点"而不得不承受的一时孤寂。

　　翻译后的《京报》，其内容构成和表达方式大体上不受翻译行为的影响。但经翻译之后，其在西人群体和西方社会的传播方式与影响路径，却遵循了西报的模式，而与其原本在清朝权力所及范围内的情况完全不同。在一定意义上可以说，主要由英文报馆翻译后的英文本《京报》，实际上变成一种独特的英文"媒体"。一种传播媒介，有何实际影响？发生影响的方式和程度如何？通常很自然会有如此疑问，但研究者提出的答案常常难以得到有力的实证支撑。正因为如此，该书考察的几个典型个例，对于评估英译《京报》的影响力，便是一种难能可贵的尝试。第五章的各节，分别讨论《北京条约》签订后的善后谈判中、1873年外国使节觐见同治皇帝后的交涉中，以及"马嘉理案"引起的中英交涉中，《京报》所发挥的独特影响。当然，在这些案例中，《京报》更显著的作用，在于被外人赋予政治上的角色，对其加以利用，在获得政治、军事和外交利益的同时，迫使清政府将其做出的妥协，通过《京报》公告天下，以在中外角力的过程中占稳上风，巩固优势，在精神上形成对清政府的钳制。这是中外关系史上很值得注意的一个侧面，而该书对这些史实的揭示，可以扩大我们认识近代中西关系史的视野。但这些案例另一个值得注意的方面，则是彰显了传播媒介的现实影响力。清政府为回避此类负面信息的发布，做出过各种努力，这是因为它一贯重视政治信息的管控，对涉及中西关系的负面信息的发布尤为慎重。而英国等国坚持要清政府在《京报》上公布相关文献，说明其对该报在中国国内的影响力具有清晰的认知；这些文献经过翻译，也势必对其国内的政治决策和社会舆论产生直接影响。第六章关于《京报》的翻译与西人对"丁戊奇荒"的了解和救助的叙述，就很详细地揭示了这种影响的具体方式及其达到的程度。由于这些内容，也可以说该书在传媒政治史和传媒社会史的研究方面取得了很值得肯定的进展。

　　该书讨论了多方面的问题，内容也很丰富，但篇幅紧凑，语言清晰而简洁，说明其在内容安排上经过了细心的打磨，在观点表述上进行了清晰的思考，故并未出现堆砌材料和琐细铺陈的弊端。作为一个具有开拓性的课题，《京报》翻译的研究还有继续推进的空间，如《京报》其他语种的译本，也是值得探讨的对象。这项研究将近代的中西媒体与多个领域关联在一起，在不少问题上提供了启发性的思路，循之而进，还会有更多的发现。我期待赵莹继续发挥探索精神，贡献更多的优秀研究作品。

2024 年 12 月

目 录
CONTENTS

绪　论 ………………………………………………………………… 001

第一章　信息及权力：外国人的中国信息源——《京报》 ………… 017
　　第一节　《京报》的内容与版本 ………………………………… 018
　　第二节　《京报》的生产与运作 ………………………………… 026
　　第三节　《京报》的中外读者及其阅报心理 …………………… 034
　　小　结 …………………………………………………………… 049

第二章　译介背景：19世纪西人眼中的《京报》 …………………… 051
　　第一节　18、19世纪西人对《京报》态度之对比 ……………… 052
　　第二节　19世纪英国人看重《京报》之缘由 …………………… 057
　　小　结 …………………………………………………………… 067

第三章 译者与译文：西人对《京报》译介活动的开展 ………… 068

第一节　19世纪初海外英文报刊对《京报》译文的刊载 …… 070

第二节　在华早期：鸦片战争前后来粤西人的《京报》
译介活动 ……………………………………………… 081

第三节　转变期：19世纪50年代至70年代初在沪西人的
《京报》译介活动 …………………………………… 095

第四节　繁荣期：19世纪70年代至90年代末《京报》
英译的蓬勃发展 ……………………………………… 105

第五节　19世纪《京报》英译的"通"与"变" …………… 115

小　结 …………………………………………………………… 123

第四章 载体与渠道：字林报馆与《京报》翻译 ……………… 125

第一节　字林报馆及其出版物概况 …………………………… 127

第二节　"《京报》摘要"栏目的酝酿与设立（1850—1871）
……………………………………………………………… 133

第三节　字林报馆《京报》译本的版本与内容 ……………… 140

第四节　字林报馆《京报》译文的利用 ……………………… 153

小　结 …………………………………………………………… 157

第五章 挑战传统：《京报》译介与《京报》在中英外交中的
角色变迁 ………………………………………………………… 159

第一节　《北京条约》善后交涉中的《京报》角色 ………… 162

第二节　1873年"觐见问题"中的《京报》角色 …………… 168

第三节　"马嘉理案"中的《京报》角色 …………………… 177

小　结 …………………………………………………………… 181

第六章 开拓与变革：《京报》消息的国际传播与清政府的官报改革 …… 183

　　第一节 "丁戊奇荒"中《京报》消息的国际传播及其影响 …… 184

　　第二节 清末危局中清政府的态度转变与《京报》的退场 …… 200

　　第三节 《政治官报》与清廷重塑信息传播体系的尝试 …… 213

　　小　结 …… 221

结　语 …… 223

附　录 …… 227

参考文献 …… 239

绪　论

一　研究缘起

信息是"消息接受者预先不知道的报道",广义上讲,"知即信息"。[①] 流动的信息编织出一张无形的大网,将人类社会的每一个角落纳入其中,从古至今无时无刻不在影响人们的生活。18世纪后期起,工业革命迅速在欧洲掀起一股飓风,并在19世纪席卷全球。工业革命所带来的交通手段和信息技术在世界范围内的快速更新,使信息的重要性日益凸显。[②]

20世纪90年代,英美学者开始将目光投向"信息史"(information history)研究。所谓"信息史",主要涉及对信息技术的发展、传播媒介的变化、情报系统的建设、信息传播者及传播机构的历史面貌等问题的研究。它与知识史、新闻史、传播史甚至是科技史等领域的研究不可分割。[③] 早期

[①] 陈原放主编《简明社会科学词典》,上海辞书出版社,1982,第762页。
[②] 参见〔美〕西奥多·彼得森等《传媒的四种理论》,戴鑫译,中国人民大学出版社,2008;〔美〕哈林、〔意〕曼奇尼:《比较媒介体制:媒介与政治的三种模式》,陈娟、展江译,中国人民大学出版社,2012。
[③] 参见〔美〕约翰·希利·布朗、保罗·杜奎德《信息的社会层面》,王铁生、葛立成译,商务印书馆,2003;C. A. Bayly, *Empire and Information: Intelligence Gathering and Social Communication in India, 1780-1870*, Cambridge University Press, 2000。

"信息史"研究的代表成果是贝利（C. A. Bayly）的《帝国与信息：印度的情报搜集与社会交流》（*Empire and Information: Intelligence Gathering and Social Communication in India, 1780-1870*）①，该书论述了英国东印度公司在印度建立情报搜集和转译机制的始末及其社会影响。作者匠心独具，将社会学家卡斯堤尔（Manuel Castell）提出的"信息秩序"（information order）这一概念引入历史研究，以此为主线对不同种姓、职业的印度本土人在情报网中所扮演的角色进行了分析，对后来的研究者颇具启发意义。近年来的相关研究成果中②，沈艾娣（Henrietta Harrison）《中国农村地区的报纸与民族主义（1890—1929）》（*Newspapers and Nationalism in Rural China, 1890-1929*）和赤见友子（Akami Tomoko）《日本的新闻宣传与路透社在东南亚的新闻帝国（1870—1934）》（*Japan's News Propaganda and Reuters' News Empire in Northeast Asia, 1870-1934*）③较为值得关注。前者主要讨论19世纪末20世纪初新兴的民族主义通过"讲报"活动在中国北方农村地区的传播以及受众反应两个问题；后者从1870—1934年日本政府和国民如何应对电报技术所带来的信息传播方式的革命这一角度着眼，对电报通信技术与大众化政治（mass-based politics）之间相辅相成的关系进行了阐释。沈艾娣的研究注意到信息传播速度与传播渠道同受众反应之间存在极为密切的联系，赤见友子则强调信息传播方式的变革对政治形态以及国际关系的深远影响。两人的研究体现出信息史研究领域新的发展趋势：一方面，信息的传播速度和渠道受到越来越多的关注；另一方面，学者们

---

① C. A. Bayly, *Empire and Information: Intelligence Gathering and Social Communication in India, 1780-1870*, Cambridge University Press, 2000.
② 其中论及信息技术与中国社会变革关系的研究成果有 Ariane Knuesel, "British Diplomacy and the Telegraph in Nineteenth-Century China," *Diplomacy and Statecraft*, Vol. 18, No. 3, 2007, pp. 517-537；史斌：《电报通信与清末民初的政治变局》，中国社会科学出版社，2012；等等。
③ Henrietta Harrison, "Newspapers and Nationalism in Rural China, 1890-1929," *Past & Present*, No. 166, February, 2000, pp. 181-204; Akami Tomoko, *Japan's News Propaganda and Reuters' News Empire in Northeast Asia, 1870-1934*, Republic of Letters, 2012.

开始尝试打破国别的界限,将信息史置于区域化乃至全球化的背景中进行研究。

英国人很早就意识到信息的重要性,其海外信息情报系统的建设与其在全球的殖民扩张相辅相成。19世纪,越来越多的英国人来到中国,其在华情报搜集活动也随之铺开。19世纪的英国人如何在中国这块广袤而古老的土地上打破重重壁垒,建立起对于中国各地信息的有效获取渠道?这些在英国人主导下搜集、转译和传递的中方信息又如何影响了英国人的对华活动?对这些问题的解答不仅可以拓宽中英关系史、中国新闻史和翻译史研究的视野,还是19世纪英国在全球的殖民扩张活动研究的重要一环。

本书从19世纪中国最重要的信息载体之一——《京报》着眼,对当时以英国人为代表的西方人围绕《京报》所展开的译介及外交活动进行研究。本书主要探讨以下问题:19世纪以英国人为代表的西方人围绕《京报》这一信息来源进行了哪些活动?《京报》消息通过何种渠道被获取、转译,最终抵达普通外国读者手中?这条以《京报》为起点、以西方读者为终点的信息通道,向外如何与英国乃至国际社会的对华活动发生联系,向内如何对中国社会原本信息传播体系产生作用?在此过程中,清政府又采取了怎样的态度和应对之法?本书希望通过解答上述问题,对19世纪至20世纪初国际社会的信息权力博弈以及中国近代信息传播体系的转型问题有所观照。

本书研究的时间起点为1802年,依据是《曼彻斯特商报》(*Manchester Mercury*)等数份英国本土报刊刊出的英国东印度公司广州商馆发回的《京报》消息译文,开启了《京报》跨文化传播的序幕。清末新政中,清政府尝试仿西制,以各类官报构建新的官方信息传播系统,代替原本由邸报、《京报》等支撑的古代官方信息传播系统。《京报》的出版成为历史,英国人对《京报》持续了一个多世纪的翻译传统也随之终结。故本书研究的时间下限为清末新政时期。

二　先行研究

《京报》——英国人称之为 Peking Gazette，其内容源于邸报，所载"首宫门抄，次上谕，又次奏折，皆每日内阁所发抄者也"。① 孔正毅在其博士学位论文《清代邸报研究》中对《京报》有比较明确的定义："'京报'是我国清代典型的报纸形态，特别是清代中叶以后，《京报》成为民间报房刊印报纸的固定报头，取代了传统'邸报'的称谓，成为古代报纸的统一名称，实现了中国古代报纸从单纯的官报走向'官民报'，古代报业从官府走向民间的实质性转变。"② 在 19 世纪，《京报》是中国朝野之间主要的信息传播载体，具有独特的价值，一直受到中外学者的重视。

有关《京报》研究，学界一般视 1927 年初版的戈公振《中国报学史》为起点。③ 实际上，早在 19 世纪，以英国人为代表的西方人已在关注并向西方读者介绍《京报》，其中一些人还对《京报》进行了初步

---

① 戈公振：《中国报学史》，岳麓书社，2011，第 29—30 页。
② 孔正毅：《清代邸报研究》，博士学位论文，中国人民大学，2011，第 145 页。
③ 宁树藩曾在 20 世纪末指出，戈著对汪英宾《中国本土报刊的兴起》（The Rise of the Native Press in China）有所借鉴（宁树藩：《怀念汪英宾教授——简论他的〈中国报刊的兴起〉》，《宁树藩文集》，汕头大学出版社，2004，第 343—346 页）。李开军由此深入，认为戈著是对包括汪著在内的几种英文著述的整合，进而质疑戈著之学术地位（李开军：《戈公振〈中国报学史〉分期观点探源》，《国际新闻界》2010 年第 2 期）。就李开军所摘录的各种英文著述原文来看，戈著的确借鉴了英美学界的研究成果，但戈氏之后的学者白瑞华在参考过上述各类英文著述后，仍对戈著十分推崇（Roswell S. Britton, The Chinese Periodical Press, 1800-1912, Shanghai, Kelly & Walsh, Limited, 1933, pp. v, 133），可见戈著的内容较之早先相关研究自有独到之处。相对于之前的同类研究成果，戈著的长处之一是见解精辟，其表现之一为当今学者在讨论外国人在华所办商业报纸对中文报业的影响时，多沿袭戈氏论述，少有突破；再就材料的丰富程度而言，戈著率先使用的许多中文史料也在之后出现的相关论著中经常被重复引用；最后就视野来说，戈著最后一章"报界之现状"讨论报馆经营状态、组织形态、立法情况等，表明作者眼光已超出报刊本身，对整个报业生态都有所观照，此举实属不易。

的研究。19世纪初,广东一带的英国新教传教士已对《京报》的形式和内容进行简单的讨论。① 此后至20世纪初,陆续有西方的中国问题研究者对《京报》的性质、内容、生产和传播等问题进行探讨,② 他们所讨论的许多问题直到近些年来仍然为《京报》研究者所关注。19世纪的西方人最为关心的是《京报》的性质和内容。有关《京报》的性质,马礼逊从辞源角度分析,认为《京报》属于"政府公报"(gazette),而非真正意义上的"报纸"(newspaper);倭讷(E. T. Werner)则将《京报》看作世界上最早的报纸。③ 两人的观点代表了这一时期西方人对《京报》的不同定位。至于《京报》的内容,19世纪的西方人主要注意《京报》所刊载的皇族活动消息以及与军事、经济、法律相关的上谕和奏报,并以此为基础对中国政治及社会问题进行研究。

19世纪西方人对《京报》在实际利用上的兴趣远大于在学术研究上的兴趣,20世纪以来的研究者则主要从学术研究的角度来关注《京报》。20世纪二三十年代,随着新闻史研究的兴起,中国学者有关《京报》的研究成果相继出现。曾任复旦大学新闻系教授的汪英宾是其中的先行者,他在哥伦比亚大学期间完成的硕士学位论文《中国本土报刊的

---

① Robert Morrison, *Horae Sinicae: Translations from the Popular Literature of the Chinese*, London: Black and Parry, 1812, p. 65; "Gazette," *The Chinese Repository*, Vol. I, No. 12, April, 1833, p. 492; "Peking Gazette," *The Chinese Repository*, Vol. I, No. 12, April, 1833, p. 506.

② 参见 Rutherford Alcock, "The *Peking Gazette*," *Fraser's Magazine*, Vol. Ⅶ, No. 38, February and March, 1873, pp. 245-256, pp. 341-357; William Mayers, "The *Peking Gazette*," *The China Review*, Vol. Ⅲ, No. 13, July and August, 1874, pp. 13-18; J. Dyer Ball, *Things Chinese or Notes Connected with China*, Kelly & Walsh, Limited, Hongkong, Shanghai, Yokohama and Singapore, 1903。

③ Robert Morrison, "Gazette," *The Chinese Repository*, Vol. I, No. 12, April, 1833, p. 492; Thomas Fisher, "The *Peking Gazette*," *The Gentleman's Magazine*, October, 1835, p. 384; Rutherford Alcock, "The *Peking Gazette*," *Fraser's Magazine*, Vol. Ⅶ, London, February and March, 1873; E. T. C. Werner, "A Curiosity in Journalism," *Time*, June, 1890, p. 594; Franklin Ohlinger, "The New Journalism in China," *The World's Work*, No. 135, October, 1910, pp. 29-34.

兴起》（The Rise of the Native Press in China）将中国报刊史划分为"官报时期""外报影响下的中国报刊时期""本土报刊兴起时期""现代报刊时期"四个时期，为20世纪中国新闻史研究框架的形成奠定了基础。就《京报》研究而言，汪氏主要参考马礼逊和波乃耶（James Dyer Ball）的相关研究，另外，汪氏将《京报》的受众这一此前研究较少论及的问题也纳入讨论范围。① 戈公振《中国报学史》的第二章"官报独占时期"是已知最早的专门论及《京报》及《京报》相关问题的中文研究成果，其论述的广度和材料的丰富程度均超过前人研究，成为后来相关问题研究者的必备参考。戈公振对《京报》研究的贡献主要有以下几点：第一，戈氏广泛征引各类中文文献中的《京报》相关记录，这些材料经常被后来学者加以引用；第二，打破前人"《京报》即邸报（邸抄）"的习惯性说法，将邸报和《京报》区分开来，倾向于认为"《京报》出现于清代"，后人对此问题多有讨论；第三，专辟"传抄伪稿案"一节，讨论围绕《京报》展开的历史事件，拓展了《京报》研究的视野；第四，戈氏有关《京报》的研究在学界影响深远，无论对于后来的中国、欧美还是日本的《京报》研究者来说，戈氏著作都是必备参考。② 此外，1951年齐如山发表的《清末京报琐谈》也值得一提。严格来讲，该文并非学术论文，而是齐氏根据自己实际经历写成的回忆性文章，但正因为齐氏是清末《京报》生产和流传过程的亲历者，他的文章提供了许多之前研究者从未提及的有关《京报》经营、印刷、售卖等环节的实录。

这一时期的中外学者在研究过程中相互借鉴，大大推动了《京报》研究的进展，白瑞华（Roswell S. Britton）的《中国报纸（1800—1912）》

---

① Y. P. Wang, *The Rise of the Native Press*, Columbia University, 1924, pp. 15-30. 暨南大学出版社于2013年出版了该书译本（汪英宾：《中国本土报刊的兴起》，王海、王明亮译，暨南大学出版社，2013），较为忠实地展现了原书内容，该书译注不仅对原文涉及的专有名词进行了详细解释，还对汪氏论述中的错漏之处进行了纠正，如《申报》改版的具体时间，颇具参考价值。

② 戈公振：《中国报学史》，第29—34页；井東憲『中華新聞發達史』日本問題研究會、1937。

(*The Chinese Periodical Press*, *1800-1912*)是其中最具代表性的论著。① 该书第一章"中国本土报纸和京报"开篇即引用戈公振和梅辉立(William Frederick Mayers)的研究成果对《京报》进行了溯源。在此基础上,该书发挥其搜集资料之所长,就《京报》相关问题提出了一些新观点。白瑞华的《京报》研究有如下几点值得注意:第一,与之前的外国研究者不同,白瑞华强调《京报》的独特性,并不把它当作纯粹的政府公报或西式报纸看待;第二,白瑞华是最早对《京报》在中外关系中所发挥的作用这一问题给予观照的学者,他所持"自马嘉理事件起,外国人开始在交涉中对《京报》刊载内容提出要求"之观点值得商榷,但这一观点至今仍在被学界沿用;第三,白瑞华所强调的《京报》英译问题与19世纪中英关系中的许多重要事件有千丝万缕的联系,但这一问题一直未引起后来人的足够重视;② 第四,从此书附录中可以看到,白瑞华对与《京报》相关的外文资料的搜集工作最为出色,涵盖了从18世纪到20世纪20年代末欧美学者所留下的有关《京报》的记录,后来学者所引用的有关《京报》的外文材料基本未超出其范围。2011年和2013年,暨南大学出版社和中央编译出版社先后出版了白著的中译本。③ 仅就二者对原书论及《京报》部分的翻译而言,可谓各有所长:前者无论是在书名、各级标题的拟定还是译文整体行文上都更忠实于原文;后者书后附有白氏英文著作原文,为研究者提供了便利。

1958年,一批由19世纪来华英国人搜集并运回的《京报》实物在英国大英博物馆被发现。1973年,耶鲁大学学者欧中坦(Jonathan Ocko)撰文对这批史料的来源、保存状况、版本状况、内容形式等进

---

① Roswell S. Britton, *The Chinese Periodical Press*, *1800-1912*, Shanghai, Kelly & Walsh, Limited, 1933.
② 〔美〕白瑞华:《中国报纸(1800—1912)》,王海译,暨南大学出版社,2011,第1—45页。
③ 〔美〕白瑞华:《中国报纸(1800—1912)》;〔美〕白瑞华:《中国近代报刊史》,苏世军译,中央编译出版社,2013。

行了较详细的论述。① 大英博物馆所藏的《京报》在之后虽不时被研究者提及,但欧中坦的介绍和讨论仍然是现存的有关这批材料最翔实、深入的研究成果。

20世纪八九十年代,中国涌现出一批《京报》的重要研究成果。黄卓明《中国古代报纸探源》一书在对戈氏所收史料进行大幅增补的基础上,对戈氏的研究进行了回应。黄氏认为"《京报》并非清代的产物,早在明代就已有了",提出《京报》"应是中国古代报纸由原始形态向近代形态的一个过渡"的观点;此外,他还是较早注意到《京报》在中英交流中所扮演的角色的中国学者,其论述带有明显的时代特征:"帝国主义者注视过《京报》,并且对它进行过调查,做过情报","帝国主义者不仅调查过《京报》,还企图利用过《京报》,想把它充作直接为帝国主义者服务的政治宣传工具"。② 方汉奇是《京报》的又一位重要研究者,他在《清代北京的民间报房与〈京报〉》中做了许多前人未及进行的工作,包括对清代民间报房的出现和盛行时间的考证,对不同版本《京报》内容的比对,对不同时期《京报》的发行量和售价变化的介绍,以及对《京报》送报人数量的调查,等等。该文成为后来《京报》研究者不可或缺的参考资料。③

21世纪中外学者对《京报》的研究热情并未减退。梅嘉乐(Barbara Mittler)在其论著《一份中国的报纸?上海媒体的权力、认同与变迁(1872—1912)》(*A Newspaper for China?: Power, Identity, and Change in Shanghai's News Media, 1872-1912*)④ 中论及《京报》的性质时提出"《京报》的内容是官方的,但多版本和多发行者则体现了它非官方的一面"的说法,同时指出19世纪晚期洋人在华创办的中文报纸曾将刊

---

① Jonathan Ocko, "The British Museum's *Peking Gazette*," *Ch'ing-shih wen-t'i*, Vol. 2, No. 9, January, 1973, pp. 35-49.
② 黄卓明:《中国古代报纸探源》,人民日报出版社,1983,第159—160页。
③ 方汉奇:《清代北京的民间报房与〈京报〉》,《新闻与传播研究》1990年第4期。
④ Barbara Mittler, *A Newspaper for China?: Power, Identity, and Change in Shanghai's News Media, 1872-1912*, Harvard University Press, 2004.

登《京报》消息作为一种经营策略，其观点多为后来的海外《京报》研究者所采用；史媛媛《清代前中期新闻传播史》专设"十八世纪欧洲人眼中的清代邸报"一节，证明邸抄是18世纪法国人了解中国的一条渠道，① 后来学者谈到西方人对《京报》关注之起始时多以此为据；尹文涓的《耶稣会士与新教传教士〈京报〉的节译》一文再次将白瑞华提出的《京报》英译问题带回学界视野，该文对马礼逊等人论及《京报》的文本的节译和分析对本书颇具参考价值。

2010年，芝加哥大学的韩国学者玄浩周（Hyun-ho Joo）在博士学位论文《在文化主义与国家主义之间：晚清媒体的朝鲜叙述》（Between Culturalism and Nationalism: Late Qing Chinese Media's Representation of Choson Korea）第二章围绕《京报》展开研究。其研究的亮点在于注意到《京报》在19世纪中外关系中所扮演的角色，并以中朝关系为中心就此问题进行了个案研究。该文虽然重点讨论《京报》文本在中外关系中所处的角色问题，但其目光仍然集中在中国社会，并且其研究的是《京报》的中文原本，并不涉及《京报》的译文。② 近年来，越来越多的学者开始注意到《京报》在晚清政治领域的角色和特殊作用。目前的研究主要有两条脉络：一是放眼国际，从中外关系史的角度，讨论在晚清政府与不同国家的外交交涉中《京报》的角色；二是聚焦国内，从晚清政治形态变迁的角度，透过《京报》的生产和流通观察其运作所代表的中国传统政治形态中的权力关系。

2011年，中国人民大学清史研究所孔正毅的博士学位论文《清代邸报研究》对以往学界对《京报》讨论尚不充分的一些问题进行了深入探究。该文不仅对邸报与《京报》的生产与管理、发行与传抄流程进行了非常清晰和详细的论述，发现并整理了中日两国所藏的少见的

---

① 史媛媛：《清代前中期新闻传播史》，福建人民出版社，2008，第80—82页。
② Hyun-ho Joo, Between Culturalism and Nationalism: Late Qing Chinese Media's Representation of Choson Korea, A dissertation submitted to the faculty of the division of the humanities in Chandidacy for the degree of doctor of philosophy, The University of Chicago, June, 2010, p. 43.

《京报》文本，还对邸报与《京报》之间的渊源流变关系进行了梳理，为后来的《京报》研究者提供了许多有益的参考。此外，也有一些学者专门从信息传播及受众反应的角度对《京报》展开研究，其中代表为王鸿泰所撰《明清的资讯传播、社会想像与公众社会》。①

近年来，越来越多的学者开始注意到《京报》在晚清政治领域的角色和特殊作用。他们的研究主要从晚清政治形态变迁的角度，透过《京报》的生产和流通观察其运作所代表的中国传统政治形态中的权力关系。刘晓伟在《皇权政治与中国古代报纸的二重演化》一文中追溯了从汉代木简报至晚清《京报》，中国古代报纸的生产发行与政权的互动关系，进一步拓展了政治视域内《京报》的研究空间。② 任文利在《邸报与中晚明政治的公开议政》一文中提出，邸报制度与明朝"言路"制度的构建相辅相成，在推动明朝公开议政中扮演了重要角色。③ 邵志择在《机事不密则殆：京报、新闻纸与清政府保密统治的式微》一文中专就清朝立论，注意到近代新式报纸的兴起对以《京报》为代表的本土报纸的影响，即实质上对清政府的信息保密制度造成了冲击。此外，还有学者从政治史的各细分角度着眼，分别选取中央与地方权力关系、信息公开、外交泄密、社会公共权力等议题，对《京报》所扮演的角色及其发挥的社会作用进行了讨论。④

还有学者注意到晚清时期《京报》与其他报刊的联系，由此出发讨论《京报》所刊载信息的特征和职能。如姜海龙《〈北洋官报〉与

---

① 王鸿泰：《明清的资讯传播、社会想像与公众社会》，《明代研究》2009 年第 6 期。
② 刘晓伟：《皇权政治与中国古代报纸的二重演化》，《新闻与传播研究》2022 年第 10 期。
③ 任文利：《邸报与中晚明政治的公开议政》，《社会》2014 年第 3 期。
④ 相关研究包括金源云、李国强《英军在浙东战役时的情报活动探微》，《河北学刊》2016 年第 6 期；邵志择：《机事不密则殆：京报、新闻纸与清政府保密统治的式微》，《新闻与传播研究》2018 年第 5 期；王汎森：《明清以来的社会舆论》，《汉学研究通讯》2018 年第 3 期；邓联健、陈玲：《邸报英译与晚清信息公开话语权之争论》，《上海翻译》2022 年第 6 期；钟鸣旦、胡涵菡：《18 世纪进入全球公共领域的中国〈邸报〉》，《复旦学报》（社会科学版）2020 年第 5 期；操瑞青：《嘉庆至同治年间广东辕门报诸史实考论》，《新闻与传播研究》2023 年第 6 期。

晚清〈京报〉、〈申报〉关系述论》一文从文本研究的角度,透过《北洋官报》观察20世纪初官方创办的现代报刊如何定位自身,同时梳理新式官报与当时已经存在的报纸,如《京报》《申报》之间在文本内容上的联系,①对本书最后一部分讨论以《京报》为代表的中国传统信息传播模式的衰落以及以《官报》和商业报刊为代表的西方近代信息传播模式的兴起有很多启发作用。

学界的《京报》研究已取得了丰硕的成果,②但也存在一些问题。首先,中外学者在研究《京报》的版本与内容、生产与运作等问题时基本依据中方的材料,使很多问题的讨论难以继续。19世纪来华西方人的私人著述以及当时的英文报刊中包含大量相关记录,对《京报》研究者来说是一座有待发掘的富矿。其次,学界在讨论外国人围绕《京报》所展开活动的相关问题时存在两方面的问题:一是难以超出白瑞华所设定的框架,或对白瑞华提出的重要问题做深入探讨;二是多将目光

---

① 姜海龙:《〈北洋官报〉与晚清〈京报〉、〈申报〉关系述论》,《新闻与传播评论》2016年第2期。

② 涉及《京报》的其他新闻史研究论著还包括牛传誉《报人·报史·报学》,商务印书馆,1980;姚福申:《有关邸报几个问题的探索》,《新闻与传播研究》1981年第4期;赖光临:《中国新闻传播史》,台北,三民书局,1983;曾虚白:《中国新闻史》,台北,三民书局,1984;蒋国珍:《中国新闻发达史》,《民国丛书》第三编(41),上海书店出版社,1991;姚福申:《关于明代京报的辨析》,《新闻大学》1984年第1期;秦绍德:《上海近代报刊史论》,复旦大学出版社,1993;尹韵公:《中国明代新闻传播史》,重庆出版社,1997;方汉奇主编《中国新闻事业通史》,中国人民大学出版社,1999;方汉奇主编《中国新闻事业编年史》第1卷,福建人民出版社,2000;吕小鲜:《有关清代邸抄的三个问题》,《清史研究》2000年第1期;黄瑚:《中国新闻事业发展史》,复旦大学出版社,2001;倪延年:《中国古代报刊发展史》,东南大学出版社,2001;〔新加坡〕卓南生:《中国近代报业发展史(1815—1874)》,中国社会科学出版社,2002;白润生:《中国新闻通史纲要》,中央民族大学出版社,2004;金玲:《明清邸报研究》,硕士学位论文,云南师范大学,2006;李润波:《北京报业的奠基石——〈京报〉》,《北京档案》2007年第6期;程丽红:《清代报人研究》,社会科学文献出版社,2008;谷长岭:《清代报刊的发展轨迹和总体状况》,《国际新闻界》2009年12期;林语堂:《中国新闻舆论史》,暨南大学出版社,2011;廖欣:《清代京报研究》,硕士学位论文,安徽大学,2013;程丽红:《清初京报的沉浮与小报之兴衰》,《探索与争鸣》2013年12月期;等等。

聚焦于传教士的活动。实际上，梳理19世纪《京报》的译者、译文以及与其相关的历史事件会发现，在整个19世纪，《京报》的这些译者、译文，乃至《京报》这一事物本身都切切实实在中英关系中发挥过重要作用，这些以往学界未及注意的问题正是本书欲深入梳理和探讨的问题。

20世纪末，翻译史研究开始在中国兴起，[①] 近年来，有学者开始从翻译史角度切入研究政治史，王宏志和关诗珮是其中代表。[②] 两人都很重视译者在翻译过程中所起的作用：关诗珮的相关研究紧紧围绕费伦（Samuel T. Fearon）、斯当东（George Thomas Staunton）、威妥玛（Thomas Wade）、理雅各（James Legge）等曾直接或间接参与过中英外交的英国早期汉学家进行；[③] 王宏志则对中英译者中的"小人物"投以更多关注，同时提出应该注意"赞助人"（patron）与译者以及翻译活动的关系，他关于第一次鸦片战争中的译者的专题论文，以及专著《翻译与近代中国》第一部分"政治篇"所收录的三篇论文皆是对上述学术理念的实践。[④] 在个人著述之外，王宏志主编的《翻译史研究》学术集刊所

[①] 邹振环的《影响中国近代社会的一百种译作》（中国对外翻译出版公司，1996）和《晚清西方地理学在中国》（上海古籍出版社，2000）是有关近代中国翻译史研究的代表性成果。

[②] 其他学者的相关研究成果还有王健《沟通两个世界的法律意义——晚清西方法的输入与法律新词初探》，中国政法大学出版社，2001；季压西、陈伟民：《从"同文三馆"起步》，学苑出版社，2007；屈文生：《早期中英条约的翻译问题》，《历史研究》2013年第6期。

[③] 关诗珮：《大英帝国、汉学及翻译：理雅各与香港翻译官学生计划（1860—1900）》，王宏志主编《翻译史研究（2012）》，复旦大学出版社，2012，第59—101页；关诗珮：《英法〈南京条约〉译战与英国汉学的成立——"英国汉学之父"斯当东的贡献》，王宏志主编《翻译史研究（2013）》，复旦大学出版社，2013，第128—164页；关诗珮：《翻译与调解冲突：第一次鸦片战争的英方译者费伦》，《"中央研究院"近代史研究所集刊》第76期，2013年，第41—80页；关诗珮：《翻译政治及汉学知识的生产：威妥玛与英国外交部的中国学生译员计划（1843—1870）》，《"中央研究院"近代史研究所集刊》第81期，2013年，第1—52页。

[④] 王宏志：《第一次鸦片战争中的译者上篇：中方的译者》，王宏志主编《翻译史研究（2011）》，复旦大学出版社，2011，第82—113页；王宏志：《第一次鸦片战争中的译者下篇：英方的译者》，王宏志主编《翻译史研究（2012）》，第1—58页；王宏志：《翻译与近代中国》，复旦大学出版社，2014，第3—134页。

刊出的多篇将翻译史与外交史结合进行探讨的优秀论文,对本书的写作极具启发性。较之以往研究,本书侧重以报刊消息的翻译为研究对象,尝试为翻译史研究与新闻史、国际关系史研究的结合做一些新的尝试。

三 史料来源与本书结构

(一) 史料来源

本书以《京报》为起点,对《京报》消息由中国到西方世界传播过程中所涉及的人、事、物都有论述,这决定了本书以《京报》及各类《京报》的英文译文为核心史料,与《京报》译者和读者群相关的中英文外交文书、报刊消息、个人著述等对本书来说也极具利用价值,因此,本书不仅关注已出版的各类历史文本,还尽可能从国外各类学术机构以及学术数据库中搜罗史料。具体而言,支撑本书的主要史料如下。

第一类,《京报》。全国图书馆文献缩微复制中心于2003年出版的《京报(邸报)》,共163册,主要辑录了从光绪八年(1882)至宣统二年(1910)近三十年间抄发的光绪、宣统两朝皇帝的谕旨和京内外臣僚的奏议等官方文书,以及与时政相关的各类政治情报;北京图书馆出版社于2004年影印出版了《邸抄》,共120册,时间自咸丰二年(1852)五月至光绪三十三年(1907)十二月。其中,咸丰朝包含从咸丰二年五月至咸丰十一年(1861)二月,咸丰元年至二年五月残缺;同治朝包含从同治元年(1862)至同治十三年(1874);光绪朝包含从光绪元年(1875)至光绪三十三年二月,部分年月残缺。上述两套出版物是邸报和《京报》研究者必备的研究资料。

另外,上述《京报》影印本未能将日本早稻田大学以及大英图书馆等一些国外文化机构所藏有的《京报》原本收入,本书会对这些资料加以利用,以便更好地了解历史上《京报》出版的全貌。

第二类,英文报刊所载《京报》译文。这些译文主要由19世纪上海最重要的两份报纸《北华捷报》(*The North-China Herald*, 1850-

1941）和《字林西报》（*The North-China Daily News*，1864-1951）"《京报》摘要"（Abstract of the Peking Gazettes）栏目刊出，另外还有1872—1900年字林报馆每年结集出版的《〈京报〉翻译》（*Translation of the Peking Gazettes*）小册子。上述材料在上海徐家汇藏书楼以及日本东京东洋文库都有收藏，至今未有研究者对其进行专门研究，本书将其作为研究的基础性材料。

第三类，19世纪《京报》的欧美译者、研究者和利用者留下的各类文稿。19世纪《京报》译者和研究者人数众多，他们也留下了大量个人著作、学术论文、书信、日记、公文等。这些史料中有一部分已经翻译出版，但更多的尚无译本可用来辅助。研究这些文稿，可以在某种程度上了解19世纪欧美人围绕《京报》所展开的各类活动的背景和内情，有助于使本书的研究更加深入。

第四类，19世纪的英、美以及包括上海和香港在内的东亚各主要港口出版的英文报刊。这些材料大部分都已有网络数据库可以利用，此外，上海徐家汇藏书楼、日本横滨开港博物馆、东京东洋文库、大英博物馆等处所藏的一些尚未被电子化也尚未得到学界有效利用的报刊资料亦为本书的写作提供了重要支撑。

除上述四大类史料外，各类晚清外交文书档案、报纸杂志、文人日记等19世纪至20世纪初的中文史料也在本书的参考范围。

（二）本书结构

被誉为"信息论之父"的美国数学家香农（C. E. Shannon）将通信系统分为五个部分："信源"（source）——产生将要传输给接受端的消息、"发送机"（transmitter）——把消息变换为适合于信道上传输的信号、"信道"（channel）——传输信号的媒介、"接受机"（receiver）——把信号重新构成消息、"信宿"（destination）——消息接受者。①

---

① C. E. Shannon, "A Mathematical Theory of Communication," *The Bell System Technical Journal*, Vol. 27, July & October, 1948, p. 7.

本书即借鉴这一理论，依据历史上的《京报》及其译文传播特点，以"信息源——《京报》"（source）、"《京报》的译者译文"（transmitter）、"《京报》消息的传播渠道"（channel）、"《京报》译文的接受情况及其影响"（receiver and destination）为线索展开论述，正文部分共分为五章。

第一章由信息源——《京报》入手，首先对《京报》的性质、生产、管理与发行、内容结构等基础性问题进行梳理，之后就《京报》的中外受众进行论述，重点研究中外受众如何获取、阅读、理解乃至利用《京报》，并就这些问题进行中外受众的比较。

第二章交代19世纪英国人对《京报》保持关注并展开译介活动的历史背景。该章前半部分主要对18、19世纪西方人对待《京报》的态度进行叙述和总结，并对这两个世纪间西方人对《京报》态度发生的转变进行对比。后半部分重点从政治、社会和心理等角度对19世纪英国人关注《京报》的原因进行阐释。

第三章研究《京报》消息的译介者及译文。该章试图通过对19世纪《京报》的英文译介活动的详细梳理，展现19世纪《京报》译介活动的总体进程。依据19世纪《京报》的译介的特点，按"海外期（19世纪初英国本土报刊与《印中搜闻》对《京报》译文的刊载）"、"来华早期（1807—1851）"、"转变期（1851—1871）"和"繁荣期（1871—1900）"四个阶段对《京报》的主要译介者及其有关《京报》的代表性著述和翻译成果进行详细介绍。

第四章聚焦《京报》翻译的重要渠道——字林报馆，集中探讨19世纪后半期字林报馆的《京报》译本的生成和传播。这些译本是19世纪《京报》英译成果中最重要、最具影响力的组成部分，该章以其为研究对象，借此观察《京报》的转译和传播情况。

第五章和第六章侧重于分析《京报》译文的接受状况及其社会影响。第五章重点讨论英国人对《京报》的关注使《京报》在中英外交中的职能发生变化。为了使讨论更加具体和深入，该章选取第二次鸦片战争、1873年五国公使团觐见同治帝以及"马嘉理案"三个案例进行专门研究，间或论及 19 世纪中后期其他一些中西交涉事件。第六章先以 19 世纪中后期"丁戊奇荒"中西方人的救灾活动为例，通过研究《京报》译文国际传播路径的搭建在 19 世纪中后期国际社会关于对华关系的集体意识与公共舆论的演变中所发挥的作用，探讨《京报》译介传播的国际影响，之后视角由远及近、自外而内，探讨在清末变局中以《京报》为代表的中国传统官方信息传播体系的解体，以及清末统治阶层为争夺舆论主导权，以新式官报重塑官方信息传播体系的尝试。

　　结语部分回应绪论最初提出的问题：《京报》消息如何被获取、转译，并最终抵达普通外国读者手中？这条英国人主导的以《京报》为起点、以西方读者为终点的信息通道如何对英国人乃至国际社会产生影响？在此过程中，中方的态度和反应如何？最后尝试通过回答上述问题，对 19 世纪至 20 世纪初国际社会的信息权力博弈以及中国近代信息传播体系的转型问题有所观照。

第一章

信息及权力：外国人的中国信息源——《京报》

1880年，英国的一份名为《闲暇时光》（*The Leisure Hour*）的颇受大众欢迎的娱乐性杂志连载了题为《一个中国人的烦恼》的小说，小说第八章开篇这样描述主人公"王"（Wang）的日常生活场景："王还没有上床休息，他正横卧在榻上翻看着新近的《京报》（*Peking Gazette*）。看着朝中大臣们那些阿谀奉承的文字，他不禁眉头紧锁。"① 对于当时的英国读者来说，这是一段充满中国风情的叙述，《京报》则是其中最显眼的"中国元素"。

20多年后，在地球另一侧的清朝，《京报》同样作为一个重要元素出现在脍炙人口的章回体小说《官场现形记》中。小说的主人公之一时筱仁在人生进退维谷之际"忽然看见桌子上一本《京报》，头一张便是验看之后分发人员的御旨。前两个就是同自己一块儿进京的，内中还有两个同时进京，目下已经选缺出去了。时筱仁看了这个，不觉心上又

---

① Jules Verne, "The Troubles of A Chinaman," *The Leisure Hour*, March 13th, 1880, pp.172-174.

为一动。又想到朋友们叫我暂时避避风头的话,照此下去,我要躲到何年何月方有出头之日?"① 涉及《京报》的情节在包括《红楼梦》《儒林外史》等名著在内的中国清代小说中不时出现,可见对于当时的中国文人来说,《京报》是他们重要的日常读物之一。

历史上的《京报》有什么魔力能够同时吸引东、西方两个世界人们的目光?在晚清时期,阅读《京报》的中国知识人又缘何成为西方人眼中极具代表性的一道"中国风景线"?这些都要从文中所说的《京报》究竟是怎样一份刊物谈起。本章即围绕《京报》这一文献及其读者群的概况和特点展开论述。

第一节 《京报》的内容与版本

中国历史上曾存在过四种"京报"②,本书所研究的是中国古代用于刊载皇帝上谕、大臣奏报等官方文件的《京报》,英国人称之为"Peking Gazette"。学界一般认为,作为报纸形态的《京报》出现于明代,无论在内容还是发行方式上都与邸报(邸抄)关系密切,在清代很长一段时间中,二者并行不悖且有很多交集,较难对二者进行明确的区分。清代中叶以后,民间报房刊印的报纸开始以《京报》为固定报头,自此,《京报》取代了传统"邸报"的称谓,成为古代报纸的统一名称。到道光以后,官方已默许《京报》可以代替邸报。③ 清末,《京报》为《政治官报》和《内阁官报》所取代。

---

① 李伯元:《官场现形记》卷二十八,世界繁华报馆,1903,第909页。
② 除本书所研究的《京报》外,其他三种"京报"分别为:其一,著名报人汪康年于1907年在京创办的中文《京报》,1909年,该报因报道杨翠喜案,卷入"丁未政潮"而被勒令停刊;其二,曾任国民政府外交部长的陈友仁创办的英文《京报》(Peking Gazette, 1915-1917),政治上支持孙中山的革命主张,是中国人在华创办的早期英文报纸之一;其三,由邵飘萍和潘公弼于1918年10月5日在北京创办的中文《京报》(Peking Press),该报标榜"无党派"的言论立场。参见王天根《清末民初报刊与革命舆论的媒介建构》,合肥工业大学出版社,2010,第43—44页。
③ 孔正毅:《清代邸报研究》,博士学位论文,中国人民大学,2011,第3、145页。

第一章

信息及权力：外国人的中国信息源——《京报》

现存的《京报》实物可以为今人提供有关《京报》的最简单、直观的印象。曾有多位中国学者对散落国内各处的现存《京报》实物进行搜集和研究；在海外，英国大英图书馆和日本早稻田大学各自收藏了一定数量的《京报》实物，却未得到充分利用。本书即以这批材料为基础，结合前人研究成果，对《京报》的内容以及版本做详细介绍。

西方学者欧中坦曾撰文对藏于大英博物馆的《京报》实物做概括性介绍。据他介绍，这批《京报》中多数盖有驻华商务总监（the British Superintendent of Trade）① 的印章，很可能为中文秘书处（Chinese Secretary's Office）所有。这些文本原用于对译员进行中国文件的阅读训练，同时也用于相关人员随时查阅中国时政。这批资料被装在运送军火的板条箱中经海运到达英国，在英国专门保存外国政府公文的大英博物馆各国公文书室（B. M.'s State Papers Room）② 被封存了近十年后，才由西华盛顿大学（Western Washington State University）的苏海涵（Michael Saso）进行了整理和编目，并得以再次呈现在研究者面前。这批资料包括嘉庆朝《京报》3册、道光十年以前《京报》9册，其余为咸丰朝至1908年停刊前的《京报》。其中，咸丰朝后发行的《京报》存在不止一个版本，例如同治朝《京报》存在两种版本，形态分别类似于梅辉立所说的"官本"（official copy）和"长编本"（long copy）。其中的"官本"《京报》长7英寸③、宽4英寸，为山东塘务发行，实物以活字印刷，印刷质量较好。英国人将这些《京报》中的大多数按月装订在一起，偶有单册散落。"长编本"《京报》由多家报房发行，其中也包括山东塘务发行的，一些为日刊，一些为双日刊，每页6栏④，实物以蜡版（wax sheets）印刷，印刷质量较差。在欧氏撰写此文时，大英博物馆这批收藏中三分之一的道光朝和全部的咸丰朝《京报》已

---

① 驻华商务总监在1858年后由北京的英国驻华公使兼领。
② 现在的大英博物馆印刷书籍部（Department of Printed Books of the British Museum）官方出版物分部（the Official Publications Department）的前身。
③ 1英寸约为2.5厘米。
④ "栏"为参考学界说法，相当于一般所说的"列"或竖行。

经被修复，但是这些《京报》只占全部收藏的很小一部分，更多的《京报》仍在修复中。欧氏主要是依据其所查阅的1864—1870年间的同治朝《京报》对这批馆藏进行了介绍。①

欧氏的文章问世于20世纪70年代，反映的是当时英国本土文化机构收藏《京报》实物的情况。1972年英国颁布的《国会法案》将包括大英博物馆在内的8个机构进行合并，建立了大英图书馆，欧氏所谓的这批材料也随之成为大英图书馆的馆藏。本书依据美国学者艾米莉（Emily Mokros）所提供的大英图书馆所藏部分《京报》实物照片就这批馆藏的现状稍做介绍，以便与欧文相互参详，更好地呈现这批《京报》实物的原貌。可见的大英图书馆馆藏包括道光、咸丰、同治、光绪四朝发行的《京报》，分别出自山东塘务、合成报房、聚兴报房、聚恒报房、信义报房。这批实物的一般形态为：正文页分为7栏、8栏两种，每行22个字，一行到底。一些《京报》封底背面印有红色的"驻香港通商总领"印章，一些则印有黑色的"驻华商务总监"印章。多数《京报》被按月装订成合订本。单册封面样式大致可分为两类：第一类为封面左上角印有黑色"京报"二字，中间偏右下方印有"京字第几号"的《京报》期号，内页第一页从右至左依次印有出版机构名称（如山东塘务、聚兴等）、出版时间（如同治六年十一月初二日）、目录；第二类为封面左上角用红色或黑色印有"京报"二字，中间偏右下方用红色或黑色印泥印有报房名称。值得注意的是，在大英图书馆所藏的这批材料中，另有一类形式内容与上述第一类《京报》极为类似的文本，只是其封皮左上印有黑色"偏抄"二字，中间偏右下方印有"偏字第几号"字样，印刷质量也较差（见图1-1）。

日本早稻田大学图书馆收藏的《京报》实物原为日本学者泽田瑞穗所藏，现已被电子化，可以直接在互联网上查询和下载，为《京报》研究者提供了更多的参考。这批《京报》全部出自光绪朝，具体包括

---

① Jonathan Ocko, "The British Museum's *Peking Gazette*," *Ch'ing-shih wen-t'i*, Vol. 2, No. 9, January 1973, pp. 35-42.

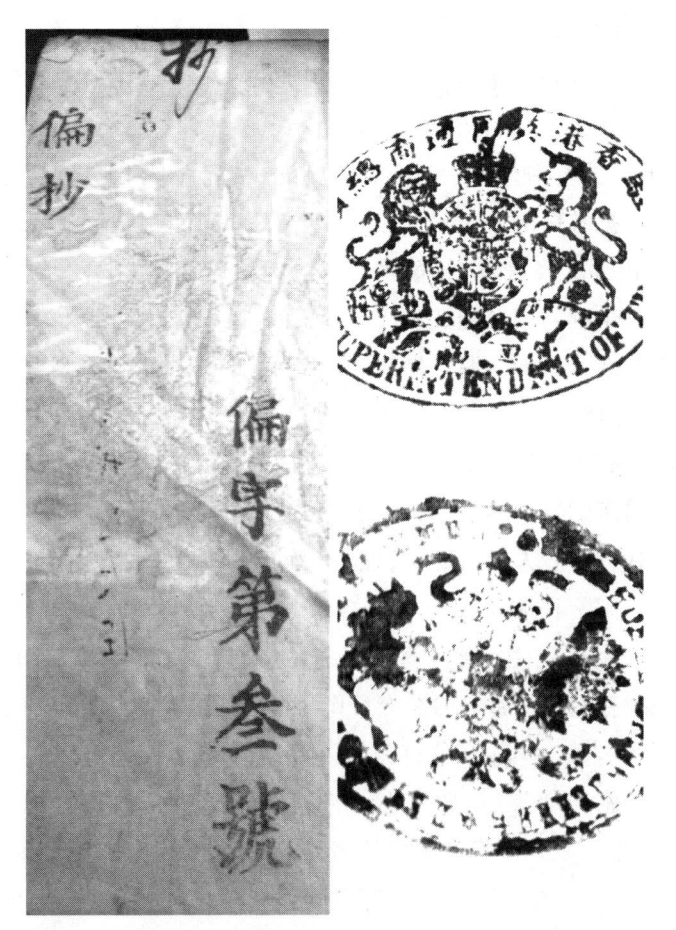

图 1-1　英国伦敦大英图书馆所藏部分《京报》实物原本照片

光绪二十至三十年（1894—1904）合成报房发行的《京报》3 册、光绪二十九至三十年（1903—1904）聚升报房发行的《京报》10 册、光绪十八年至二十二年（1892—1896）聚兴报房发行的《京报》15 册。其中聚升报房发行的《京报》统一装订在一起，另外两个报房发行的《京报》都按原始状态单册保存。三家报房发行的《京报》样式比较统一，都为黄色封皮，左上印有红色的"京报"二字，中下方印有红色带框的报房名戳，封皮长约 22 厘米、宽约 9 厘米。正文页一般为 6—8 行，一行 22 个字，有时为了完整刊登某一官文或是某一奏折及其后的朱批，也会附有折叠的长页，一页容量可达 20 多行。如聚兴报房发行的光绪十八年五月二十六日《京报》即用一长页刊出了"光绪十八年五月份教职单"，单页含有 11 行文字。

　　《京报》有多种版本，研究者一般依据《京报》的外观形态来进行大致分类。据长白山人在《北京报刊小史》中的记载，清代曾存在过白本报房和黄皮报房。① 目前虽尚未见有确定为"白本报"的实物存世，但方汉奇推测"乾隆、嘉庆等朝民间报房所出的报纸，一般没有报头，没有封面。每天一期，每期一册，每册 4 至 10 页不等，每页约长 24 公分、宽 18 公分，每册第一页第一行印有出版时间。版心部分印有'题奏事件'四个字。每册第一页和最后一页的空白处都印有报房名，这大约就是所谓'白本报'的一般模式"。"白本报"是手工抄写，计银一两二钱，一般人无力购买，这就为后来廉价的"黄皮京报"的出现提供了空间。目前所存的《京报》实物多为"黄皮京报"，顾名思义，这类《京报》使用黄色封面，一般用刻有"京报"二字的木戳蘸红色或黑色颜料盖在封面的左上角作为报头，封面的右下角则通常盖有红色的报房名戳。少部分《京报》不用黄纸作封面，而是在白色封面上加印"一品当朝""指日高升""天官赐福"等含有吉祥寓意的红色图案，"京报"这两个字和报房的名称也同时嵌在其中。也有一些报纸是将事先印好的"京报"两个字的标签贴在封面的左上角当作报头的。大英图书馆的部分馆藏《京报》没有将报房名印在封皮上，而是印在一般用来印刷日期和目录的内页第一页上。"黄皮京报"一般长约 22 厘米、宽 9 厘米，正文一般为 4—10 页，偶尔超过 10 页，正文前面刊有目录，例如"宫门抄""谕旨"几道，某某"请旨"、"奏闻"或"谢恩"等，也有些《京报》不刊目录。《京报》正文全部为竖排，一行到底，每行一般为 22 个字，每页行数不等，最少为 6 行，多时可达二十几行，每期的总字数也不完全一样，大致为千字到五千字不等。

---

①　长白山人：《北京报纸小史》，管翼贤纂辑《新闻学集成》第 6 辑，中华新闻学院，1943，第 280 页。

《京报》除了可大致分为"白本报"和"黄皮京报"两类外，又可根据具体的出版者——报房，来进一步确定其版本。清代报房不止一家，如大英图书馆所藏的同治、光绪年间的《京报》分别出自合成报房、聚兴报房、聚恒报房、信义报房；早稻田大学所藏的光绪十八年到三十年（1892—1904）的《京报》则分别出自合成报房、聚升报房、聚兴报房。这些报房之间结成了行会组织，用于共同维护行业利益、协同同行间的经营和管理。方汉奇通过对《京报》实物和相关记载的搜集及整理勾勒出从清乾隆到宣统年间北京民间报房的大致情况，指出在此间创办的民间报房达十余家。方汉奇对这些报房的位置也有描述："大部分报房都设在正阳门外大街西侧的一些小胡同里，如同顺报房在百顺胡同，聚兴报房在铁老鹳庙胡同（今铁鸟胡同）。以设在铁老鹳庙胡同附近的为最多。"[①]

《京报》的版本除了与所出报房有关，还因其容量和出版周期而有所区别。如《六部成语注解》所言："京报等次：京报有小本抄写者，此类最佳。本日早间之事，晚间即可看见。有大本黄皮京报，分二种：一种全备无遗，一种间或不全。大约昨日之事，今日见之，此为中等。又有窄本黄皮报，曰题奏，全稿参差不全，往往此日之事，数日后乃得见，且每日换新者，即将旧者取回，看者不能存留，此为下等。其价值之贵贱，即以上中下等次而定，间有低昂，不能大相悬殊也。"[②] 其中所谓"大本黄皮京报"中"全备无遗"的一种即是研究者所谓的"大号本"（长编本）《京报》，每日一期，每期一本，有40页左右，20大张对开，春节前后的一个多月里，也常常改出两日刊或多日刊。与"大号本"相对应的是"小号本"，发行最快，一般当日早间之事，当晚即可知道。该版本一般为日刊，偶有双日刊，版面只有"大号本"的一半，每本页码不一，多则50来页，少则几页甚至只有单页。19世纪初的来华传教士曾对大、小号本有如下描述："《京报》由政府刊行，在

---

① 方汉奇：《清代北京的民间报房与京报》，《新闻研究资料》第52辑，中国社会科学出版社，1990，第208—209页。
② 《六部成语注解》，〔日〕内藤乾吉校，浙江古籍出版社，1987，第1—2页。

北京叫'京报'（King-paou）……在地方叫'京抄'（King-chaou）。该报由北京发向各省，但极少按时到广州，一般需40到50天，有时要60天。它有大小两种型号，均为手抄本……大号是专为高级官员如总督、巡抚而发的；小号则是省里那些下级官员看的，他们得花高价从文吏那里购买，也有有钱人通过朝里的朋友，可以私下弄到最好的版本。"①

值得注意的是，除了上述各版本的《京报》，在19世纪来华西方人的著述中还出现了有关"红皮京报"的记录，并提出了一种不同于一般说法的《京报》版本的分类方式。英国人芮尼（D. F. Rennie）在19世纪60年代任英国驻北京使馆医师时曾有阅读《京报》的习惯，他对《京报》版本的介绍如下："《京报》最常见的有三种版本：红皮本——尺寸最大，每两天出版一次；白皮本——每日出版，内容巨细无遗……第三种版本价格低廉，是上述两种版本的节略本……"② 介绍中的"白皮本"应该并非长白山任所说的"白本报"，而是方汉奇所说的少部分不用黄纸封面，而在白色封面上加印含有吉祥寓意的图案的《京报》；廉价的"节略本"应该是指宫门抄；"红皮京报"则难以与已有研究所述的任何一种《京报》版本相匹配。芮尼的记录是可见史料中有关"红皮京报"的唯一一条直接记载，不过，关于"红皮京报"还是可以从一些史料中找到佐证。上海徐家汇藏书楼保存了北华捷报社1873—1899年间出版的全部26册《京报》译本小册子，这批小册子的封底全部印有在中文《京报》实物中经常出现的吉祥图案，其中，1875—1899年的小册子全部使用黄色封皮和封底，1873年和1874年出版的前两册《京报》则使用红色封皮和封底。从装帧方式来看，北华捷报社在出版这批小册子时，意在尽可能呈现中文《京报》原本的风貌，从

---

① Robert Morrison, "Peking Gazette," *The Chinese Repository*, Vol. I, No. 12, April, 1833, pp. 506-507. 译文参见尹文涓《耶稣会士与新教传教士对〈京报〉的节译》，《世界宗教研究》2005年第2期。

② 〔英〕芮尼：《英国驻华使馆设馆第一年间的北京和北京人（上）》，〔美〕李国庆整理《中国研究外文旧籍汇刊》第2辑，广西师范大学出版社，2014，第232页。

这个角度考虑的话，红色封皮和封底小册子的存在似乎可以为历史上"红皮京报"的存在提供某些线索。

《京报》的内容格式比较固定。学者根据其所见到的《京报》实物，对《京报》内容进行过大量研究。《京报》内容一般分为三部分：首先是宫门抄，其次是谕旨，最后是奏折。"宫门抄部分的报道时间性很强，内容都是当天上午皇帝'坐朝'时所发生的事情，每条宫门抄的文字都很简短。这一部分的基本格式为：'某某衙门值日，有无引见，四品以上官员的谢恩和召见，王公、贝勒、贝子、尚书、侍郎、都统、副都统等大官的请假、请安和复命，某某衙门奏某事，等等。此外，关于皇帝的行动，例如到某处祭祀，换穿了什么衣服，第二天准备召见某某大臣等。'"[①] 谕旨即上谕，指朱批谕旨中皇帝明确可以公开发抄的上谕部分，既不包括"留在宫中"不宜发布的题本章奏的御批，也不包括直接交由兵部驿站相关官员的"廷寄"谕旨。整个《京报》的主体部分——奏折，指经过皇帝御批、可以公开发抄的清朝大小臣僚的题本奏章。大臣的奏折经常长篇大论，而《京报》的版面有限，所以刊出的只是臣僚奏折的节选，对于篇幅较长的奏折，有时还采取"未完待续"的办法，连续几天刊登。除上述三部分外，孔正毅还注意到《京报》所包含的另一个易被忽视的部分——选单，一般是某月京内外各地官员的选任榜单，位于宫门抄之后，谕旨和奏折之前。并非每期《京报》都会有选单。[②] 除此之外，黄卓明发现《京报》有时还报道由刑部审讯的案件，即所谓"朝审人犯"的具体情况，黄卓明将其归入《京报》第一部分"宫门抄"，[③] 但考虑到这些内容采取了另纸排印夹入报中的形式及其并不固定的出现频率，这些内容如选单一样，单独列出为宜。

---

① 黄卓明：《中国古代报纸探源》，人民日报出版社，1983，第153—154页。
② 孔正毅：《清代邸报研究》，第175页。
③ 黄卓明：《中国古代报纸探源》，第153—159页。

第二节 《京报》的生产与运作

《京报》的产生过程包含了从编选到发售的多个环节，倪延年的研究表明，清代中叶以后，相对独立的《京报》运作系统已经形成。① 这一运作系统包括了诸多人员，他们分别负责到六科抄录当天发抄的内容，编辑选择所发表的内容，刊刻、印刷《京报》，以及专门给订户送报上门或沿街兜售报纸。上述人员共同构成了包括采、编、印、发四个环节在内的完整的《京报》运作体系。

由于《京报》与邸抄较难有明确的界限划分，因此邸抄的发抄亦可视为《京报》生产的起始环节。据《大清会典》所载："每日钦奉上谕，由承旨其应发钞者，皆下于内阁。京内外陈奏之事件，有折奏，有题本。折奏或奉朱批谕旨，或由军机处拟写随旨；题本或票拟钦定，或奉旨改签。章奏下阁后，谕旨及奏折则传知各衙门钞录遵行。题本则发科，由六科传钞。"又据乾隆十三年谕："内阁每日进呈本章，朕批发后，由六科亲领发钞，以昭慎重。乃近来该给事中等，怠忽成习，竟有不亲身祗领，委之笔帖式等代行者。往往不待接本，先已散去，至次日，始行发钞。朕所闻如此。夫本章关系紧要，承领乃科臣专责，似此因循玩愒，必致贻误。朕姑宽其既往，着大学士等传旨申饬，将来若不亲身承领，或发钞迟延，必严加议处。大学士等，亦宜留心稽察，如有仍蹈前辙者，即行参奏。钦此。"② 上述两则材料大致勾勒出邸抄在朝中发抄的程序，即每日由内阁进呈本章，皇帝对这些本章进行批发，最后必须由六科给事中亲领经过批复的本章，并亲笔发抄。具体而言，邸抄从朝廷到全国各地的发抄流程为：内阁批本处接到从奏事处发下来的皇帝"朱签"后，由翰林中书进行核定，分满、汉文两种文字用红笔分别批写在原题本上，批写之后的题本被称为"红本"。这些"红本"

---

① 倪延年：《中国古代报刊发展史》，东南大学出版社，2001，第251—252页。
② 《大清会典则例》卷一百四十六，清文渊阁四库全书本，第2423页。

第一章　信息及权力：外国人的中国信息源——《京报》

又分为"应发抄"和"不应发抄"两种。"不应发抄"的题本存入宫中的档案室；"应发抄"的题本则留红本处，等待六科给事中的发抄。随后，六科给事中每日亲自领取规定可以发抄的臣僚"奏折"和皇帝的"谕旨"并将其带到他位于东华门外的"抄写房"中进行分类整理，这些整理后的文本即为邸抄和《京报》的内容来源。最后，由各省驻京提塘或者报房完成《京报》的发行工作，将最新的朝廷消息传播至全国各地。①

在整个《京报》发抄和编辑过程中，其内容经过了层层筛选。第一层，由皇帝和翰林中书决定"应发抄"的内容。第二层，由六科给事中对"可发抄"的内容进行整理。现存史料或已有研究尚未揭示上述两层筛选过程是在怎样的标准或取向下进行的。第三层是各省驻京提塘到六科抄录："驻京提塘官十有六人。直隶一人，山东一人，山西一人，河南一人，江南一人，江西一人，福建一人，浙江一人，湖北一人，湖南一人，陕甘新疆一人，四川一人，广东一人，广西一人，云南贵州一人，漕河一人。由各督抚将本省武进士及候补候选守备咨部充补。如无合例之人，已拣选之武举亦准保送。"② 各省驻京提塘会全面抄录最为重要的宫门抄和谕旨部分，而以其所代表地区的立场有选择地抄录其他内容。第四层，《京报》内容的编选则掌握在报房编辑，即所谓"京报人"的手中。黄卓明《中国古代报纸探源》对后两层《京报》内容的筛选过程有如下议论："实际上，当提塘官在六科廊坊誊抄时，或报房的编辑们在选择奏章文本时，编辑工作就已经开始，面对众多可以发抄的题本奏章，提塘官或京报人选择什么、不选择什么，完全由他们自己掌握。"③ 民间报房以营利为目的发行《京报》，因此，京报人所选取的臣僚奏章很大程度上反映出读者的口味。

报房编选《京报》的总体原则，可以在官方发布的报房章程中找到答案。编号FO233.58的英国外交部档案中收录了《京报》刊出的同治十

---

① 孔正毅：《清代邸报研究》，第88—89页。
② 《清史稿》志九十六《职官一》，1928年清史馆本，第1763页。
③ 黄卓明：《中国古代报纸探源》，第164页。

二年九月十八日（1873年11月7日）发布的新定报房章程，全文如下：

> 传抄人并各报房人等，谨将同治十二年九月十八日奉中城院宪新定报房章程开列于后，饬令各报房互相查核，永远遵行：一、每日抄出谕旨须即时发交各报房，逐件刊刻，倘仍前率将豁免钱粮等件遗漏，定行重究；一、每日报本总以十篇为限，若遇抄出事件过多，刊办不及，必先将事由开列，并注明未刻几件，准于次日续刊。不得仍前以四五篇塞责，率将事件遗漏；一、每逢简放各官各差并引见各员月选各宫，抄出之时即全数刊刻，不得仍前将记名御史六部司官城仓等差率行遗漏；一、每日折报必刊刻清楚，若一件折稿篇幅甚长，不得概以十篇为张，须刊刻完竣，不准仍前分三四日接续。

该章程反映出1873年之前《京报》的编辑状况，以及之后《京报》的编辑原则。其一，1873年之前，报房所出《京报》有遗漏某些抄出的宫门抄和谕旨未刊的情况，此后谕旨则必须逐件刊登。正如白瑞华所说："不同版本的《京报》在内容上的唯一不同之处在奏折部分。"[1] 其二，1873年以后，对于《京报》未刊出事件的处理方法有明确规定。其三，1873年之前，对于不同报房对长篇奏折的处理或是进行删减，或是分数期刊登，比较随意，此后则要一期刊完。有关《京报》对长篇奏折的处理方法，齐如山和方汉奇的论述有较大出入。按齐如山的回忆："有时因奏折多，或字太多，一天登不完，则改由次日再登的时候。但一份奏折，一天必须登完，不许今天登一半，明天登一半，果如此，则大家是要问罪的。"[2] 但方汉奇则指出："多数章奏都在一期内登完。内容较重要，篇幅又较长的，有时也分刊于两期，未完的

---

[1] Roswell S. Britton, *The Chinese Periodical Press, 1800-1912*, Shanghai, Kelly & Walsh, Limited, 1933, p.8.

[2] 齐如山：《清末京报琐谈》，李瞻编《中国新闻史》第6种，台北，台湾学生书局，1979，第102页。

第一章
信息及权力：外国人的中国信息源——《京报》

那一部分，在稿末加注'此稿未完'等四个字，以资识别。"① 早稻田大学图书馆所藏合成报房发行的光绪二十年十一月初八日的《京报》实物奏折部分开头有"接续前稿"字样，由此可以看到，虽然同治十二年后原则上不允许分期刊登同一奏折，但在实际出版时仍存在分期刊登长奏折的情况。

《京报》内容的层层筛选使其内容趋于模式化，读者能从《京报》获得的消息也因此受到很大限制，时人对此多有怨言。日本人在华经营的《顺天时报》总结出《京报》所载各类文体的行文套路。如宫门抄就是"召见某人""某人复命""觐见某国公使"。折片中连篇累牍的不过是"报解钱粮""经征关税""到任谢恩""考试完竣""拟补""论委""期满""留省""请旌"等无关紧要的日常事务，"奏对阙如，圣训阙如"，缺乏读者更感兴趣的"要件""要言"。② 梅嘉乐对此表达了相似的看法："内容的枯燥乏味是《京报》的最大特点。可读性不仅不在《京报》的编辑者的考虑范围之内，他们似乎还在竭尽所能地选取那些最无关紧要的、最乏味的奏折来编入《京报》。"③

发售和寄送是《京报》运作过程中的最后一环，它生动反映着清代市井生活的百态，使其成为《京报》运作中妙趣横生的一环。从清末和民国的史料中，可以找到很多有关《京报》发售和寄送的记录。《六部成语注解》载："报局规例：凡开设报局者，每日必遣人至内阁，抄录本日一切事件，归后即用活字板（木字也）摆就，亦有抄成小本者。刷印订本，发结送报之人，分路送往各看报之处。其送报之人，系山东居多，其所送之报，亦似向报局主人买之，如趸货转售者。然间有食辛上者（字有讹误），其报亦各有地段人家，不得擅越，违者重有所罚。看报之人，亦有向报局买取，而不假手送报之人，然此等甚少。"④ 上述情况在

---

① 方汉奇：《清代北京的民间报房与京报》，《新闻研究资料》第52辑，第211页。
② 《舆论一斑：论条奏留中发抄之关系》，《新民丛报》第21期，1902年，第100页。
③ Barbara Mittler, *A Newspaper for China?: Power, Identity, and Change in Shanghai's News Media, 1872–1912*, Harvard University Press, 2004, p. 174.
④ 《六部成语注解》，第1页。

齐如山的记录中得到了具体呈现:"北京城内所有送报的人都是山东人,都是背着一个用蓝色布做成,五尺多长,五寸多宽,两头有兜的报囊,囊上钉有白布写黑字的京报二字。这种送报人,从前还有由报房雇妥、直接送报的,后来就不多见了。因为他们替报馆送报,不肯大卖力气,不能张罗招揽生意,甚至不正经送,所以,后来都是归他们自己买了报自己送,各人有各人的道路。同一报馆之送报人,不许越界送报。例如卖聚兴报房的人,在此胡同送报,则其他卖此报之人,便不许再送。然若卖洪兴报房之送报人尚可。但也常打架,重者聚殴。他们都是穿一长稍过膝的蓝布大褂,外系一条布褡包(腰带),因为从前若穿小衣服裤褂或散着腰(不系褡包)进人家,是不大规矩的事情。他们送报必须进门,所以都穿长褂,系褡包……他们送报的道路非常重要。自己老了,可以传给儿子,若外人想接送,则须出钱买这条道,亦曰倒道……这种送报人都有公会,人心极齐,本会中人,如越界送报等事,是不易见到的。"①

此外还有一种沿街叫卖的发售方式。俄国人科瓦列夫斯基在1849—1850年间作为俄国东正教第十三届驻北京传教士团的监护官来到北京,他特别观察过这些街头的卖报人,并对他们有一番描述:"在北京还有一种人,他们衣衫褴褛,走街串巷,那模样甚至就像挂着一堆碎布条的晾衣架,很难想象这样的一堆布条还能对他的身体有什么作用。他们还大声吆喝,我们起初把他们当成是乞丐,但是马上发现他们说唱的内容不大对,尤其是他们手里还拿着一捆纸。原来,他们是在卖新鲜事儿,而新鲜事儿就是北京城发生的事。"②姚公鹤在《上海闲话》中也讲到这群人:"卖《朝报》为塘驿杂役之专业,就邸抄另印,以出售于人。售时必以锣随行,其举动颇猥鄙,而所传消息亦不尽可信……"③文中所售报纸是"就邸抄另印,以出售于人",由此可见此"朝报"即指《京报》。另外从"朝报"的叫法来看,此种《京报》为每天清晨发

---

① 齐如山:《清末京报琐谈》,李瞻编《中国新闻史》第 6 种,第 100—102 页。
② 〔俄〕叶·科瓦列夫斯基:《窥视紫禁城》,阎国栋译,耿昇、李国庆主编《亲历中国丛书》,北京图书馆出版社,2004,第 183 页。
③ 姚公鹤:《上海闲话》,吴德铎标点,上海古籍出版社,1989,第 128 页。

行，故沿街贩售的应为孔正毅所说的"大号本"《京报》。

《京报》的定价以光绪三十年（1904）为界，经历了由不完全一致到统一的过程。在此之前，在白本报房时期，每月报价约为1两2钱。实行大量刻印以后，每月报费仅需2钱，后来调整到300文，即每份10文。光绪三十年二月，北京各报房经过协商，曾"将报资酌定一律价目"，并发表公启："本行承办《京报》，历有年所，按月取资，价目原未划一。从前酌盈济虚，尚可敷衍，近今百物增昂，于报资多有萧条者，以致刻下赔累不堪。兹由甲辰年二月初一日起，将报资酌定一律价目：大本八页，小本十页，每报每月取钱三吊；大本四页，小本五页，每月钱二吊；按日送阅宫门钞、上谕条，每月钱一吊。此后旨依定价送阅，庶阅者概不多费，于送者亦可借免赔累矣。特此谨白。京报房公启。"①

报房的定价只是划出了《京报》价格的大致范围，至少在北京城范围内，《京报》的定价并不一定代表订户实际购入《京报》的价格，实际的购入价格还需要订户与送报人进行协商。齐如山的记录对此有所涉及："报房的规矩，每天价若干，每月价若干，当然有确定的数目，但看报的人花钱，则不一样，看路之远近定价。所有报房，都设在前门左右，故内城东西四牌楼以南，及整个的外城之价，差不了多少。若安定门、德胜门内，已须稍高。至安定门外之黄寺，西直门外之海淀，以及齐化门外，彰仪门外，则价更高。但此可与送报人当面议价，然亦有普通大致的价格，不能相去太远。"②清末报刊所载一篇题为《京报寓言》的文章的记录与齐如山的说法相似，可供参详："京都报局数家，咸设于正阳门外，以是南城住户，恭奉谕旨。最早前三门内，次之东之朝阳，西之阜城又次之，至东直、西直各处尤其次之，而北之安定、德胜二门以内之大家小户，得以敬悉纶音为极晚。盖送报者由南而北，自近及远，早到晚到理所当然。"③

---

① 转引自黄卓明《中国古代报纸探源》，第176页。
② 齐如山：《清末京报琐谈》，李瞻编《中国新闻史》第6种，第101页。
③ 《京报寓言》，《万国公报》413期，1876年，第29页。

《京报》的英译、传播与影响（1802—1911）

　　《京报》的发行量目前虽未成定论，但是有许多线索可循。白瑞华估计《京报》每日发行量超过 1 万份，① 曾在 19 世纪中后期到正阳门外的报房集中参观的阿礼国（Rutherford Alcock）估计是"数千份"，② 方汉奇认为后者的估计较为接近实际。韩国学者玄浩周则估计邸抄、《京报》和辕门抄三者每日发行量的总和超过 1 万份。③ 除此之外，在前人留下的记录中尚有两条值得注意。齐如山估计："一个府城，城中看报的不过十份，稍僻远之府城，尚无此数，若县城则每县不过几份，怎能养得活一个送报人呢？"④ 按此推算，《京报》每日发行量应该超过 1 万份。又有《纽约时报》（New York Times）在 1887 年转载的一篇题为《京报》的文章统计，邸抄、《京报》、辕门抄三者每日的发行量之和约为 1.5 万份。⑤

　　实际上，晚清时人并非只能从报房发行的《京报》上获悉其内容，清末新式报纸上对《京报》内容的转载为人们提供了另一条阅读渠道，相关报纸上的这些内容在某种程度上成为《京报》的一种延伸。就晚清新兴的中文报纸而言，《京报》消息曾是报纸的重要组成部分。姚公鹤在《上海闲话》中言及："报纸之有访员，其初仅本埠延聘一二人，外埠则除京师照录邸抄外，各省会则摘录一二督抚辕门抄而已……故报纸所登事实，无过于官厅中日行寻常公事……"⑥ 以《申报》为例，不少研究者都注意到该报对《京报》的大量转载，其原因主要有三点：第一，迫于清政府的舆论管制压力，转载政府认可的《京报》内容是

---

① Roswell S. Britton, *The Chinese Periodical Press, 1800-1912*, Shanghai, Kelly & Walsh, Limited, 1933, p. 10.
② 潘贤模：《近代报刊史初篇》，《新闻研究资料》第 8 辑，中国社会科学出版社，1981，第 255 页。
③ Hyun-ho Joo, Between Culturalism and Nationalism: Late Qing Chinese Media's Representation of Choson Korea, A dissertation submitted to the faculty of the division of the humanities in Chandidacy for the degree of doctor of philosophy, The University of Chicago, June 2010, p. 43.
④ 齐如山：《清末京报琐谈》，李瞻编《中国新闻史》第 6 种，第 102 页。
⑤ "The *Peking Gazette*," *The New York Times*, October 9th, 1887, p. 19.
⑥ 姚公鹤：《上海闲话》，第 131 页。

避免问责的有效手段；第二，由于办报初期缺乏消息源，容量颇大且发布信息较为及时的《京报》自然被视为重要的消息来源；第三，对于以《申报》为首具有外方背景的商业性报纸来说，如何迅速打入中国市场是其必须解决的问题，这些报纸一般视中国的知识阶层为其目标读者群，因此，转载早已为中国知识阶层所接受的《京报》内容无疑增强了这些商业报纸实现本土化的可能性。晚清在中国出现的英文报纸同样有转载《京报》消息的习惯，在19世纪上海、香港等地的报纸上经常可以看到《京报》消息的翻译稿。这些报纸使《京报》的影响力冲破了清朝的壁垒，延伸至西方读者中间。

《京报》究竟是不是近代意义上所谓"报纸"，《京报》是否官报、代表官方意志，这两个有关《京报》的性质问题一直为学者热衷讨论。早在19世纪，英国人就对此问题专门做过调查：当时担任清朝海关总税务司的英国人赫德，在1885年（光绪十一年）三月向英国政府发出一份他对《京报》的调查报告的电报。电文说："《京报》是一些私人投机家的出版物。他们将自己所能搜集到的敕令和文告刊印出来。这并不是政府公报，里面包括的真正重要的文件也很少。"[①] 倪延年认为，《京报》是中国报刊发展历程中从古代传统报纸向近代新式报纸过渡的产物，在它身上，前期更多地表现出官办色彩，而后期则越来越表现出民办的特征。[②] 黄卓明则将《京报》看作邸抄的翻版，认为贯穿整个清代，《京报》一直是唯一印刷出售的、传播邸抄的、为封建统治者服务的报纸，它虽为民间小私有者所经营，却与具有中央政府公报性质的邸抄一脉相承。"可以这样说，《京报》是民间经营的具有中央政府公报性质的一种报纸。还可以这样说：始于明末的《京报》，是在一定历史条件下所形成的民营报纸和政府公报的合流。"[③] 玄浩周认为，《京报》尽管是以私营的报房，而不是以任何政府机关的名义发行的，但它无疑

[①] 黄卓明：《中国古代报纸探源》，第159页。
[②] 倪延年：《中国古代报刊发展史》，第252页。
[③] 黄卓明：《中国古代报纸探源》，第158、160、169页。

具有表达中国高级官僚政见的职能。① 梅嘉乐则采取了一种较为折中的态度，认为"《京报》的内容是官方的，但各异的版本和发行者则是它非官方的一面"。② 这一说法较为全面地概括了《京报》的属性。

第三节 《京报》的中外读者及其阅报心理

正如晚清报人所言："中国之人，有不阅新设各报者，未有不阅《京报》者；有中国之农夫下走不阅《京报》者，未有中国之学士大夫不阅《京报》者；有中国之穷乡僻壤、深山邃谷不阅《京报》者，未有中国之通都大邑、名城巨镇不阅《京报》者……盖阅《京报》者之多，固什百倍于阅各报者也。"③ 可见在晚清中国，《京报》所拥有的读者数量以及社会影响远胜过其他任何一种报纸，具有极高的研究价值。

"民间报房之所以可以获得成功，原因在于在中国有一个庞大的关心国事的文人群体，而报房发行的《京报》正满足了这种市场需求。"玄浩周对《京报》读者群体的设定虽然有过狭之嫌，但其研究表明，虽然《京报》的生产环节由官方掌握，但民间报房发行《京报》的行为是以读者为导向的，因此研究《京报》的读者不仅是解读其社会影响的必要条件，也能对《京报》文本的研究产生巨大的推动作用。④

清代史料中"邸报（抄）""京报"两个名称混用的情况十分普遍。方汉奇推测，"大抵在衙署里办公事时看的是官报，在私宅里或客

---

① Hyun-ho Joo, Between Culturalism and Nationalism: Late Qing Chinese Media's Representation of Choson Korea, A dissertation submitted to the faculty of the division of the humanities in Chandidacy for the degree of doctor of philosophy, The University of Chicago, June 2010, p. 29.
② Barbara Mittler, A Newspaper for China?: Power, Identity, and Change in Shanghai's News Media, 1872-1912, Harvard University Press, 2004, pp. 185-186.
③ 《论条奏、留中、发抄之关系》，《新民丛报》第 21 期，1902 年，第 100 页。
④ Hyun-ho Joo, Between Culturalism and Nationalism: Late Qing Chinese Media's Representation of Choson Korea, A dissertation submitted to the faculty of the division of the humanities in Chandidacy for the degree of doctor of philosophy, The University of Chicago, June, 2010, p. 44.

中从朋友处借来看的，就有可能是民间报房的报纸"，也就是说在清代的官员记录中，在官府办公时所看的很可能是"邸报（抄）"，而在私人空间内阅读的或是通过非官方途径获得的报纸，是《京报》的可能性很高。本书的讨论亦依据此标准。

目前关于清代《京报》的研究中，《京报》读者的研究是较为薄弱的。已有的涉及《京报》读者的研究存在两个倾向：第一，多将目光聚焦于官绅阶层，特别是朝中大员或是历史上的著名人物阅读邸报的情形，相关论述也有相应的史料支持，而对一般文人、市井平民阅读邸抄或是《京报》情况的论述则较为粗略，相关史料也十分有限，对于《京报》的外国读者的论述更是寥寥；第二，绝大多数研究尚且停留于对读者构成的分析上，对这些读者具体如何阅读《京报》，《京报》对他们有何种意义，以及《京报》的阅读对读者自身乃至社会有何影响等问题讨论较少。

学界一般认为，中国的官吏和文人群体，是《京报》的主要读者。[①] 前辈学者中，黄卓明、方汉奇和孔正毅等人先后对清代《京报》的中国读者有过专门论述。黄卓明从俞正燮《癸巳存稿》《癸巳类稿》中发现了雍、乾、嘉时期读者留下的数条《京报》阅读记录；[②] 方汉奇则从《林则徐日记》、叶昌炽《缘督庐日记》、胡寿颐《春明日居纪略》、《红楼梦》等清人文集、日记以及清代小说中发掘出一些有关《京报》的记载，对清代文人阅读《京报》的情形做了粗略描绘；[③] 孔正毅援引晚清重臣琦善在山东巡抚任上向下属询问某号《京报》是否按时寄到一事，论证"各省的督抚提镇在长期阅读邸报过程中，形成一种稳定的阅读期待，如果超过一定时间，看不到邸报（京报），他们反而会觉得不太正常"，他还进一步从《清史稿》、清初诗人查慎行《敬业堂诗集》、清代小说《歧路灯》等文献中搜集整理出部分清代官绅阅读《京报》的记录，指出"除了各省的将军督抚提镇等这些固定的读

[①] Roswell S. Britton, *The Chinese Periodical Press*, 1800–1912, Shanghai, Kelly & Walsh, Limited, 1933, p. 12.

[②] 孔正毅：《清代邸报研究》，第 3、151—152 页。

[③] 方汉奇：《清代北京的民间报房与京报》，《新闻研究资料》第 52 辑，第 217 页。

者之外，各府县一级的地方官员也多半是邸报或京报的忠实读者"。①

有学者认为，市井平民和商人群体中也存在《京报》的读者。史媛媛认为，在清代，阅读《京报》被人视为高雅、时尚的行为，是有身份的一个象征，连目不识丁的人也会订阅《京报》。孔正毅也认为市井贾儿中也有《京报》的读者。但是由于这类读者文化程度相当有限，因此很少有其阅读《京报》的记录存留。②

有一类《京报》的中国读者是前人研究所未提及的，那就是女性读者。由清人撰写，讲述明代天启年间太师云定、御史钟佩、都统雁翎和佞臣国舅太平侯刁发之间矛盾斗争的政治爱情小说《云钟雁三闹太平庄全传》有这样一段描写："书房桌子上头堆积了无限的书籍，正是满架经籍，四壁图书。云小姐遂入内看看经书，翻翻史籍，忽然看见了一本《京报》，云小姐从头一看，遂大叫了一声：'痛杀奴也！'登时粉面焦黄，桃腮雪白，忽然一［跤］跌倒在地……他因看见《京报》上写的么，曰'御史钟珮，私役北番，奉旨命锦卫抄没钟宅家产，拿问家眷进京严讯。'所以悲。"③ 小说本是源于生活经验，从这段情景描述中可以推测，在明清时期，受过一定教育的中国女性已经对《京报》有阅读兴趣，而知识女性阅读《京报》的情况对于社会大众来说也并非稀罕事了。

尽管《京报》扎根于中国，其目标读者也是中国人，但实际上在清代，来华外交官、汉学家、传教士、商人、留学生等外国人构成了另一个重要的读者群。从可见资料中可以看到，《京报》的外国读者包括俄国、韩国、法国、英国、美国等国的来华人员，其中较早留下记录的是法国耶稣会士龚当信④和俄国汉学家伊·罗索欣。前者曾于18世纪20年代对《京报》进行介绍；后者曾于1729年参加东正教驻北京的第

---

① 孔正毅：《清代邸报研究》，第3、181—182页。
② 史媛媛：《清代前中期新闻传播史》，第118页。
③ 无名氏撰《云钟雁三闹太平庄全传》，清刊本，第672—673页。
④ 龚当信于1710年到达广州，1711年进入北京，1731年返回法国。据尹文涓的考证，龚当信第一次提到《京报》是在他1725年寄回耶稣会本会的报告中，他对《京报》中皇帝的上谕、官员升迁的消息，以及刑事判例等内容都有关注。见尹文涓《耶稣会士与新教传教士对〈京报〉的节译》，《世界宗教研究》2005年第2期。

二届传教士团,归国后整理翻译了《1730年〈京报〉摘抄》。① 在19世纪《京报》的外国读者中,英国人占主体地位。自马戛尔尼使团来华之后,关心中国事务的英国人中就开始形成阅读《京报》的传统。据《达衷集》载,嘉庆六年六月二十七日(1801年8月6日),红毛公司(英东印度公司)大班朱氏哈(Mr. Richard Hall)自称:"哈等近日看见《京报》,叩贺大人高升协办大学士。"② 可见此时来华英国人已经懂得通过《京报》了解清廷的最新动态。此后的整个19世纪,无论是来华的还是欧美本土的西方人都留下了丰富的《京报》阅读记录,这些记录的具体内容将在后文中谈到。

有些外国女性也成为《京报》的读者。立德夫人(Archibald Little)曾在《亲密接触中国——我眼中的中国人》一书中多次大段摘抄刊载于《京报》的报道,这些报道包括1891年广东巡抚有关为老妇人立贞节牌坊的请求,同年李鸿章有关一孝女事迹的报告,广西巡抚上书有关表彰平叛妇女的请求,贵州巡抚有关当地科举考试情形的调查,等等。可见,至少在19世纪后期,《京报》的外国女性读者虽然人数极少,但是确实存在。③

在梳理了《京报》读者群的构成后,需要讨论的是"这些读者具体如何来阅读《京报》"这一问题。所谓"如何阅读《京报》"主要包含阅读方式、阅读频率和阅读的内容三个要点,每个要点又需从中、外读者两方面分别进行讨论。

第一,由相关记录可知,中国读者可以通过订购和借阅两种方式"阅读"《京报》,这些读者在拿到《京报》后,其"读报"的方式又可分为两种:一是一般意义上的"阅读",即本人浏览《京报》的文字来获取信息;二是"听读",即一些目不识丁的《京报》"读者",通过聆听别人读报来"阅读"《京报》。后者是一种颇具特色的中国人获知

---

① 史媛媛:《清代前中期新闻传播史》,第119页。
② 曾虚白:《中国新闻史》,台北,台湾商务印书馆,1977,第95页。
③ 〔英〕阿绮波德·立德:《亲密接触中国——我眼中的中国人》,杨柏、冯冬等译,南京出版社,2008,第76、77、149、150页。

新闻的方式,正如晚清时的一首竹枝词所说的那样:"惟恐人疑不识丁,日来送报壮门庭。月间只费钱三百,时倩亲朋念我听。"19世纪90年代,倭讷(E. T. C. Werner)在其文章中也提到:"在各省,数以千计的人以为那些不识字的人朗读或讲解《京报》为业。"① 这进一步证明了"听读"《京报》情况的普遍存在。

外国读者也通过两种方式阅读《京报》,但他们的两种方式与中国读者不尽相同。第一种方式是直接阅读《京报》的中文原本,这对于读者的汉语水平要求较高,因此通过这种方式阅读《京报》的外国读者人数甚为有限,这些读者主要存在于来华的传教士和翻译官群体中;第二种方式是通过《京报》的翻译文本获得《京报》的内容,历史上,俄、法、英等多国来华外国人都对《京报》进行过翻译,这些工作为他们不通中文的本国同胞阅读《京报》提供了便利。

第二,中国各地读者阅读《京报》的频率。按照齐如山的说法,《京报》在北京城内与城外的送法全然不同,城内一天一送,近州县如通州、良乡等县,则可以两天送一次。再远如天津等处,五天一次,如保定府等处,则大约需十天一次,最远的每月一次。辽远的边省,就更不同了。② 齐如山的说法为判断各地读者阅读《京报》的频率提供了一个较为模糊的依据,从晚清中外文献中可以找到一些更加详细的记录。19世纪早期来华传教士创办的《中国丛报》记载,《京报》"由北京发向各省,但极少按时到广州,一般需40到50天,有时要60天";③ 另有1860年的《翁心存日记》载"都中自八月八日后久无邸钞,本月廿七日始有刻本京报,两日一送";④ 稍晚成稿的《瞻岱轩日记》⑤ 中也显示,

---

① E. T. C. Werner, "A Curiosity in Journalism," *Time*, June, 1890, p. 595.
② 齐如山:《清末京报琐谈》,李瞻编《中国新闻史》第6种,第102页。
③ Robert Morrison, "*Peking Gazette*," *The Chinese Repository*, Vol. I, No. 12, April, 1833, pp. 506-507. 译文参见尹文涓《耶稣会士与新教传教士对〈京报〉的节译》,《世界宗教研究》2005年第2期。
④ 《翁心存日记》第4册,中华书局,2011,第1560页。
⑤ 稿中署名瞻岱轩,据考证瞻岱轩即为范道生。日记记载的时间为1871—1899年,记录了作者在山西、福建、北京、浙江为官的情况。

对于江浙一带的读者来说，前一个月的《京报》要到次月才能获阅。①当然，这些只是正常状态下的《京报》传递速度，遇特殊情况，《京报》到达外省的时间还会延迟很多。如1882年《申报》所载，《京报》"皆由驻京提塘刊发，排日专递然惟是历久弊生，各省所设塘兵饷额无多，不能自赡……如苏浙皆止四五十日者，往往迟至三四个月"。②

《京报》的外国读者中多数为在华的外国人，另有部分欧美本土关心中国事务的外国人也会留意来自《京报》的消息。在华外国人获取《京报》的渠道与中国读者类似，因此在中国各地通晓中文的外国读者阅读《京报》的频率大体与当地的中国读者一致，但对于不通中文的外国读者来说，阅读《京报》就不那么便利了。一些身居要职的英国本土人士可以从其在华代理人的书信中获得《京报》消息，如小斯当东（George Thomas Staunton）、益花臣（John F. Elphinstone）等人就曾通过马礼逊的书信获知《京报》中的中国政治情报，而这些消息到达他们手上时往往已经是它们在《京报》上刊出一年之后了。③更多的不通中文的外国读者则需要通过刊登在英文报纸上的《京报》翻译文稿或是单独出版的《京报》翻译小册子来获知《京报》的内容。前者速度较快，在19世纪中前期，最新一期《京报》的部分译稿大约会在四个月内刊登在广州、香港、上海等地的英文报纸上，而英国本土的报纸偶尔会转载这些译稿，19世纪70年代以后，《字林西报》及其星期刊《北华捷报》成为刊登《京报》译稿的大本营，该报读者一般可以读到半个月到40天之前出版的《京报》的译文。

第三，不同的读者群体所关注的《京报》内容。齐如山对《京报》的中国读者"读什么"有过概括："他（《京报》）的内容极简单，大约

---

① 范道生：《瞻岱轩日记》，国家清史编纂委员会《清代稿抄本》第3册，广东人民出版社，2008，第548、562页；范道生：《瞻岱轩日记》，国家清史编纂委员会《清代稿抄本》第4册，广东人民出版社，2008，第91、108、126、713页。
② 《论京报贵速不贵迟》，《申报》1882年3月4日，第1版。
③ 〔英〕艾莉莎·马礼逊编《马礼逊回忆录》第1卷，北京外国语大学中国海外汉学研究中心翻译组译，大象出版社，2008，第224页。

只分两个部分,一是宫门抄,一是奏折,看报的人,可以看全份,便是连奏折在内,倘为省钱省事,也可以光看宫门抄,因为有许多人,没有看奏折的必要也。"[1]

具体而言,首先,读者会注意官场消息。对于清朝官员来说,《京报》中所载的任命、开缺、召见等官场近况与其自身或是其所属的利益集团的富贵荣辱息息相关,因此他们会特别关注宫门抄、选单等包含相关内容的部分,而对于身居要职的官员来说,揣摩圣意也是必修功课,因此上谕内容也会受到他们的特别关注。此外,古时中国有"风声、雨声、读书声,声声入耳;国事、家事、天下事,事事关心"的说法,古代中国的知识阶层多少都受到"先天下之忧而忧"古训的影响,"关心国事"几乎是传统中国知识阶层的必备"标签",因此无论对于朝廷官员还是一般文人来说,刊载着最新朝廷公文的《京报》都是关心国家大事从而满足"胸怀天下"之志的最有效途径。

其次,读者会注意科举消息。读书仕进是清代文人生活的重中之重,其仕途经济实现的唯一途径就是科举考试,每次的考试信息一定会在《京报》上刊登,这些内容自然成为这些文人的阅读对象。有史料记载,清代士人"进京之后,都要看京报,因为这是于中进士后,殿试对策的时候,有相当的关系。大致对策问题中,恒道及时事也"。[2]

最后,白瑞华认为,"在贵族阶层,总是存在对京报感兴趣的忠实读者,他们一般不迷恋仕途和官场。在北京和其他城市,很多商人是京报的忠实读者,他们阅读报纸更多的是用来消遣。公众往往能够从皇子和政客的阴谋诡计中感受幽默感……对于这个阅读群体而言,严肃的京报称为喜剧性读物"。[3] 不过,白瑞华并未给出支撑上述观点的证据。当然,具体到个人,对《京报》各部分内容的偏好也因人而异,如翁同龢就因"宫门抄"曾刊出广西学政孙钦昂丁忧的虚假消息而决定不

---

[1] 齐如山:《清末京报琐谈》,李瞻编《中国新闻史》第6种,第97页。
[2] 孔正毅:《清代邸报研究》,第3、183页。
[3] 〔美〕白瑞华:《中国报纸(1800—1912)》,第14页。

再阅读其内容。①

外国读者在阅读《京报》时和中国读者在关注点上有较大差异。第一，外国读者普遍对《京报》上有关皇族的消息很感兴趣，《字林西报》上偶尔会刊出有关《京报》译稿小册子的广告，其广告语将"中国皇族新闻"作为噱头写在醒目位置，可见有相当一部分《京报》外国读者是为满足好奇心而阅读《京报》的。马礼逊在其书信中再次证明了这一点："《京报》上近来很少刊登皇帝的消息。在外国人看来，去年的《京报》索然无味。"② 第二，一些受雇于英国政界人士的通晓中文的在华外国人也十分关心《京报》所透露出的皇帝的动态，这种关心主要是出于政治需要。如马礼逊在给小斯当东的信中如此写道："我从《京报》上翻译了一条通告，请你读后交给益花臣先生。它相当清晰地反映出中国皇帝的想法，我认为能让你更冷静地看待中国皇帝对你的荒谬评价。他似乎是一时冲动。他整日待在他的宫殿里，不信任所有身边的人，被指责为叛匪首领的一大群人尚未擒获，他猜想谋害他性命及篡夺权力的阴谋正在进行，也许会像最近的叛乱那样突然爆发。在他的这种状态下，别有用心的人将你的名字呈报给他，说你在20年前带走了帝国的地图，而英国人带来了战船，带来了进入中国内河、袭击其他国家的军队蚕食中国，这些行动都是受了你的教唆！那么忧心忡忡的中国皇帝会有何想法。"③ 第三，来华传教士对《京报》中的禁教消息特别关注。第四，19世纪中后期，随着欧美人在中国人的观念中重构中西关系的需求的日益迫切，一些《京报》的欧美读者开始将《京报》视为打破中国人"华夷观念"的重要手段，因此特别留意《京报》中涉及中外交往的内容。

在中国，《京报》对于一般读者的影响主要有以下方面。第一，对于政治环境、官场现状的认识。《京报》所刊内容基本可以看作"政府

---

① 《翁同龢日记》第1册，《中国近代人物日记丛书》，中华书局，2006，第345页。
② 〔英〕艾莉莎·马礼逊编《马礼逊回忆录》第2卷，第89页。
③ 〔英〕艾莉莎·马礼逊编《马礼逊回忆录》第1卷，第224页。

新闻",清代许多文人笔记中都留下了他们通过《京报》获知皇帝敕令、官员升迁或请辞、各地战事等各种"国事"新闻的记录,可见,对于当时的大多数中国人来说,邸报和《京报》是他们获知"朝中大事"最主要的途径,他们对官场中的风云变幻的认识也大都基于《京报》。第二,对于自身处境的认识。正如本章开篇所引《官场现形记》中所描述的那样,对于身处官场之中或者希望步入仕途的中国文人士绅来说,《京报》所登载的官场消息与他们的切身利益息息相关,影响着他们对自身处境的判断。第三,对于外国报纸的认识。在19世纪,曾有西方人在向西方读者介绍《京报》时,将其类比为英国的商业报纸,认为"它更像是我们的《伦敦公报》,而非一般的报纸"。① 也有西方人在向中国读者介绍英国的商业报纸时,做过如下描述:"英都伦敦报房数百家,最大者五:其一日印十七万三千本;其二印十四万本;其三印九万本;其四八万本;其五七万本。"② 这段介绍中有两个关键词——"报房"和"本"。"报房"是《京报》特有的发行机构,与英国的报社无论在性质还是运作方式上都有区别;"本"是《京报》及邸报特有的发行形态,由"页"(page)构成,而英国商业报纸是由版或张"sheet"构成,严格来说并不是按"本"发行的。③ 可见在面对中国读者时,西方人选择了借助中国人所熟知的《京报》的生产发行方式来对英国的商业报纸进行阐释,而一部分中国读者也是通过"类比于《京报》"的方式来认识英国商业报纸的。

阅读《京报》对于一般读者的影响多是在思维层面,换句话说,这些读者的心情和想法可能会因为《京报》上某些消息而发生变化。但对于朝中大臣来说,《京报》的内容不仅会对他们的想法产生影响,还直接与他们在朝廷中的行为表现挂钩。《翁同龢日记》很好地展现了朝中大臣根据《京报》消息进行公务活动的情形:"闻救火者皆拟加

---

① J. P. Donovan, "The Press of China," *The Asiatic Review*, April, 1919, p. 153, 日本东京东洋文库藏,编号:贵 P-III-a。
② 〔美〕丁韪良:《杂记五则 英京报房》,《中西闻见录》第18号,1874年,第538页。
③ 参见牛传誉《报人·报史·报学》,商务印书馆,1980,第181—182页。

级，艮峰先生首倡辞议。余与荫翁意亦同，拟连衔具疏。艮翁见余稿大叹赏，必欲连衔，遂决意同上，而辞叙一节入夹片。艮翁、荫翁皆到余酒肆中，坐一时许，桂侍郎亦来，盖始欲附名辞叙，既而改悔，与绍彭以危语泥止，此举可笑也……筹儿再缮摺，而艮翁送信，云今日邸抄无加级，有顷又送御旨来，并云仍有加级，实则文气未甚清晰，加级与否尚难遽定，以摺片付之，请艮翁再酌。"这则材料生动地刻画出朝中重臣如何小心翼翼地通过《京报》的消息揣测圣意，以此决定在某些关键问题上选择何种立场最为恰当，并在此基础上逐字逐句斟酌着草拟奏摺的情形。翁同龢次日的日记中又有如下记录："晚见邸抄，所奏奉明发一道，将一切工程及传办物件，除急不可缓及必需传用者外，余概停止，并饬廷臣政事得失。王公多误会昨旨，纷纷递谢摺，旨无庸议。""王公多误会昨旨，纷纷递谢摺"一句充分展现了《京报》对于朝中官员影响范围之广，以及《京报》消息作用在这些官员实际行动上的速度之快。①

考虑到《京报》的整个生产、发行及其二次传播的过程，可以说它是具有官、私双重属性的中国古代报纸，但双重属性并不影响中国读者对其权威性的认可。更确切地说，中国读者对《京报》消息的态度不仅在于承认其内容的真实和确凿，更在于一种心理上自下而上对皇权的尊崇。马戛尔尼使团成员在出访中国后观察到"中国皇帝极少公开露面，仅保留崇高身影"。他援引西方多名学者的观点对中国皇帝这一做法的原因进行了解释："统治者背后运用权力，让远近都感受到影响，比经常在群众前现身，被众所知，更能打动人心，更令人生畏。埃列乌西尼安（Eleusinian）秘教教士深知人类的这一性格弱点，秘密操作，更显得有力，需要苏格拉底的智力，才能让百姓摆脱对他们的恐惧。另外据希罗多德告诉我们迪奥塞斯（Deioces）一旦在埃克巴坦纳（Ecbatana）当上国王，再不愿接见他以前为之辩护的群众，他认为拒绝让人看见，更有利于让百姓知道他是百姓之上的国王。确实，如果群众经常

---

① 《翁同龢日记》第 2 册，《中国近代人物日记丛书》，第 703—704 页。

接触有权有势有力的人物，和他们无拘束地密切往来，每天都眼见他们日常的生活起居，那么将大大降低群众对他们的崇拜。正如伟大的孔德（Conde）所说：没有人在自己的奴仆面前是英雄。"① 清朝百姓大多终其一生不会一见皇帝真容，这客观上达成了他们在心理上将皇帝"神化"的事实。

《京报》上关于皇帝意志和言行的记载，是百姓与皇帝进行"近距离接触"的最具时效性的渠道，也成为投射百姓对皇帝认知的最直观场景。怀有对皇帝的崇拜的清朝百姓对《京报》的阅读实践，可被视为具有传播与仪式双重属性的行为。

在《京报》生产运作系统的保障下，公开发抄的上谕、奏折不仅内容完整地出现在《京报》上，它们的排列格式也在很大程度上被保留下来，其中这些官文所严格遵守的"抬头"制度被《京报》一丝不苟地复制在纸面上。关于"抬头"作为一种书写格式规范对于语言文字传播效果的作用，法国福柯在《知识考古学》中早有论及。福柯将包括书写载体、书写格式等广泛要素在内的"物质存在"作为对语言陈述进行分析的一大基础。他指出："陈述总是通过某种物质的深度给定的，即便这种深度被掩盖起来……陈述不仅需要这种物质性，而且一旦它所有的规定性被恰当的确定，它就不是作为补充被给予陈述的了。"② 具体到《京报》而言，作为"物质性存在"的文字格式对于信息接受者的影响力是潜在的，却是不可忽视的，甚至可以与文字的内容相媲美。由此就不难理解中国民众面对《京报》与其他非官方出版物时，在阅读心理上存在细微的差别。

《京报》纸面上呈现的"抬头"格式具体对本国民众产生何种影响，需要从这一制度本身说起。"抬头"，也可称为"抬格"，是清朝延自明朝文书书写制度，并进行细化规范后的一种官文书写形式。《钦定大清会典事例》对官文书抬头书写规则有明确规定，如文书中"称宫

---

① 〔英〕乔治·马戛尔尼、约翰·巴罗：《马戛尔尼使团使华观感》，何高济、何毓宁译，商务印书馆，2013，第344页。
② 〔法〕米歇尔·福柯：《知识考古学》，谢强、马月译，三联书店，2007，第109页。

殿者",抬一字;"称皇帝、上谕、旨、御者",抬两字;称"天地、山陵、宗庙、庙号、列祖"等涉及神明、祭祀、祖宗的行文,均出格一字。① 道光年间《钦定科场条例》在"现行事例"一节做出更为详细的规定:"'列圣''郊庙''皇上''圣主'各字样,事系实用。不敬谨分别三抬、双抬书写,及未经抬写或既经抬写复行涂点者,均以违式论贴出。如'朝廷''国家'等字应单抬,'恩膏''德意'等字应双抬。"在"例案"一节中又补充道:"祖、宗、列圣、世德、圜丘、方泽以上俱系三抬字样,敬谨书写。圣天子、圣主、圣谟、圣训、帝德、圣朝、盛世、孝治、明诏……以上俱系双抬字样,谨略举其概,行文时各宜检点。朝廷、国朝、国家、龙楼、凤阁、玉墀、上苑、太液、各宫、殿、门名,以上俱系单抬字样。"② 在《京报》所载的上谕、奏折等文书中,出现的"抬头"主要有空抬、单抬、双抬、三抬等格式。空抬即在文书中,对表示尊敬的字空出格之后书写,例如在奏折中提到上级官员时就需要空抬。公文在引用上文结束后、继续展开叙述前也可使用空抬。单抬、双抬、三抬则是将表示文字另起一行,分别高出(出格)一字、二字、三字进行书写。从《钦定大清会典事例》和《钦定科场条例》相关规定可以看到,"抬头"制度的出现直接目的在于通过书写规范表达"敬谨"的态度。"敬谨"在中国文化的语境中是人与人关系中上下尊卑的一种表达形式,其根本依据是中国传统社会中的权力、地位秩序。反观之,中国传统社会的权力、地位秩序也可以从依照"抬头"制度形成的文本窥见一二。

当这一制度展现在《京报》上,报中所刊上谕、奏折等文本中,使用"抬头"方式书写的文字相比其他文字,被赋予了"神圣"或"权威"的权力意涵,这种权力的"高低次序"则通过出格的字数由高到低排列。作为信息"接受者"的中国读者,由于浸染在中国文化体系中,会自然而然地接收到这些书写形式中所蕴含的"权力信号",正

---

① 庄吉发:《清朝奏折制度研究》,故宫出版社,2016,第239页。
② 奎润纂修《钦定科场条例》(下),李兵、袁建辉点校,岳麓书社,2020,第721—722页。

《京报》的英译、传播与影响（1802—1911）

如《申报》在转载《京报》时就尊其为"皇朝象魏之书"。在读者阅读《京报》时，依照"抬头"制度书写的文本通过读者的视觉，将附着在文字内容背后的"权力秩序"进行传递，影响读者的思维认知，从而对读者对于相应文字所传达信息的重视程度、信任程度等产生多层次的影响。

1873年，《申报》假借西方人和中国人之间的一场对话，以专文讨论较之外国的报纸，《京报》之于国人的特殊意义。该文中的西方人称："初以为贵国之《京报》即吾各国之新报也。"但是仔细观察，却发现二者大相径庭。从内容上看，西方的新式报纸"盖合朝野之新闻而详载之"，而《京报》"仅有朝廷之事，而间之事不与焉。且即以朝廷之事而论，亦仅就日所习见、习闻者而录之。至于新立一政，新创一议，亦不备载"。①

西方人认为《京报》所载内容过于程式化，无法引发读者的兴趣，因此询问中国人"具故何欤？"中国人承认当下"吾中国之制，与外国殊诚然"，但也指出这种差别并非自古有之，中国夏商周三代，朝野信息本是通达的，"唐虞三代之治，详于载籍者，亦与后世不同。故《书》之《洪范》曰：汝则有大疑，谋及乃心，谋及卿士，谋及庶人。《礼》之《王制》曰：天子五年一巡守，觐诸侯，问百年者就见之。命太师陈（风）诗，以观民风。命市纳贾，以观民之所好恶。可以见君民一体、上下同心之休风矣。所以盘庚迁殷，尚恤浮言，太王迁岐，乃属父老，从未有独断独行之事。自七国争雄，君逞其欲，惟恐民之不我从也。故言莫予违令，莫予止诈，力是尚君尊民卑，而君与民始悬殊矣"。文章认为朝野信息的隔阂由秦至唐逐渐加深："秦得天下，民议其政者有诛，民相偶语者有禁，民与君隔何啻万里。汉法少疏，故三老尚得干预朝政，而有进言于皇帝者。然孔光于温室之树尚不敢言其数，其他可知，其朝政之秘密亦可知矣。魏晋以后李唐以前，治少乱多，兵不厌诈，事更秘密，故臣下愈无敢泄漏其机密者。"这一情况虽然在贞

---

① 《论中国京报异于外国新报》，《申报》1873年7月18日，第1版。

观之治期间一度好转,但之后"高宗昏暗,武氏临朝,下有告密之风,上多罗织之事",上下信息的通达又回到了"朝政更不堪言"的局面。到明朝正德以后,朝廷对国家政要大事更是形成了一套保密制度,"天下用兵,诏制皆从中出,乃妙选臣僚为翰林学士,内择一人年深德重者为承旨,独承密命。其禁有四,曰漏泄,曰稽缓,曰遗失,曰忘误。双日起草,单日宣旨。遇有机要,则亦双日缮焉。首禁既在漏泄,臣下又何敢故犯其禁以贾祸。所以遇有机要之事,其底稿不敢宣示于众。惟同列尚能知之,其他朝臣不敢过问,及问之,恐亦如孔光之不言,反之如不问之,为愈也。又安敢笔之于书,播之于众,相传于草野之间哉?"所以西人所见《京报》"日所习见、习闻者而录之"就是延续了明以后的制度传统,"至于机要大事,即军机处之书吏尚有不得预闻者,何况其他?"[①]

该文的出现,也暗示中国读者对《京报》的态度随着时代的发展出现了变化。在晚清报业兴起之前,中国读者普遍将《京报》作为获取官方消息的权威读物看待,他们更注意《京报》的内容,似乎极少有人会将《京报》本身的价值、利弊等作为问题来探讨;19世纪末,随着近代报业在中国的兴起,受近代新闻思想影响的晚清报人开始重新审视《京报》,他们对《京报》的态度也表现出"支持"与"批评"两种倾向。

对《京报》持"支持"态度者的想法可以从《京报寓言》一文中窥知一二:"京报乃恭录朝廷赫赫勋猷、煌煌圣训者,孰不敬而遵之,仰而望之。所以中外之人愿出资财,月归报局,三节又备酒资以谢送报者,礼也,而人情天理均在其中矣,从未闻有掷之以砖块,加之以污蔑,诬之以叛号。为谢金者,亦未闻有男妇老幼明嗤暗毁者,更未闻为仕农工贾视若仇雠、发竖眦裂而相者……而立局分报亦例所准行,并非私设也。是故报之所及,军民一遇恩纶,无不深信,无不欢欣,无不传颂,无不额庆,无不感激黄恩普济……凡属化下编民,自无不敬此报而

---

① 《论中国京报异于外国新报》,《申报》1873年7月18日,第1版。

遵此报也。"① 这段材料中所述虽有夸张之嫌，但仍然透露出这样的信息：对于晚清的中国读者来说，《京报》并非一种单纯的官方消息载体，由于它的发行经过皇帝的认可，所刊载的又是朝廷公文，其本身就被赋予了某种代表至高无上皇权的"神圣性"，因此读者"孰不敬而遵之，仰而望之"，还会礼遇送报人。这种对待《京报》的态度不仅存在于晚清社会，明清时期《京报》的中国读者中应有相当一部分人对《京报》怀有此种感情。

另一方面，《顺天时报》所载《论条奏、留中、发抄之关系》一文则在某种程度上代表着对《京报》持"批评"态度者的论调。他们认为"奏议非无要件，廷对非无要言"，但这些东西都不会登在《京报》上。读者阅读《京报》上连篇累牍的公式化官文，和看《缙绅录》大同小异，无法达到"增长见识，废达学问"的效果。他们认为这种情况出现的根源在于对机要官文进行保密的"留中"和"不发抄"制度。"夫以中国之内政外交，其繁赜也如彼，而中国士夫之闻见，其固陋也如此，斯亦大可惧矣。推其留中与不发抄之故，大要不外曰机密。乌乎，机密之说，即愚民两字之转注也。今则不但愚民，抑且愚士，不但愚士，抑且愚官，无惑乎？每有一大问题，五洲已扬晓，而老成则以为造谣；每有一大举动，沿海沿江已哄传，而辇下则以为妄语。即如中俄密约，除中俄立约诸人外，虽两政府亦不能周知，而某报亟载全文，一字无遗，而阅京报者不知也。"《京报》的批判者多以新式报纸之"利"对比《京报》之"弊"，提倡以近代新闻思想为指导对《京报》的运作方式进行改革："方今文明之国，类如议院建一策，学堂穷一理，疆场决一战，事无巨细，人无大小，凡关系政治者，或得或失，或行或否，无不家喻户晓，妇孺皆知，无他，报之力也。中国京报独非报也与哉。今兹锐意自强，力图进化，凡京外条奏，无论可行不行可，似宜俾众咸知，万无以留中了之。"②

---

① 《京报寓言》，《万国公报》第 413 期，1876 年，第 29 页。
② 《论条奏、留中、发抄之关系》，《新民丛报》第 21 期，1902 年，第 101—102 页。

晚清《京报》的"支持者"与"批评者"的立场互不相容。前者甚至站在礼教的高度驳斥后者的观点："天下之大，无奇不有，倘有名为化下，实为化外，而久不识其本来面目为何，若者诩诩然信己乃化下，疑人非化下，以己之私心度人之公道，出言不逊，藐视王章，狂妄悖谬，丧尽天良，自以为是，不究报之由来，不察报之所以，不识报之利益，辄谓此报与报中所录福善祸淫，皆出自印度之释氏，指敬信遵行，此报之良民为投顺山左牟子者云云。呜呼！出斯言者，不知其自号何人，自居何地……顾其师心固锢，颠倒是非，怙己之昏昏，欲令人亦昏昏……"① 可见，对于《京报》的"支持者"来说，"批评者"的声音不仅是对《京报》本身的指责，还是对于中国传统社会秩序的一种反动，因此难以容忍，而《京报》的"支持者"与"批评者"两派的矛盾核心也由此从《京报》的形式内容是否"合时宜"的问题，上升为关系到应"保持传统"还是"锐意改革"这一更宏大的主题。

小　结

在参考前人研究成果的基础上，结合对现存多种版本的《京报》实物的研究可知，《京报》是存在于中国明清两代，主要用于刊登每日朝廷动态、皇帝敕令以及大臣奏折等公文的一种文本，其内容经过上至皇帝下至民间的"京报人"的层层编选，最终由官方授权的民间报房刊印发行。《京报》及邸报最初只供官员阅读，但是，至晚到19世纪，一般的中国民间人士已经可以合法地购买和阅读《京报》。考虑到《京报》的整个生产和发行过程，可以说它是具有官、私双重属性的中国古代报纸。

《京报》的读者不仅人数众多，身份也非常多样化。从社会地位上看，其读者包含了上至朝中重臣、下至市井平民的各类人群；从性别上看，其固定读者虽然绝大多数为男性，但也有女性对其予以关注；从国

---

① 《京报寓言》，《万国公报》第413期，1876年，第29页。

籍上来看，《京报》虽然将中国读者预设为其目标读者，但它在海外尤其是欧美，也同时拥有很多读者，特别是19世纪以后，越来越多关心中国事务的西方人开始通过各种渠道阅读《京报》的消息。他们对《京报》的关注角度虽然与中国读者有别，但对《京报》的关注程度并不亚于中国读者，在下一章中，本书将围绕西方人对《京报》的关注和相关的译介活动展开论述。

第二章
译介背景：19世纪西人眼中的《京报》

在19世纪的中国，《京报》是传播朝野消息的主要载体，也较容易为大众获得和阅读，因此它不仅受到中国读者青睐，也引起了不少外国人的兴趣。从19世纪初开始，随着中英关系成为当时中西关系的焦点，英国读者成为《京报》的外国读者中最值得注意的群体。正如马克斯·韦伯（Max Weber）在《儒教与道教》开篇论及《京报》的海外影响力时所说的那样："这些命令是皇帝下达给帝国官吏的，原来只供内用，但数十年来一直受到英国人的注意，并将之冠以《京报》（Peking Gazette）。"[①] 虽然这一群体在人数上远不能与《京报》的中国读者人数相比，但是，他们对《京报》的持续关注，不仅为中国本土新闻被系统翻译并传播至海外创造了条件，还在19世纪后半叶的中英关系中扮演过重要角色。

上一章已就《京报》中外读者的概况进行论述，并分析了中国读者对《京报》所持的态度，本章将以19世纪英国人为代表的《京报》

---

① 〔德〕马克斯·韦伯：《儒教与道教》，洪天富译，江苏人民出版社，1995，第4页。

《京报》的英译、传播与影响（1802—1911）

的西方读者为主要研究对象，尝试讨论西方人对《京报》所刊登的中国消息以及《京报》本身所持的态度，并探究他们对《京报》认知的形成与发展过程。

第一节　18、19世纪西人对《京报》态度之对比

早在18世纪，已有来华西人留意到《京报》。18世纪20年代，来华的耶稣会士就已经注意到《京报》这一承担着传递朝廷消息重要职能的中国本土报纸，当时驻北京的耶稣会士龚当信在其书信报告中对邸报进行了节译和介绍，并认识到应该对记载着中国要闻的《京报》予以重视。从现有资料来看，随着康熙帝遣返传教士以及雍正帝正式开始实施禁教，耶稣会士围绕《京报》所开展的活动似乎就此中断，其影响也较为有限；除了耶稣会士外，在整个18世纪，陆续有来华的西方人会对《京报》投以关注的目光。可见的这一时期来华西方人留下的有关《京报》的文献资料包括：由东正教驻北京第二届传教士团学员、俄国的中国学家伊·罗索欣整理和翻译的《1730年〈京报〉摘抄》，以及英国人斯当东在《英使谒见乾隆纪实》中对《京报》的出版发行及其形态、内容的记述等。①

除了可见文本数量较少外，18世纪西方人有关《京报》的记录还具有以下特点。第一，在18世纪早期，很少有西方人阅读《京报》，遑论深入考察《京报》的重要性。龚当信在中国生活了二十年之后才开始阅读《京报》，并在之后的报告中称"从未想到读这种邸报竟会对一个传教士有如此大的用处"，"在龚当信看来，大部分传教士忽视了这种邸报，或偶有所闻，但并没有去阅读邸报，是很令人遗憾的"。②第二，18世纪的西方人尚处在认识《京报》的最初阶段，对《京报》

---

① 尹文涓：《耶稣会士与新教传教士对〈京报〉的节译》，《世界宗教研究》2005年第2期；史媛媛：《清代前中期新闻传播史》，第118—119页。
② 尹文涓：《耶稣会士与新教传教士对〈京报〉的节译》，《世界宗教研究》2005年第2期。

的介绍都较为简略，描述也颇为含混。所谓介绍简略，具体体现为这一时期西方人一般仅就《京报》的内容形式或是生产运作的某些片段略做叙述，既未呈现出《京报》生产运作流程的全貌，也未特别针对与《京报》生产运作有关的某一环节或某一问题进行详细阐发。所谓描述含混，最明显的表现之一就是，无论是18世纪早期的法国人龚当信还是18世纪末的英国人斯当东，都是将《京报》直接当作邸报来看待，并未意识到二者间的关联与差异。① 第三，18世纪西方人的《京报》翻译活动随机性较强，他们所留下的《京报》译稿仅是有限的一些片段，很多情况下这些片段的译稿还是作为"对《京报》的介绍"的一部分而存在的，并非独立成文。

19世纪是西方人了解和利用《京报》的新纪元，关心中国事务的英国人为这个新纪元拉开了帷幕，并在之后西方人对《京报》的译介和利用活动中担当起主导性角色。英国人之所以会在19世纪西方人围绕《京报》所展开的活动中起主导作用，主要是得益于三方面的条件。

第一，政治需求。19世纪的中西关系在大部分时间以中英关系为主，因此，与其他欧美各主要国家对中国的关注相比，关心中国事务的英国人对中国实务情报（特别是清廷最新动态）的需求最为迫切，对《京报》也最为看重。早期来华的新教传教士马礼逊曾在其书信日记中数次提及《京报》内容，表明他习惯于通过《京报》观察中国的政治动态，而他对《京报》的翻译和研究活动一定程度上也是为满足关心中国事务的本土英国人的需求而服务的。如他在1815年10月致小斯当东的信中写道："我从《京报》上翻译了一条通告，请你读后交给益花臣先生。它相当清晰地反映出中国皇帝的想法，我认为能让你更冷静地看待中国皇帝对你的荒谬评价……因为行商否认对你的不利控诉，假如地方官员站在同样的立场，你在中国皇帝心中的印象将会得到澄清；但对你而言，你可能永远不知内情。我看要想彻底摆脱这一指控并保持克

---

① 龚当信和斯当东记录中都将报房发行并且公开售卖的《京报》误称为"邸报"，尹文涓和史媛媛分别在其研究中点出了这种混淆的情况。

制是非常困难的。我觉得根本不可能。因为中国官府不会为让几个外国商人感到满意而做事,除非是迫不得已;中国官府也不相信他们会被胁迫,除非敌军临近他们的大门,就像现在这样。我提出的建议仅供参考。"① 19 世纪中后期,搜集和整理《京报》成为大英帝国中文秘书处(Chinese Secretary's Office)的一项日常工作,同时,翻译《京报》也成为大英帝国驻北京使馆学生译员必做的中文练习,② 这些都为《京报》能更好地为更多的西方人所用提供了条件。

第二,人才支持。19 世纪英国在华势力的强大为英国人获得并阅读《京报》原本提供了便利,同时,英国所拥有的一批通晓中文的人才使《京报》得以被转译为英文,这为一般西方读者了解和利用《京报》提供了必要条件。在 19 世纪之前,法国人特别是法国耶稣会传教士曾在获取和翻译汉文资料方面做出过突出贡献,但有研究表明,第一次鸦片战争之后,在英国著名的中国事务专家小斯当东等人的努力下,英国人开始在翻译中文资料特别是中国新闻方面逐渐占据优势地位。③ 英国人在中文翻译事业上的这种优势地位可以从法国人的一些记录中得到印证。第二次鸦片战争之际,英法联军成员之一——法国翻译官埃利松在其手记中也曾抱怨道:"蒙托邦将军的整个部队只有两个翻译……跟我们相比,英国军官身边有许多翻译,最蹩脚的一个翻译的待遇也可以与法国的一个元帅相比。"④ 可见当时英国人对中文翻译的重视。

第三,渠道支持。在 19 世纪,能够直接接触和阅读《京报》原本的毕竟只是很少的一部分人,更多的西方人需要通过《京报》的译文来认识、了解甚至于利用《京报》。19 世纪西方人获得《京报》译文的方式一般有三种:一是《京报》译者的书信,这只适用于少数与译者

---

① 〔英〕艾莉莎·马礼逊编《马礼逊回忆录》第 1 卷,第 224 页。
② Jonathan Ocko, "The British Museum's *Peking Gazette*," *Ch'ing-shih wen-t'i*, Vol. 2, No. 9, January, 1973, p. 35.
③ 关诗珮:《英法〈南京条约〉译战与英国汉学的成立——"英国汉学之父"斯当东的贡献》,王宏志主编《翻译史研究(2013)》,第 129—164 页。
④ 〔法〕埃利松:《翻译官手记》,应远马译,〔法〕伯纳·布立赛、王道成、陈名杰、徐忠良主编《圆明园劫难记忆译丛》,中西书局,2011,第 76 页。

关系密切的人员；二是译者个人结集出版的《京报》翻译小册子，这些小册子的发行量应该也很小；三是新兴的报纸媒体，以及报社将报纸上刊登的《京报》译文整理之后发行的出版物。前两种方式的传播范围相当有限，可以这样说，《京报》的西方读者群是依靠第三种方式——新兴报纸媒体才得到了极大的扩充的。作为19世纪"报业帝国"——大英帝国的国民，英国人以在华英文报刊作为发布《京报》译本的大本营，并通过英国本土乃至英国海外各势力范围内的英文报刊尽可能地向世界传播这些来自《京报》的消息。①

19世纪英国人对《京报》的关注方式主要表现出三个特点。第一，19世纪英国人对《京报》进行了持续的搜集。这些《京报》原本最终被运回英国本土，原藏于大英博物馆中，现藏于大英图书馆。这批资料包含从嘉庆朝到光绪朝出版发行的多个版本的《京报》，其中多数文本上盖有的"驻香港通商总领"（中文）或"驻华商务总监"（英文）印章，表明了这些资料的来源。② 第二，19世纪英国人对《京报》进行了系统和专门的翻译，并对19世纪的中英关系产生了重要影响，这一点将在后文中专门进行讨论。第三，19世纪的英国人除了对《京报》进行译介，还开始从学术层面对《京报》进行专题讨论，许多英国汉学家都对《京报》抱有很大的兴趣。在这一时期，无论是在华的还是英国本土的英文报刊上都出现了多篇有关《京报》的论文，诸如阿礼国、梅辉立等人都曾致力于研究《京报》。③

---

① 参见19世纪在广州、香港、上海、伦敦、横滨、新加坡各地发行的各大英文报刊中的"中国消息"（CHINA）、"北京消息"（Peking）或"《京报》摘要"（Abstract of Peking Gazettes）等栏目。
② 在此感谢美国约翰斯·霍普金斯大学（Johns Hopkins University）学者 Emily Mokros 惠示大英图书馆所藏部分《京报》实物照片。另可参见 Jonathan Ocko, "The British Museum's *Peking Gazette*," *Ch'ing-shih wen-t'i*, Vol. 2, No. 9, January, 1973, pp. 35 - 37。
③ Rutherford Alcock, "The *Peking Gazette*," *Fraser's Magazine*, n. s. Ⅶ, February and March, 1873; William Mayers, "The *Peking Gazette*", *The China Review*, Vol. Ⅲ, No. 13, July and August, 1874, pp. 13-15.

《京报》的英译、传播与影响（1802—1911）

较之18世纪的西方人，19世纪的英国民众对《京报》表现出了更大的兴趣。法国天主教会传教士古伯察在结束了他的中国之旅返回欧洲后写道：“在欧洲，特别是在英国和法国，中华帝国里发生的一切事务近年来（19世纪40年代）引起不少人的兴趣。来自中国的一切消息都勾起人的好奇心，我们注定要结识这个古怪而又自足的国度了。”① 基于这样一种社会氛围，载有来自中国最核心区域消息的《京报》无疑是最能满足人们好奇心的事物，因此，在19世纪，关注《京报》的英国人不局限于通晓中文的传教士或翻译人员，还包括了从政界要人到一般民众中关心中国事务的各界人士。《字林西报》的编辑曾如此评价字林报馆在19世纪70年代出版的《京报》英译小册子：“每一个对中国问题感兴趣的人都应该在书架上留出属于它们的位置。”② 一句话概括了《京报》译本的读者主体。

19世纪的英国人对《京报》不仅投以更广泛的社会关注，对《京报》的重视程度也进一步提高。这点可以从他们的态度以及行动中略见一二。

首先，他们对《京报》所载消息的价值给予很高的评价。从学术研究中看，19世纪英国的《京报》研究者们反复强调它包含了许多"重要并且有趣的文件"，有助于"了解中国政府政策和中国历史"。③ 从大众舆论来看，19世纪香港最重要的英文报纸《德臣报》（The China Mail）称其中所包含的"奏折和政令的重要性非同一般"；香港的另一份重要的英文报纸《孖剌报》（Daily Press）除了肯定《字林西报》"《京报》摘要"

---

① 〔法〕古伯察：《中华帝国纪行——在大清国最富传奇色彩的历险》，张子清等译，南京出版社，2006，第168页。

② "Opinion of the Press," Translation of the Peking Gazette for 1876, The "North-China Herald" Office, 1877, 书内无页码。

③ 参见 John Morrison, "Analysis of the Peking Gazette, from 10th February to 18th March," The Chinese Repository, Vol. 7, August, 1838, p. 226; Charles Knight, "The 'Peking Gazette'," The Penny Magazine, February 12th, 1842, p. 64; E. T. C. Werner, "A Curiosity in Journalism," Time, June, 1890, pp. 594-596。

内容的重要性外，还认为其有利于外国人了解"中国人的生活和特性"。①

其次，19世纪英国人在实际行动中，也频繁在重要场合引用《京报》。据《英国国会议事录》（Hansard's Parliamentary Debate）所载，两次鸦片战争期间，都有政客在议会辩论中援引《京报》消息作为事实依据，以讨论对华问题。② 整个19世纪，《京报》都是英国媒体获取中国最新消息的重要途径。以声名显赫的英国《泰晤士报》（The Times）为例，在整个19世纪，《京报》一直是该报在谈论中国时政时最常援引的中方资料。

第二节　19世纪英国人看重《京报》之缘由

一　重要的中国情报源

在电报未在中国发展起来时，即19世纪末以前，英国人获知中国各地最新消息的渠道一般有两条。

其一，在中国各地活动的英国人的通信和报告。这些消息提供者多为英国政府雇员或传教士，他们身兼各大报社的通讯员的角色，定期为当时的英文报社提供有关中国的最新消息。尽管19世纪英国人先后多次与清政府订立条约，其在华活动区域也因此得到扩张，但是在整个19世纪，英国人的在华活动区域总体上是受到诸多限制的，这点可以从19世纪中英签订的一系列条约的相关条款中得到证明（见表2-1）。

---

① "Peking Gazette," The North-China Daily News, March 24th, 1873, p.3; "A Translation of the Peking Gazette for 1877," The North China Daily News, June 1st, 1878, p.1. 上述两则材料均源自《德臣报》，由《字林西报》转引。

② 参见《英国国会议事录》第73卷，1844年3月22日；第156卷，1860年2月13日。

表 2-1　19 世纪英国人在华合法活动范围概览

订约时间	订约地	约章名称	英国人合法活动范围	相关条约原文
1842 年 8 月 29 日	南京	《江宁条约》	广州、福州、厦门、宁波、上海（香港岛割让）	自今以后，大皇帝恩准英国人民带同所属家眷，寄居大清沿海之广州、福州、厦门、宁波、上海等五处港口，贸易通商无碍；且达英国君主派设领事、管事等官主该五处城邑，专理商贾事宜
1846 年 4 月 4 日	虎门	《英军退还舟山条约》	同上	所有定界内，于城外近地行走英人，必受保佑全安无妨
1858 年 6 月 26 日	天津	《天津条约》	牛庄、登州、台湾、潮州、琼州等	1. 大英钦差各等大员及各眷属可在京师，或长行居住，或能随时往来；2. 英国民人准听持照前往内地各处游历、通商，执照由领事馆发给，由地方官盖印；3. 广州、福州、厦门、宁波、上海五处、已有江宁条约旧准通商外，即在牛庄、登州、台湾、潮州、琼州等府城口，嗣后皆准英商亦可任意与无论何人买卖，船货随时往来。至于听便居住，赁房、买屋，租地起造礼拜堂、坟茔等事，并另有取益防损诸节，悉照已通商五口无异
1860 年 10 月 25 日	北京	《续增条约》	天津	直隶省之天津府即日通商，与别口无异
1876 年 7 月 26 日	烟台	《烟台条约》（另议专条）	经甘肃、青海、四川等处入藏	由中国京师启行，前往偏历甘肃、青海一带地方，或由内地四川等处入藏，以抵印度，为探访路程之意，所有应发护照，并知会各处地方大吏暨驻藏大臣公文，届时由总理衙门查酌情形，妥为颁办给

续表

订约时间	订约地	约章名称	英国人合法活动范围	相关条约原文
1876年9月13日	烟台	《烟台条约》	宜昌、芜湖、温州、北海（开港）；重庆（派员驻寓）	随由中国议准在于湖北宜昌、安徽芜湖、浙江温州、广东北海四处添开通商口岸，作为领使官驻扎处所。又四川重庆府可由英国派员驻寓，查看川省英商事宜。轮船未抵重庆以前，英国商民不得在彼居住，开设行栈……至沿江安徽之大通、安庆，江西之湖口，湖广之武穴、陆溪口，沙市等处均系内地处所，并非通商口岸
1890年3月31日	北京	《新订烟台条约续增专条》	重庆（通商口岸）	重庆即准作为通商口岸，与各通商口岸无异
1901年9月7日	北京	《辛丑各国和约》	北京（设立使馆界）；黄村、廊坊、杨村、天津、军粮城、塘沽、芦台、滦州、唐山、昌黎、秦皇岛、山海关（各国驻兵）	1. 大清国国家允定，各使馆境界，以为专与住用之处，并独由使馆管理，中国民人，概不准在界内居住，亦可自行防守；2. 今诸国驻守之处：黄村、廊坊、杨村、天津、军粮城、塘沽、芦台、滦州、唐山、昌黎、秦皇岛、山海关

资料来源：依据王铁崖编《中外旧约章汇编》第1册（三联书店，1957）、中外旧约章大全编委会编《中外旧约章大全》第1分卷（中国海关出版社，2007）制成。

由表2-1可知，19世纪的来华西方人一般仅能在沿海的开放口岸驻留，受此限制，他们多数也只能在自己活动范围内搜集消息。从19世纪英国人对华情报的需求情况来看，在华英国人的通信和报告这条渠道所传达的消息存在两大不足：一是无法涵盖有关各沿海开放口岸之外的地区，特别是中国广阔的内陆地区的最新消息；二是较难触及来自中国政治核心——清廷的最新动态。

其二，有鉴于英国人在华活动范围的受限，译者们对《京报》的翻译这一渠道的意义和价值就显得尤为重要。《京报》由大量最新的皇帝谕旨、清廷各机构的公文以及各省官员的奏折构成，它所包含的内容恰恰是在各开放口岸驻留的英国人的报告中所欠缺的。虽然19世纪只有很少一部分英国人可以阅读《京报》原文，但早在19世纪前期，《京报》就被零星翻译并刊登在广州、香港等地的英文报刊上；19世纪中期开始，上海《北华捷报》亦有揭载其译文；1871年以后，当时在远东最具影响力的英文日报《字林西报》"《京报》摘要"（Abstract of Peking Gazettes）成为最及时发布《京报》消息的平台，不通汉语的一般英国人也可以由此及时知悉清朝朝野的动态。因此，对于19世纪的英国人来说，《京报》与驻留各通商口岸的英国人的报告一样，都是重要的中国情报源，二者可谓相辅相成，缺一不可。

20世纪美国学者景复朗（Frank H. H. King）和克拉克（Prescott Clarke）曾注意到《京报》翻译对于19世纪希望获取中国情报的西方人的意义。他们在《晚清西文报纸导要（1822—1911）》（A Research Guide to China-Coast Newspaper, 1822-1911）一书中指出："随着通商口岸及外国人居留地的增多，以及欧美本土与中国相关消息的兴趣的增长，西文报纸所覆盖的地域范围也得到拓展。但这些报纸本质上仍只算是小城镇的报纸，因为地域涵盖范围的扩展未必意味着在其他领域涵盖范围的拓展，除了与外国商业团体利益息息相关的事务的报道外，其他有关中国事务的报道相当匮乏……某些编辑为报道在中国发生的事件付出了相当多的努力，他们对《京报》的翻译已经表明了这一点。"[①]

二 "虚假的"中国人和"真实的"《京报》

19世纪的英国人对中国人的诚信抱有怀疑，同时又强调《京报》的权威性和真实性，两种态度之间的张力使英国人对《京报》消息颇为看重。西方话语中很早就存在对中国人"狡猾"一面的叙述传统，

---

① Frank H. H. King and Prescott Clarke, A Research Guide to China-Coast Newspapers, 1822-1911, Harvard University Press, 1965, pp. 10-11.

19世纪以前的西方话语中，中国人的"善于欺骗"集中体现在中国商人身上。17世纪的法国来华传教士勒孔特曾如此描述中国商人："他们的天性长处就是只要能欺骗别人的时候就欺骗……可以肯定的是，如果一个外国人独自出去买东西，无论怎样谨慎小心，都会被欺骗。"① 曾对18世纪欧洲产生重要影响的著作《中华帝国全志》的作者——法国传教士杜赫德（Jean-Baptiste Du Halde，1674-1743）也对中国人的骗术有过生动的描述："这种骗人的把戏主要流行于平民百姓之中，他们会利用种种伎俩在所出售的东西里掺假。有的人甚至有办法打开鸡的胃，取出所有的肉，然后再用石子填好空的胃部，巧妙地缝好开口，使得人们只有在食用的时候才会发现。"② 二者的描述基本代表了17、18世纪对中国感兴趣的西方人对所谓的"狡猾的"中国人的印象。

19世纪初的西方人对中国人的印象很大程度上受之前观点的影响。曾随阿美士德使团来华的阿裨尔对当时西方世界的对华印象做过概括："一篇题为《对中国的一般印象》的文章的作者谈到，根据只到过中国港口的旅行者们的叙述，可以得出这样的结论：在这个国家，就像斯巴达（Lecedaemon）一样，偷盗是被允许的，如果你偷盗成功的话。如果在称分量上作假，索取百倍价格，以次货充好货，都构成一种盗窃的话，那么这种盗窃就不仅限于沿海地区，整个中华帝国到处都有这种盗窃发生，而且不仅被纵容，还受到赞许，尤其是当外国人成为受骗者时更是这样。"他还特别对上述论述做出说明："这段叙述只是根据那些曾谈到过中国人的一般性格的作者们的笼统表述写出的。他们的这些论述太多了，这里不可能一一引述。"③ 可见当时英国人对中国"作假成风"的印象之深。

---

① 转引自〔英〕克拉克·阿裨尔《中国旅行记（1816—1817年）——阿美士德使团医官笔下的清代中国》，刘海岩译，刘天路校，上海古籍出版社，2012，第108页注释。
② 转引自〔英〕克拉克·阿裨尔《中国旅行记（1816—1817年）——阿美士德使团医官笔下的清代中国》，第108页注释。
③ 〔英〕克拉克·阿裨尔：《中国旅行记（1816—1817年）——阿美士德使团医官笔下的清代中国》，第108页。

到19世纪初为止，西方人对中国人"狡诈"与"欺骗"的评价多以中国商人为对象。阿裨尔就曾在赞同勒孔特和杜赫德观点的基础上，对二者的说法稍做补充："一般来说，中国人不像勒孔特所描述的那样狡猾和欺诈。然而，诚实的确不是他们的美德，尤其是与外国人做生意的时候，这是千真万确的。只要有欺骗的机会，他们绝不会放过，并自以为是他们的长处；而且，他们还会厚颜无耻地每每为自己的骗术不精而辩解。"① 阿裨尔重点强调了中国人的"狡猾和欺诈"主要适用于"与外国人做生意"这一场合。

随着中国的大门被西方人打开，中西间的交流与冲突日益频繁，西方人对中国的认识也在逐渐变化，至19世纪中后期，诸如"狡诈"与"欺骗"等词语开始直接和"中国人的性格"挂钩。曾在19世纪中期在华活动的美国传教士倪纬思（John Livingston Nevius）对全体清朝官员都持有强烈的怀疑态度，他写道："关于太平天国首都陷落的记载，只有取自清朝方面的消息来源，而全体清朝官员的说谎癖是众所周知的事，这是用不着多说的。"② 同一时期来华的另一位传教士密迪乐则进一步将"中国人"作为一个整体概念列入"撒谎名单"，并提到西方国家对此的反应："尽管中国的圣哲们有许多教导人们真挚、诚实的好原则，但是，很少有人强调严格遵守真理。中国人不以撒谎为耻，反以为荣……尽管在中国不乏讲实话、守诺言的人，但是，一般地说，他们还是被人们看成是臭名昭著的撒谎家。据说，由于中国人不讲真话，在基督教国家人们的心目中，他们的品质更让人瞧不起。"③ 19世纪90年代，曾在中国生活数十年的传教士明恩溥（Arthur Henderson Smith）《中国人的性格》一书出版，该书曾被翻译为多国语言反复再版，在中西方世界中都曾引起巨大反响。该书在当时被认为较为全面地反映了中

---

① 〔英〕克拉克·阿裨尔：《中国旅行记（1816—1817年）——阿美士德使团医官笔下的清代中国》，第108页。
② 〔美〕倪维思：《中国和中国人》，崔丽芳译，中华书局，2011，第645页。
③ 〔美〕M. G. 马森：《西方的中国人和中国人观念（1840—1876）》，杨德山译，黄兴涛、杨念群主编《西方的中国形象》，中华书局，2006，第168页。

国人的民族性格。明恩溥罗列了 27 项中国人的性格特点，其中就有"缺乏诚信"。另一位曾于 19 世纪后期先后在北洋、南洋水师以及中国海关任职的美国人阿林敦（Lewis Charles Arlington）甚至将其在华所见的缺乏诚信的行为举止命名为"中国式的不诚信"，① 可见，19 世纪中期以后的西方话语体系中，"骗子"早已超出"中国商人"这一适用范畴，而开始被用来描述中国的官员、文人，最终成为对"中国人特性"的一般性描述。不仅是 19 世纪西方人有关中国的著述中普遍存在有关中国人"狡诈""虚伪"的记录，这类论调甚至影响到 20 世纪初西方人对中国的认识。如 20 世纪上半叶的中国问题专家 M.G. 马森就曾以"他们以撒谎著称"来概括中国人的性格。②

当然，也有一些西方人就这一问题发出过不同的声音，指出"中国人狡诈、虚伪"这一类论调的问题所在。曾担任美国对华外交官的何天爵就认为，因某些中国人的狡诈之举而将此作为对全体中国人的认识未免以偏概全："普天之下，人类的天性都是相通相同的。林子大了鸟儿多，中国拥有众多的人口，其中绝大部分人都具有严肃认真、一丝不苟的敬业精神。他们恪守信誉，公平正直，永远值得信赖；然而，他们中也有人总是喜欢玩弄一些小把戏，无孔不入，唯利是图。"③ 20 世纪初，英国学者狄更生在他的《"中国佬"信札——西方文明之东方观》中则反其道而行之，假借中国人的视角对英国人对中国的成见进行了辛辣的讽刺，针对英国人的对华印象，他写道："英国人自以为是，实际上对中国人知之甚少"，"他（英国人）几乎始终受道德左右。但是他自己从来不承认这一点，并且在这一方面深深怀疑其他人。'伪君子'、'骗子'、'脆弱者'这些词时常从他嘴里脱口而出"。④ 上述分析犀利地指出了西方人

---

① 〔美〕阿林敦：《青龙过眼》，叶凤美译，中华书局，2011，第 48 页。
② 〔美〕M.G. 马森：《西方的中国人和中国人观念（1840—1876）》，杨德山译，黄兴涛、杨念群主编《西方的中国形象》，第 168 页。
③ 〔美〕何天爵：《真正的中国佬》，鞠方安译，中华书局，2006，第 246 页。
④ 〔英〕G.L. 狄更生：《"中国佬"信札——西方文明之东方观》，卢彦明、王玉括译，南京出版社，2008，第 121—125、127 页。

有关中国人"缺乏诚信""善于欺骗"这一认识形成的背后缘由,但这些冷静的分析无法遏止西方人对中国人"缺乏诚信"的指责声浪的蔓延。

19世纪以后的西方人特别是英国人,之所以会特别在意中国人"缺乏诚信"的一面,除了上述前人早已指出的两点原因外,还有更为深刻的缘由。这一局面的出现,首先是基于现实体验。自《南京条约》签订以后,英国人虽然在名义上获得了打开中国市场的权利,却在实际执行时遇到了来自中方的重重阻挠,因中方的言行不一而大伤脑筋。正如前辈学者所言:"第二次鸦片战争之后……乘胜追击的列强对条约权益的期待更为急迫,锱铢必较,更加苛刻地要求清政府严格履行条约。它〔他〕们的不满,主要是'各省官员一般地忽视条约'。"① 1866年,通过英方代表威妥玛递呈清廷的《新议略论》,晚清重臣崇厚也对英国人的这一心态有所认识:"该使臣(指威妥玛)等历叙从前立约之由,并虑后来失好之渐,危词恫吓,反复申明,总以将来中国不能守信为虑。故历次立约,曰边界,曰传教,曰通商,各国皆处心积虑,不惮再三之渎,而尤必声明行文内外徂行,周知字样。所以谆谆于此者,直欲使中国家喻户晓,永远相信之意。"② 其次,这一局面的出现也源于心理需求。马士在其研究中指出,"从东印度公司垄断的取消到'南京条约'的签订,英国商人已经等待了八年多",他们"从一种卑贱地位,一跃而到尊严地位,他们处境的这种变化,已经深印在他们的脑海"。③ 这种尊卑逆转的对华心理体验并不为英国商人独有。包括英国人在内的西方人曾被中国人长期视为"蛮"。19世纪以后,随着英国在对华政治、军事实力上的绝对优势地位的确立,英国人对华的自信心日益高涨的同时,对中国人的蔑视也在增长,在他们眼里,古老的中国无论政治、社会还是文化都劣于西方,对中国人"缺乏诚信"的批判就是这

---

① 李育民:《论清政府的信守条约方针及其变化》,《近代史研究》2004年第2期。
② 《崇厚奏议复奕䜣等英国呈递议论折》,《筹办夷务始末(同治朝)》第5册,中华书局,2008,第1708页。
③ 〔美〕马士:《中华帝国对外关系史》第1卷,张汇文等译,上海书店出版社,2000,第418页。

一心理体验的衍生物。

19世纪的西方人一方面怀着中国人"缺乏诚信""善于欺骗"的普遍偏见，另一方面又迫切需要了解中国政府乃至中国社会的真实想法，以便推进对华事务，如何消融思想认识和现实需要之间的相悖之处便成为他们面临的难题。《京报》就成为他们用来探知中国人的真实想法以应对难题的选择。1877年，刊载在英国《蓓尔美尔街报》（The Pall Mall Gazette）的一篇文章曾如此形容《京报》的价值："《京报》是国民意识的反映，因此值得被反复阅读。诚如谷粒总是埋在一大堆谷壳之中那样，中国普罗大众的真正想法也总是深埋在无数奇怪的习俗以及多变的国家政策之下，而《京报》却总是能提供一把钥匙，让人们能打开中国人的内心世界，了解他们的想法。"①

19世纪英国人之所以对《京报》给予高度的关注和重视，主要基于他们对《京报》的定位——内容真实可靠，对中国社会的影响范围广、程度深。1873年的《泰晤士报》在论及《京报》时称其为"中国官方之唯一喉舌"，②这一论调已将《京报》定位为最具权威性的中国官报。19世纪90年代，致力于中亚问题研究的英国人包罗杰（Demetrius C. Boulger）也号召人们通过《京报》刊载的消息来认识中国人的民族性格。③这些观点基本上代表了19世纪中后期英国人的共识。以与中国接触最频繁的在华英国侨民群体的看法为例，一方面，为在华英国侨民发声的《上海晚邮》（The Shanghai Evening Courier, 1868–1875）④将《京报》称为最权威的中国官方文本，认为《京报》"最能反映中国

---

① "The Peking Gazette for 1876," The Pall Mall Gazette, July 25th, 1877, issue 9345.
② "China and Russia in Central Asia—A Chinese," The Times, Tuesday, September 16th, 1873, p. 10.
③ Demetrius C. Boulger, "Who's Who in China," The Contemporary Review, No. 78, August, 1890, p. 255.
④ 又名《通闻西字晚报》，1868年由英国人休兰（Huge Lang）在上海创办，4开4版铜版纸印刷，所登广告多为国外商品。该报注重中国国内的新闻报道，曾聘用一批华人记者。19世纪70年代初，该报是上海著名英文日报《字林西报》强有力的竞争对手。

人的真实想法",① 同在上海发行的《字林西报》甚至声称"首都来信中的译文会误导英国读者。要探知文字的真实意思，最好的方法就是考察《京报》的用词，那才是权威的"。② 除公开的报刊言论外，来华英国人在其私人著述中表现出同样的态度，例如立德夫人就在其中国游记中特别提到："我因此从《京报》（世界上最早的报纸，也是目前中国的官方宣传媒体）上摘抄几段，加以阐明。这比成百上千的小道消息可靠得多。"③

另一方面，在华英国侨民还认定《京报》在中国民众中拥有巨大的影响力。其所谓"巨大的影响力"，首先指影响程度之深，即作为清廷喉舌的《京报》所刊载的哪怕是只字片语，对于深服"天子"之威的大清子民之意义都难以估量；其次指影响范围之广，《字林西报》曾撰文描绘中国人阅读《京报》的众生相，在该报主笔眼中，"从山东到云南""从京中官员到山中老农"，④ 中国各地的各个阶层都是《京报》的读者。这一描述虽然与当时的现实状况有出入，但充分反映出当时的英国人对《京报》的看重。

在19世纪，尽管一些《京报》研究者曾就《京报》的官报属性提出异议，但这些并未影响到19世纪中后期英国人对《京报》普遍认识的达成。例如，在19世纪早期，马礼逊就曾怀疑《京报》是否具官方性质，称其"并非出自政府直属人员之笔"，而是"书商据其自身见闻写成"，⑤ 之后的威妥玛也认为其中包含的材料并非全部真实可靠，⑥ 但是，这些疑问很快就湮没在大量强调《京报》权威性和真实性的文本中，甚至于曾审视《京报》可靠性的马礼逊和威妥玛本人都是在很大

---

① *The Shanghai Evening Courier*, June 30th, 1873, p. 3.
② *The North China Daily News*, June 30th, 1873, p. 3.
③ 〔英〕阿绮波德·立德：《亲密接触中国——我眼中的中国人》，第76页。
④ *The North China Daily News*, July 19th, 1873, p. 3.
⑤ "Periodical Literature," *The Chinese Repository*, Vol. V, No. 13, May, 1837, pp. 1-12.
⑥ Thomas Francis Wade, *Note on the Condition and Government of the Chinese Empire in 1849*, The China Mail Office, 1850, pp. 5-30.

程度上依据《京报》展开其对华研究和对华行动。赫德在1885年指出，当时的英国人对《京报》的定位有误，他认为"《京报》并非政府公报，其内容很少包括真正重要的公文"。① 但是在某种程度上，赫德的"纠正"恰恰反证了同时期的英国人已普遍将《京报》作为中国消息的权威性读本。

小 结

来华西方人早在19世纪之前就已经注意到《京报》，并对《京报》形成了零星印象，19世纪以英国人为代表的西方人对《京报》的认识在某种程度上正是建立在这种最初印象的基础上。但是应该看到，在19世纪，不仅对《京报》有所了解的西方人在人数上大大增多，他们对《京报》的认识无论是在深度、广度还是重视程度上也都较之前不可同日而语。

19世纪英国人对《京报》认识的改变是在中英关系变迁的背景下产生的。第一次鸦片战争以后，英国在华势力不断扩张，《京报》对英国人的重要性也随着他们对华实务上和心理上双重需求的改变而凸显：从对华实务上看，《京报》是他们获得中国朝野最新消息不可或缺的情报源；从对华心理上看，《京报》翻译是他们突破中国制造的重重"假象和欺骗"，借以窥探中国政府以及中国人真实想法的重要手段。上述西方世界对《京报》的认知变迁，推动了《京报》译介活动的开展。

---

① 转引自〔美〕白瑞华《中国报纸（1800—1922）》，第9页。

第三章

译者与译文：西人对《京报》译介活动的开展

在 19 世纪中西交往日趋频繁的背景下，以英国人为代表的西方人对《京报》的认知和重视程度较之以往都有了巨大的提升。当时对《京报》有所认知的西方人中，只有少数人有机会获得《京报》原本并有能力阅读原文，更多人是通过他人对《京报》的译介来认识和了解《京报》的。所谓"《京报》译介"包含两方面内容：一为"《京报》翻译"，即将中文《京报》原文内容以他种语言转译，以供他种语言的使用者阅读，在已知的《京报》翻译文本中，19 世纪《京报》的英译文本无论在数量、流传和接受范围还是社会影响上都最为突出，因此本章主要围绕 19 世纪的《京报》英译文本展开论述；二为"《京报》介绍"，19 世纪涉及《京报》的介绍既包括浅显概括一般性简介，也有较为深入详细的专论[①]，本章的讨论将囊括这两类《京报》介绍。

相关问题的研究，以白瑞华的《中国报纸（1800—1912）》和尹文涓的《耶稣会士与新教传教士对〈京报〉的节译》最具代表性。前者

---

① 详见本书附录一。

第三章 译者与译文：西人对《京报》译介活动的开展

开拓性地搜集整理了 19 世纪外国人有关《京报》的文稿，后来学者所使用的相关材料未见出其右者；① 后者对 18 世纪来华的耶稣会士龚当信，19 世纪早期来华的新教传教士马礼逊、裨治文等人的《京报》翻译活动进行了细致的研究，对部分早期新教传教士有关《京报》文本的研究和节译极具参考价值。②

前辈学者在讨论 19 世纪《京报》译介问题时，多将目光聚焦于 19 世纪早期的来华传教士，特别是马礼逊身上。从现有的资料来看，马礼逊在 1807 年前后到 30 年代持续关注《京报》，他发表于《中国丛报》的相关文章吸引了不少研究者的注意，也被反复引用。不过，马礼逊对《京报》的翻译文稿及其与小斯当东等人的通信中有关于《京报》的翻译、介绍或是议论的段落则少有人注意。

实际上，以英国人为主的《京报》英文译介活动贯穿了整个 19 世纪，参与其中的不仅有来华传教士，还有外交官、汉学家甚至来华商人。《京报》的英文译介活动在整个 19 世纪不断发展演变，在不同时期表现出不同的特点，大致可将其分为四个阶段。第一阶段为海外时期，分别以 1802 年英国本土报刊中首次出现《京报》消息与《印中搜闻》停刊为起止点，这一时期有关《京报》消息的译文都是在中国以外地区，特别是英国及其所属殖民地地区的报刊上刊出的。③ 由第二阶段开始进入在华译介时期。首先为 1807—1851 年，④ 以《中国丛报》的创办和停刊为起止点，这一时期，借由《中国丛报》等在珠三角创办的英文报刊，《京报》译文开始在在华英文报刊上频繁出现；其次为 1851—

---

① 详见〔美〕白瑞华《中国报纸（1800—1922）》，第一章；潘贤模：《清初的舆论与钞报——近代中国报史初篇（续）》，《新闻与传播研究》1981 年第 3 期。
② 尹文涓：《耶稣会士与新教传教士对〈京报〉的节译》，《世界宗教研究》2005 年第 2 期。
③ 根据苏精对伦敦会档案的研究，19 世纪《京报》译介的先行者马礼逊分别在 1807 年 10 月 29 日和 1808 年 1 月 1 日较详细地记载了《京报》的出版发行情况。参见苏精《马礼逊与中文出版印刷》，台北，台湾学生书局，2000，第 11—12 页。这是已知的最早有关马礼逊关注《京报》的记载。
④ 早期《京报》译介成果的主要发布平台《中国丛报》此后不再刊载相关内容。

1871年，此间《北华捷报》继《中国丛报》之后成为刊载《京报》译文的主要报刊，《京报》译文的刊载中心也由珠三角地区转移至上海；最后为1871—1900年，这一时期为字林报馆系统刊载《京报》译文时期，《京报》翻译活动不仅在数量上出现爆发式增长，受关注程度及其影响也较之前有了飞跃性提升。下文将以《京报》译介的代表性人物或代表性成果为线索，分别对四个阶段的《京报》英文译介活动进行论述。

第一节　19世纪初海外英文报刊对《京报》译文的刊载

《京报》的英译消息最早是通过英国本土报刊出现在大众视野的。1802年10月2日、4日、5日，牛津的《杰克逊牛津杂志》（Jackson's Oxford Journal）、英格兰的《汉普郡纪闻》（Hampshire Chronicle）和曼彻斯特的《曼彻斯特商报》（Manchester Mercury）先后刊出同一则伦敦发来的《京报》消息。消息称，伦敦收到了英国东印度公司设在广州的商馆寄来的《京报》。[①] 从这些《京报》上英国人主要获得了两类消息：一是有关中国的"新闻"，即清帝国现在的皇帝（嘉庆）登基不久；二是有关清帝国行政概况。这则消息的主要篇幅用于传递从《京报》获知的有关中国基本的行政情况信息，如帝国通过在各省任命总督来进行管理以及中国当时的行政区划等。

从可见材料来看，上述消息是1815年以前仅有的出现在英文报刊上的《京报》英译文本。这反映出早期《京报》英译活动的一些基本情况。首先，英国本土报刊虽然从18世纪中期开始就对中国有一定数量的报道，但其消息源都不是中国出版物。《京报》英译消息直到1802年才首次刊出，并且此后数年间又不见踪影。这说明，在1815年前，

---

① "LONDON," *Jackson's Oxford Journal*, October 2nd, 1802, issue 2579; "London," *Hampshire Chronicle*, October 4th, 1802, Vol. XXVIII, issue 1512; "Wednesday's & Thursday's Posts," October 5th, 1802, *Manchester Mercury*, issue 2664.

第三章

译者与译文：西人对《京报》译介活动的开展

英国的新闻出版行业在报道有关中国消息时，并不以《京报》英译文本为情报源，换句话说，此时的英国本土对《京报》知之甚少。其次，1802 年三家报刊刊出的《京报》消息内容完全一致，表明当时的英国本土报刊获取《京报》消息的路径是单一的，即由英国东印度公司设在广州的商馆搜集《京报》原本进行翻译，之后发往伦敦，再由伦敦将有价值的译稿发给各报。此外，各报不厌其烦重复刊载同一则《京报》译稿，还表明即使在较为了解中国的英国人群体中，能够接触《京报》并进行翻译的人也极其有限，致使各报在稿源上无选择空间可言。

鉴于当时《京报》译稿来源十分单一，可以尝试对 1802 年这则消息的译者身份进行分析。从马戛尔尼使团成员公开的记录来看，在使团使华时期，身为使团成员的小斯当东父子就已经留意到《京报》及其所载内容。在使华期间，小斯当东曾跟使团中的华人翻译学中文，并表现出很高的天分。1798 年，小斯当东开始在英国东印度公司广州商行担任文书，并在 1808 年正式任商馆的中文翻译。此间，诸如朱氏哈（Mr. Richard Hall）等英国东印度公司的管理者，时常阅读《京报》。朱氏哈等英东印度公司在广州商馆的管理者大多不通中文，阅读《京报》需要依靠馆内翻译。馆内负责文书工作且学习过中文，甚至阅读过《京报》的小斯当东，很可能承担了这项任务。从时间上看，1802 年英国本土报刊刊载来自东印度公司在广东商馆发出的《京报》译文时，正值小斯当东在馆工作期间，因此笔者认为，这则消息的译者很可能是小斯当东。

从 1802 年英国本土报纸刊载的《京报》内容来看，此时《京报》对于英国人的"知识"价值远高于"新闻"价值。这些"知识"又是经西方价值观加工塑造后的。该消息翻译如下："英国东印度公司广州商馆已将《京报》消息发至伦敦。我们从这些消息中获悉：现任的中华帝国皇帝登基不久。他通过任命各省总督来管理国家。中华帝国目前被划为 16 个省，拥有 154 个城镇（府县）和 5 个道，总计 5500 万人口。每个城镇都很相似。中国曾被 22 个家族统治过，目前的统治者为

1640年入关的满人（鞑靼人）。"① 《京报》作为当时清政府官方文书的一种汇编文本，当然不会出现这类介绍有关中国常识的宫门抄、上谕或奏折。从翻译方法论上看，这则消息不是对原文的忠实直译，而是用"述而不作"的方式将原本的一些内容用自己的方式阐释出来，是一种"变译"："译者根据特定条件下特定读者的特殊需求，采用多种变通手段摄取原作有关内容的翻译活动。"② 这则翻译的内容，应是译者在阅读《京报》后，根据英国本土读者的认知水平，结合自己的理解做出的高度概括。译者对《京报》进行的"变译"有三个特点：一是存在事实错误，如他所介绍的清朝省、道以及府县的数量较之当时清朝实际要少很多，这些数字显然不是《京报》所载，而是译者根据《京报》线索自行进行的估算；二是习惯用西方观念解释中国的现象，如译者说中国是由"家族"（familiy）统治的，是套用了欧洲贵族世袭方式，即"君主死后由其子女或近亲属"继承来解释中国的世袭制，与中国重视"父死子继"和"嫡庶有别"的皇位继承方式有相当出入；三是《京报》翻译服务于"停滞落后的中国"的构建，如特别提到中国的每个城镇都很相似，这是19世纪初西方很多描述中国的作者惯用的桥段，在马戛尔尼使团成员的相关记录中也曾出现，意在说明中国缺少"创造力"，暗示中国缺乏自我更新的能力，只能落后于欧洲。

1802年之后十余年里，《京报》消失在英国本土报刊的视野中，它的再次出现是在1815年的英格兰《晨报》（Morning Chronicle）上。1815年9月26日，英格兰《晨报》刊出"《京报》摘录"，内容为1814年2月4日和9日《京报》上谕的编译，内容显示皇帝要求各省人民缴纳重税，以作治理黄河、修建皇家花园等工程的工程款。③

这则消息虽然篇幅不长，且只出现在一家报纸上，出现时间也相对孤立，却标志着英文报刊对《京报》消息新闻价值的认可。与1802年

---

① "LONDON," *Jackson's Oxford Journal*, October 2nd, 1802, issue 2579.
② 黄忠廉：《变译理论》，中国对外翻译出版公司，2002，第5页。
③ "Extracts from the *Peking Gazette*," *Morning Chronicle*, September 26th, p. 1.

不同，这则消息不是关于中国的简单的"常识"，而是反映中国政府和社会面的最新动态。其中的人民缴税、黄河治水、修建皇家花园等事务，已深入清朝内部。换言之，与之前笼统粗略的"外观"不同，这则《京报》编译是对中国的细节性"内观"。此外，这则消息仍然重在强调中国统治的腐败，在翻译策略上与以往一样，服务于对"停滞落后的中国"的话语构建。

1817年6—7月，《利物浦商报》（Liverpool Mercury）、《切尔特记录报》（Chester Chronicle）、《诺福克记录报》（Norfolk Chronicle）等几家英国本土报刊再次集中刊载同一则《京报》编译。内容为："据《京报》上谕，清朝官员从中作梗导致此次使团未能达成使命。"① 消息背景是1816年英女王任命阿美士德勋爵率使团访华，希望同清廷商讨有关中英贸易和外交等事宜。但是，由于使团和中方在面见嘉庆帝的礼仪问题上未能达成一致，使团最终未能面见皇帝就被遣返，也未能达成任何交涉。消息中的"此次使团"所指就是阿美士德使团。这则报道不仅将使团失败原因归结到中方，还特别指出是"清朝官员"作梗，某种程度上暗示了清朝官员与清朝皇帝并非同心同德。这为19世纪很多英国人支持持中国皇帝有意接触西方，而中国大臣则不然的想法埋下了伏笔。

表3-1 19世纪前二十年英国本土报刊刊载的《京报》消息概览

时间	刊物（出版地）	栏目	摘要
1802年10月2日	Jackson's Oxford Journal（牛津）	LONDON	从东印度公司设在广州的商馆发来的《京报》获悉：现任的中华帝国皇帝登基不久。他通过任命各省总督来管理国家。中华帝国被分为16个省，154个城镇以及5个道，共有5500万人口。每个城镇都很相似。中国曾被22个家族统治过，目前的统治者是1640年入关的满人（鞑靼人）

---

① "CHINA," *Caledonian Mercury*, July 26th, 1817, issue 14926; "Repository of Genius," *Chester Chronicle*, July 18th, 1817, p.3; "Sunday's Post," *Norfolk Chronicle*, July 19th, 1817, p.3.

续表

时间	刊物/出版地	栏目	摘要
1802年10月4日	Hampshire Chronicle（英格兰）	LONDON	同上
1802年10月5日	Manchester Mercury（曼彻斯特）	Wednesdya's & Thursday's Posts	同上
1815年9月26日	Morning Chronicle（英格兰）	Extracts from the Peking Gazette	1814年2月4日、9日上谕皇帝要求各省人民缴纳重税，以作治理黄河、修建皇家花园的工程款
1817年6月16日	The Liverpool Mercury（利物浦）	Scientific Notices	据《京报》上谕，清朝官员从中作梗导致此次使团没能达成使命
1817年7月18日	Chester Chronicle（切斯特）	Repository of Genius	同上
1817年7月19日	Norfolk Chronicle（诺福克）	Sunday's Post	同上

19世纪20年代，以《印中搜闻》为开端，《京报》译文在英国本土以外的英文刊物上刊出。The Indo-Chinese Gleaner，创刊于1817年，1822年停刊，中文译为《印中搜闻》或《印支搜闻》等（本书采用学界最常使用的译法《印中搜闻》）。该杂志是19世纪10年代基督教伦敦会（London Missionary Society）的新教传教士罗伯特·马礼逊（Robert Morrison）和米怜（William Milne）一起在马六甲地区创办的英文期刊。期刊创立的目的是为来自欧洲教会的传教士提供有关东方的新消息，同时为在东方各地传教的传教士提供一个信息交流的场所。①

对于《印中搜闻》所提供的信息与当时其他传教士平常获取有关东方消息的信息源之间的差异，米怜发表了自己的看法。首先，这份刊物的消息正如其名称"搜闻"所表述的，是去"搜集"，从而达到"积少成多"的效果。② 米怜指出，虽然很多著述已经对东方国家的制度、习俗等层面有过描述，但还是有很多值得搜集的东西。这些片段性的消

---

① 〔英〕米怜:《新教在华传教前十年回顾》，北京外国语大学中国海外汉学研究中心翻译组译，大象出版社，2008，第65—67页。

② "Introduction," The Indo-Chinese Gleaner, Vol. 1, No. 1, 1817, pp. 7-8.

息孤立来看似乎并没有什么价值，但是将它们汇总搜集起来，就可以产生极大的价值。其次，《印中搜闻》所提供的信息可以用来修正已有关于东方的著作的错误。他认为，已有的关于东方的一些历史著作中存在很多错误，却被广泛传播和接受。《印中搜闻》中的信息来自长期生活在当地的人们（当地传教士），他们对当地的语言、习俗、社会都有广泛的接触和深入的了解，能够提供最确切可靠的资料来修正以前著述中的错误。同时，《印中搜闻》所提供的信息很多是细节性的，而以往的著述则更多是宏观的、笼统的。在这一点上，前者可以起到很好的补充作用。最后，米怜认为以往西方接受的有关东方的信息很多都不是站在基督教的立场，以《圣经》的道德标准和世界观来审视东方世界。《印中搜闻》中的信息来自新教传教士群体，是"传教士感兴趣的资料"，①这些信息更加符合期刊所服务的读者群在东方传教的实际需要。②

《印中搜闻》从1817年第1号就开始刊载翻译自《京报》的消息。1817年5月，该刊在"杂录"（Miscellanea）专栏刊载了有关查办清茶门教的奏折编译稿，由此开启其《京报》译文的刊载之路。之后出现在该刊的《京报》译文主要集中于"近事报道"（Journal of Occurrences）栏目，"印中新闻"（Indo-Chinese News）栏目中也有少量收录。从1817年5月到1821年1月，该刊共选录了40余则《京报》消息。

从内容类型上来说，《印中搜闻》摘译的有关清朝法律方面的消息超过摘译总量的三分之一，总共17则有关清朝法律的消息又可分为三类，其中有关官员贪腐渎职的消息11则，有关乱伦、通奸、谋杀的消息5则，有关叛乱造反的消息1则。从性质上来看，这些消息所呈现的贪污渎职、乱伦通奸谋杀、暴乱造反都属于清廷律法处罚最为严厉的犯罪行为，至于其他的民事、经济等纠纷则不予关注。从环节上来看，这些消息描述的都是具体的犯罪事实和刑罚方式，这在法律从拟定到执行各环节中是最显"暴力""血腥"的一环，至于法制建设、法律条文、

---

① 〔英〕米怜：《新教在华传教前十年回顾》，第89页。
② "Introduction," *The Indo-Chinese Gleaner*, Vol. 1, No. 1, 1817, p. 9.

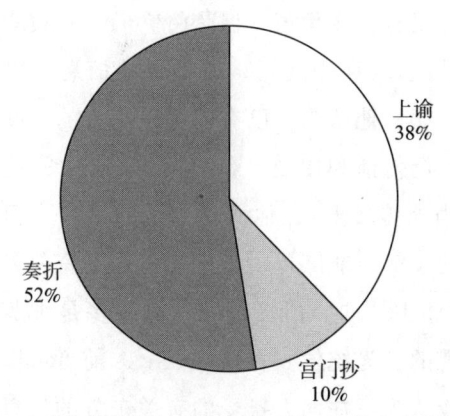

《京报》的英译、传播与影响（1802—1911）

图 3-1 《印中搜闻》摘录《京报》消息文本类型占比

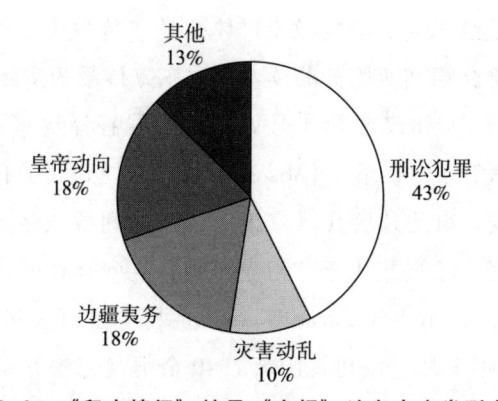

（上谕 38%，奏折 52%，宫门抄 10%）

图 3-2 《印中搜闻》摘录《京报》消息内容类型占比

（刑讼犯罪 43%，灾害动乱 10%，边疆夷务 18%，皇帝动向 18%，其他 13%）

诉讼过程等在观感上较为温和、中性的环节则很少提到。

从《印中搜闻》摘译《京报》的三类有关清朝法律消息中选取典型案例，可以分析《印中搜闻》对这类消息的翻译和刊载策略。首先是有关官场犯罪的消息。1817 年 10 月 5 日（嘉庆二十二年九月）《京报》：

> 云贵总督奏，当地一官员贪污，导致粮仓空虚，当地暴发饥荒时无粮可施，致使大量百姓饿死。官员获罪下狱，死于狱中。①

---

① "Miscellanea," *The Indo-Chinese Gleaner*, Vol. 1, No. 5, 1817, p. 143.

第三章　077
译者与译文：西人对《京报》译介活动的开展

　　这则消息基本代表了官场犯罪消息的摘译写作格式，即开头交代地区及官员职位，之后简述犯罪类型（主要包括贪污、受贿、渎职三类）、犯罪的恶果（造成战败或重大民生问题）、官员下场（分为判处死刑、死于狱中两类）。在《印中搜闻》对《京报》的摘译中，对于官员加官进爵的消息都十分简短，只交代受到嘉奖的官员身份以及嘉奖的方式，并不会摘译有关该官员为何受赏、为官期间有何作为、人品能力如何出众的内容，但对于官员受到处罚的消息的报道则都会摘译处罚原因，无外乎官员贪污腐败渎职或欺压百姓等语。这样的摘译和刊载策略使其呈现出一个充斥着违法犯罪和堕落无能的清朝统治阶层。此外，在有关官员犯罪消息的摘录中，多次出现官员被羁押狱中、在审判前惨死狱中的内容，传递出清朝无法严格执行司法程序及清朝的司法机器推崇暴力的讯息。

　　其次是有关民间暴乱或犯罪的消息摘译。如对于1816年6月（嘉庆二十一年五月廿七日）《京报》刊载的民间叛乱消息的摘译：

　　　　官府逮捕秘密宗教首领王绍英及其同族兄弟。皇帝和官员对王姓同族男丁数十人进行审判，罪首被凌迟处死或处斩，其余成年男性充军发配新疆为奴，族中没有参与秘密宗教活动者，则被流放到云南、贵州、两广等边远地区。①

　　这则消息的摘译仅用一句话描述了主犯王绍英及其同族兄弟的犯罪情形，即进行秘密宗教活动。后面的篇幅都用于介绍皇帝的处罚，其处罚范围从直接犯案人到其全族无一幸免，并详细罗列了凌迟处死、处斩、发配、流放等多种处罚方式。需要注意的是，《印中搜闻》在1817年第1号首次讨论的《京报》消息就是有关中国中部和东南地区清茶门教的暴动情况，与该刊"向中国传教"的宗旨密切相关。该刊读者群以传教士为主体，十分关注中国内地的宗教活动，以及政府对宗教的

---

① "Miscellanea," *The Indo-Chinese Gleaner*, Vol. 1, No. 1, 1817, pp. 20–21.

态度。该刊编辑及读者群体对于清政府对民间秘密宗教的打压做法，容易产生共情。这则摘译细节呈现了清朝对待秘密宗教相关人员的惩治方式，使读者具象化地感受了清廷刑罚的严酷，引导读者产生中国政府野蛮残忍、缺乏人性的认知。

除了大规模的暴乱案外，《印中搜闻》还特别关注中国民间的通奸、乱伦和谋杀案件。1819年第8号《印中搜闻》专门刊载文章探讨嘉庆帝在上谕中提到的"淫近杀"问题，即"奸淫者易生杀机"，对于中国的"淫乱"罪表现出极大兴趣，认为这有助于"研究中国民风以及中国人的伦理"。① 此后，该刊持续观察，对1819年9月22日（嘉庆二十四年八月）《京报》的两则奏折进行了编译：一则是"湖南省发生通奸谋杀案"；另一则是"福建省发生乱伦杀父案"。② 在两案中，罪人都被处以绞刑。这类消息传达了两种讯息：一是中国的基层社会秩序混乱；二是中国政府习惯对罪犯处以极刑。

上述选录消息，呈现了清朝官场腐败堕落、民风愚昧落后、社会动荡不安的态势，与西方人语境下"愚昧落后"的东方世界现状相呼应，成为19世纪初西人构筑的有关中国的叙事话语体系的一部分。

此外，分析《印中搜闻》摘录《京报》文本类型和内容分类，可以明显看出该刊对《京报》有关皇帝本人的消息兴趣浓厚。从图3-1来看，在《京报》各类消息中，上谕是《印中搜闻》较为重视的一类文本。上谕是当时的《印中搜闻》可以获得的最直接的表现清朝皇帝意志的情报，结合图3-2中有关皇帝本人行程动向的消息在各类消息中也占据很大比例，可见《印中搜闻》的《京报》消息编译者将大量注意力投向对于当时的西人来说遥远、神秘而又在中国影响力无人可及的清朝帝王身上。直接传递皇帝动向的上谕和宫门抄共有7则，主题分别为皇帝准备进行祈雨仪式、皇帝在行宫避暑、准备皇帝生辰嘉典、皇帝祭拜先皇皇陵、庆祝皇帝生辰、皇帝封赏满洲贵族、皇帝即将离京。

---

① "Journal of Occurrences," *The Indo-Chinese Gleaner*, Vol. 2, No. 8, 1819, p. 51.
② "Journal of Occurrences," *The Indo-Chinese Gleaner*, Vol. 2, No. 13, 1819, p. 545.

《印中搜闻》刊出的《京报》译文虽然篇目不多（见表3-2），但此举影响深远：（1）该刊开英文期刊以固定栏目连载《京报》译文之先河，这一模式被后来的一些主要在华英文报刊沿用；（2）该刊将《京报》译文安排在"时事报道"和"印中新闻"这两个侧重实效性的栏目中，突出了《京报》的新闻价值，标志着《京报》已成为英文报刊获取中国新闻的重要情报源；（3）该刊所载《京报》译文的译者正是19世纪《京报》英译事业的奠基人之一——英国传教士马礼逊（Robert Morrison，1782-1834）。马礼逊早在1807年就已接触并翻译《京报》，《印中搜闻》为这些译文提供了最初的固定发布平台，客观上有利于马礼逊继续开展相关活动，推动了《京报》译介的进程。

表3-2 《印中搜闻》摘译《京报》文本一览

年份期号	页码	《京报》刊载时间	类型	摘要	编者标题/其他备注
1817年第1号	20、21	1816年6月	上谕	官府逮捕秘密宗教首领王绍英及其同族兄弟。皇帝和官员对王姓同族男丁数十人进行审判，罪首被凌迟处死或斩首，其余成年男性充军发配新疆为奴，族中没有参与秘密宗教活动者，则被流放到云南、贵州、两广等边远地区	清茶门秘教
1817年第4号	85、86、87	1817年8月9日	奏折	湖南巡抚奏折，内容为当地官员贪污受贿被查以及狱卒虐待囚犯相关情况	酷刑作者署名：AMICUS
1817年第4号	88	1817年10月7日	上谕	地方发生叛乱而皇帝在行宫避暑没能及时得到消息，回宫后对涉事贵族和官员进行了责罚	
1817年第4号	89	1817年6月20日	宫门抄	由于在全国部分地区雨季将过而降雨稀少，皇帝准备进行祈雨仪式	北京
1817年第4号	93	1817年9月14日	上谕	皇帝给满洲西部一支贵族封爵，赏赐黄马褂	北京
1817年第4号	93	1817年9月14日	宫门抄	皇帝对达赖喇嘛的封赏仪式在布达拉宫举行	北京
1817年第4号	93	1817年9月14日	上谕	山东一地方官员无故打死一名农民，皇帝得知后震怒，将该官员枭首示众，以示天威	北京

《京报》的英译、传播与影响（1802—1911）

续表

年份期号	页码	《京报》刊载时间	类型	摘要	编者标题/其他备注
1817年第4号	94	1817年9月14日	上谕	朝鲜使者觐见，皇帝对其进行赏赐和褒奖	北京
1817年第5号	139、140	1817年4月7日	奏折	一位十分年长的前朝官员上奏谢恩，并讲述自己为官经历以及长寿秘方。讲到自己为官清廉积德行善，并在卸任后机缘巧合在一庙中得到"独活汤"秘方，得以长寿	
1817年第5号	141	1817年9月3日	奏折	天津水师提督上本参天津水师中一名管代曾在福建水师中有劣迹，到天津水师后贪生怕死贻误战机，至战斗失败	
1817年第5号	143	1817年10月5日	奏折	喇嘛（Lah-ma）审理一汉人在藏区抢劫案	
1817年第5号	143	1817年10月5日	奏折	云贵总督奏当地官员贪污，导致粮仓空虚，当地暴发饥荒时无粮可施，大量百姓饿死	
1818年第6号	179、180	1818年1月15日	上谕等	一名重臣生病请求开缺 一名满洲贵族赴朝廷任职 皇帝批准了两名官员的死刑判决，其中一名官员曾贿赂朝廷多名官员 直隶一些地方暴发饥荒，皇帝下令赈灾	编者按：我们手头的《京报》极无聊，缺乏有价值的情报
1819年第8号	51	1818年3月30日	上谕	皇帝有关淫为万恶之首的公告，并发布相关的惩处措施	淫近杀（奸淫者易生杀机）
1819年第8号	52	1818年3月30日	奏折	直隶官员关于当地长寿老人家庭及其个人情况的报告	
1819年第9号	117		上谕	皇帝生辰的嘉典 皇帝前往先帝陵祭拜	Journal of Occurrences 栏目
1819年第10号	423	1818年10月	奏折	广西巡抚上报罢黜一管理采买事宜的官员，该官员在采买物品时候常以次充好，徇私枉法	Journal of Occurrences 栏目

续表

年份期号	页码	《京报》刊载时间	类型	摘要	编者标题/其他备注
1819年第10号	426—434	1818年10月	奏折	福建对于到港商船货运量的限制 伊犁将军上报对军中醉酒误事、擅离职守、强抢民女等行为加重处罚 满洲边陲地区发生战事 通奸与谋杀案 一名科举主考官在从京城赶往浙江途中，因时间紧促，旅途劳顿，病死途中	编者标题：Extract from the *Peking Gazette*
1820年第11号	475—476		摘编	《京报》中全是有关皇帝生辰庆祝事宜，各地官员上表为皇帝祝寿	Journal of Occurrences 栏目
1820年第12号	535 536	1819年10月29日	上谕、奏折	皇帝召见几名亲王，表示对八旗贵族在履行守土卫行动中的表现不满 直隶省大运河段发生谋杀案 皇帝不日即将离京 湖南巡抚上报当地一名官员因渎职下狱，在狱中死去	Indo-Chinese News 及 Miscellanea 栏目
1820年第12号	538 539	1819年9月11日	奏折	江苏省一名官员贪污万余两白银被治罪，死在狱中	
1820年第12号	539—543	1819年9月14日	上谕	对比乾隆时期官场生态，关于当下官场堕落情况表示要整顿吏治	
1820年第12号	543、544、545	1819年9月22日	上谕、宫门抄	官员因罪判刑，皇帝派皇子监刑 清廷对沙俄来京学生进行考察 西北边民族首领派使臣进京觐见	
1821年第13号			奏折	直隶省内河流泛滥 湖南发生通奸谋杀案 山西官员对乱伦的处罚——斩首 福建省的乱伦杀父案——绞刑	

第二节 在华早期：鸦片战争前后来粤西人的《京报》译介活动

第一阶段（1807—1851）的《京报》英文译介活动以广州、澳门、香港为中心，主要人物有马礼逊和马儒翰（John Morrison，1814-1843）

父子、裨治文（Elijah Bridgman，1801-1861）、德庇时（John Francis Davis，1795-1890）等。《中国丛报》中的《（中国）近事报道》栏目为这一阶段刊载《京报》译文的重要平台，鸦片战争前后许多有关《京报》的介绍和研究也都是在此刊出的（见表3-3）。《中国丛报》的创办地和主要出版地都在广州，在鸦片战争前夕该杂志迁往澳门，1844年再次迁往香港，1845年迁回广州，三地出版的《中国丛报》上都曾刊出《京报》译文。除《中国丛报》外，诸如《广州纪事报》（The Canton Register）、《德臣报》、《大不列颠及爱尔兰皇家亚洲学会会刊》（Transactions of the Royal Asiatic Society of Great Britain and Ireland）、《泰晤士报》等在广州、香港、英国三地出版的一些英文报纸和期刊上也会不定期选刊由马礼逊、裨治文、德庇时等人翻译的《京报》文本。①

表3-3 《中国丛报》所刊《京报》译文概况

主题	原文刊出时间	出处
两名满族武官被派往湖南平乱；北京官员沉迷鸦片		The Chinese Repository, Vol. I, No. 2, June, 1832, p. 80
湖南战事；皇帝的动态		The Chinese Repository, Vol. I, No. 2, June, 1832, pp. 95-96
湖南战事	1832年5月29日	The Chinese Repository, Vol. I, No. 3, July, 1832, p. 111
几个月前的京报内容汇总；钦差查审案件；谋杀案；饥荒		The Chinese Repository, Vol. I, No. 4, August, 1832, pp. 190-192
与浩罕汗国的交往	1832年6月20日、7月18日	The Chinese Repository, Vol. I, No. 5, September, 1832, pp. 206-208
酷刑；皇帝对官员的处罚不当	1832年10月28日、1833年2月15日	The Chinese Repository, Vol. I, No. 11, March, 1833, p. 473
道光帝皇后之死	1833年6月16日、7月6日	The Chinese Repository, Vol. II, No. 5, September, 1833, pp. 212-213

① 尹文涓：《耶稣会士与新教传教士对〈京报〉的节译》，《世界宗教研究》2005年第2期。

续表

主题	原文刊出时间	出处
清政府对商人的财政支持；呈请皇帝严惩匪首		The Chinese Repository, Vol. II, No. 7, November, 1833, pp. 294-295
杀亲案	1833年10月20日、27日	The Chinese Repository, Vol. II, No. 8, December, 1833, p. 384
中国税收；杀人罪；山东邪教；妃嫔晋封	1833年11月	The Chinese Repository, Vol. II, No. 9, January, 1834, pp. 430-431
绑架幼童案		The Chinese Repository, Vol. II, No. 11, March, 1834, p. 528
官场消息		The Chinese Repository, Vol. III, No. 1, May, 1834, p. 48
达赖喇嘛将派使进京		The Chinese Repository, Vol. III, No. 3, July, 1834, p. 144
朝臣之死；科举；甘肃暴动		The Chinese Repository, Vol. III, No. 12, April, 1835, pp. 578-579
买官		The Chinese Repository, Vol. IV, No. 4, August, 1835, pp. 199-200
任命新河泊；拐骗小孩	1836年1月7日及以前	The Chinese Repository, Vol. IV, No. 11, March, 1836, p. 536
钦差将赴广东		The Chinese Repository, Vol. IV, No. 12, April, 1836, pp. 536-537
军事任命	1835年11月至1836年2月	The Chinese Repository, Vol. V, No. 1, May, 1836, pp. 44-45
鸦片	1836年6月12日	The Chinese Repository, Vol. V, No. 3, July, 1836, pp. 138-145
朱嶟、许球有关鸦片的奏折；上谕的回复	1836年10月	The Chinese Repository, Vol. V, No. 10, January, 1837, pp. 390-405
各省大员奏折；时事报道	1837年9月	The Chinese Repository, Vol. VI, No. 6, October, 1837, pp. 292-295, 304
官员上呈皇帝的奏折	1837年12月30日	The Chinese Repository, Vol. VI, No. 10, February, 1837, pp. 473-474
北疆；山东税收；中国政府信仰状况；公共工程施工；科举；皇族成员；两广军情；焚烧鸦片	1837年末至1838年初	The Chinese Repository, Vol. VI, No. 11, March, 1838, pp. 470-471, 551-552

续表

主题	原文刊出时间	出处
广东人事变动；贩卖私盐；米粮运输		*The Chinese Repository*, Vol. VI, No. 12, April, 1838, p. 606-607
皇帝的动态		*The Chinese Repository*, Vol. VII, No. 3, July, 1838, p. 175
大臣奏折		*The Chinese Repository*, Vol. VII, No. 5, September, 1838, pp. 271-281
有关茶叶、大黄、丝绸的进言		*The Chinese Repository*, Vol. VII, No. 6, October, 1838, pp. 311-313
米粮运输；河坝修建；科举；任免；税务；御史很少关心本国政治情况；地方官渎职		*The Chinese Repository*, Vol. VII, No. 6, October, 1838, p. 336
琦善的奏折（疑似出自《京报》）	1841年1月8日、27日	*The Chinese Repository*, Vol. X, No. 2, February, 1841, pp. 108-113
琦善的奏折（疑似出自《京报》）	1841年1月26日	*The Chinese Repository*, Vol. X, No. 4, April, 1841, pp. 236-237
上呈皇帝的奏折	1841年10月12日、13日、16日、24日	*The Chinese Repository*, Vol. X, No. 12, December, 1841, pp. 675-679
鸦片战争战况	1842年5月7日	*The Chinese Repository*, Vol. XI, No. 8, August, 1842, p. 455
对作战不利的将领的处罚；有关大运河、黄河的治理；在华传教士的消息	1843年3月1日、20日、21日、22日、24日，4月16日，5月11日、19日	*The Chinese Repository*, Vol. XII, No. 5, May, 1843, pp. 275-276
广东等地的重要政府人事变动	1843年3月2日、5日、6日、9日、15日、31日，4月5日、8日、10日、19日、20日，5月1日、31日，6月2—5日	*The Chinese Repository*, Vol. XII, No. 6, June, 1843, pp. 327-331
皇帝的信仰；黄河河坝修建；等等		*The Chinese Repository*, Vol. XIII, No. 2, February, 1844, pp. 107-108

续表

主题	原文刊出时间	出处
官员调动任免；对上谕内中文字词的研究		The Chinese Repository, Vol. XIII, No. 7, July, 1844, pp. 387-388
封赏耆英的上谕	1844年8月15日	The Chinese Repository, Vol. XIII, No. 11, November, 1844, p. 603
总结1844年末京报的概况	1844年末	The Chinese Repository, Vol. XIII, No. 12, December, 1844, p. 656
《京报》上仍然满是一些无关紧要的细枝末节，如任命、地方财政赤字、官员的丰功伟业、盗匪等		The Chinese Repository, Vol. XIII, No. 2, February, 1845, p. 55
皇帝对满汉官员的区别对待		The Chinese Repository, Vol. XIII, No. 4, April, 1845, p. 158
皇帝动态；茶叶运输	1845年2月17日、1844年12月28日	The Chinese Repository, Vol. XIII, No. 4, April, 1845, pp. 199-200
皇族；河道工程；等等	1846年1月17—22日、23日、26日、31日，2月1—5日，4月3日	The Chinese Repository, Vol. XIIII, No. 4, April, 1846, pp. 221-222
青莲教；官员任免和处置战争中表现不力的官员	1846年2月11—15日，2月19日、25—28日、29日，3月1—2日	The Chinese Repository, Vol. XIIII, No. 5, May, 1846, pp. 273-277
京报还是北京公报？（"King Pau or Peking Gazettes"）	1846年3月3—17日	The Chinese Repository, Vol. XIIII, No. 6, June, 1846, pp. 321-324
河道修建；海盗；科举；清莲教；云南边境；等等	1846年3月19日至4月19日	The Chinese Repository, Vol. XIIII, No. 7, July, 1846, pp. 374-376
林则徐消息；皇族消息；朱嶟奏折；读者感兴趣的消息	1846年4月20日—5月15日	The Chinese Repository, Vol. XIIII, No. 9, September, 1846, pp. 473-476
	1846年9月7日	The Chinese Repository, Vol. XIIII, No. 10, October, 1846, p. 527
广西官员的任命；林则徐的健康状况	1846年12月	The Chinese Repository, Vol. XIIV, No. 3, March, 1847, pp. 151-152

《京报》的英译、传播与影响（1802—1911）

续表

主题	原文刊出时间	出处
官员有关税收的奏折	1846年2月6日、18日、4月5日	*The Chinese Repository*, Vol. XIIIV, No. 6, June, 1847, pp. 273, 293
捐官；中外货物交通		*The Chinese Repository*, Vol. XVII,, No. 12, December, 1848, pp. 652-655
广西叛乱	1849年2月、3月	*The Chinese Repository*, Vol. XIX, No. 9, September, 1850, pp. 511-512
两广叛乱	1850年8月31日	*The Chinese Repository*, Vol. XIX, No. 11, November, 1850, pp. 619-620
官员履历	1850年11月、12月	*The Chinese Repository*, Vol. XX, No. 1, January, 1851, pp. 51-56
官员因平乱不力上奏请罚	1851年4月10日、14日、20日	*The Chinese Repository*, Vol. XX, No. 7, July, 1851, pp. 492-499
广西动乱相关报道		*The Chinese Repository*, Vol. XX, No. , July, 1851, pp. 492-500

注：《中国丛报》上有关北京清廷的消息多来自《京报》，其中一些消息虽可以大致判断依据《京报》，在原文中却并非标明译自《京报》，这些消息多数简明扼要，甚至仅用一句话概括新闻内容，很难将其归为"译文"。有鉴于此，本表只收录明确标明译自《京报》或译自大臣奏折（一般刊登在《京报》上）的篇目。另据学者尹文涓研究，《中国丛报》上的《京报》译文早期出自马礼逊父子和裨治文之手，詹姆士和卫三畏任该报主编时也曾翻译部分《京报》文本。

马礼逊可谓19世纪《京报》英文译介者中的先行者，他在《京报》的"译"与"介"两方面都做出了杰出的贡献。马礼逊1782年出生于苏格兰，是家中幼子。他于1803年进入伦敦的神学院学习。1806年在伦敦，马礼逊在中国人容三德（Yong Sam-tak）的帮助下开始学习汉语。1807年1月，他在伦敦的苏格兰教会被按立成为一名牧师，并于同月底受伦敦会派遣，与前往印度的两名传教士一道，取道美国来华，于9月4日抵达澳门，在那里见到了当时的东印度公司大班小斯当东，最终在同月7日抵达广州。1809年2月20日，马礼逊受聘为东印度公司广州商馆中文译员，他与该商馆长达25年的关系从此开始。1816年，他随同英国公使阿美士德勋爵（Lord Amherst, 1773-1857）

第三章　译者与译文：西人对《京报》译介活动的开展

到北京。1818 年，在马六甲创立英华书院（Anglo-Chinese College）。1824 年，返回英格兰，同年被选为英国皇家学会会员（Fellow of Royal Society）。1826 年，回到广州传教，1834 年逝世于广州。①

马礼逊到达广州以后，一边持续关注《京报》中有关北京朝廷的动态，一边通过翻译《京报》进行汉语训练。他曾将部分《京报》译稿提供给《中国丛报》刊载，同时，从他与米怜的通信以及给伦敦会司库和书记的报告中可以看到，他也曾将《京报》译文提供给二者。②马礼逊的《汉语原著翻译及注释》（Translations from the Original Chinese, with Notes）一书于 1815 年由英国东印度公司在广州的印刷所出版，该书为 8 开本，共 42 页，其中多数译文取自《京报》，③ 相关译本分别根据 1814 年 2 月 4 日、1814 年 2 月 15 日④、1814 年 3 月 6 日《京报》译出。

马礼逊的《京报》翻译有以下特点：其一，一般仅从皇帝上谕、大臣章奏中选取文本进行节译，重点在于翻译上谕，格外注意皇帝言行；其二，对皇帝上谕采取第一人称进行翻译，而对大臣章奏以第三人称进行翻译；其三，政府部门、官职的名称以其发音直译，如"She-lang"（侍郎）、"Hoo-poo"（户部）等；⑤ 其四，"译""论"结合，在译文中经常加注自己的解释或评论，如他在翻译 1814 年 3 月 6 日有关当善待罪犯子女的上谕时曾如此加注："欧洲读者只可将这些政府文件

---

① 参见〔英〕伟烈亚力《1867 年以前来华基督教传教士列传及著作目录》，倪文君译，广西师范大学出版社，2011，第 3—5 页；吴义雄：《在宗教与世俗之间：基督教新教传教士在华南沿海的早期活动研究》，广东教育出版社，2000，第 35—38 页；苏精：《中国，开门！马礼逊及相关人物研究》，基督教中国宗教文化研究社，2006。
② 〔英〕艾莉莎·马礼逊编《马礼逊回忆录》第 1 卷，第 113、195、224、229—230 页；《马礼逊回忆录》第 2 卷，第 89、113 页。
③ Robert Morrison, *The Original Chinese with Notes*, East India Company's Press, 1815, pp. 24-38.
④ 此处在原文中所对应的农历纪年为嘉庆十八年正月二十六日，为印刷错误，应为嘉庆十九年正月二十六日。
⑤ Robert Morrison, *The Original Chinese with Notes*, East India Company's Press, 1815, pp. 24-25.

当作了解中国人的观念和想法的一种资料,而不应以此衡量他们的行动。因为中国是这个世界上最善变的国家。"在翻译了多则皇帝上谕后他又总结道:"这些上谕无疑都表明,皇帝也是一个凡人。"①

马礼逊于1833年发表在《中国丛报》上的《京报》一文,基本反映出鸦片战争前夕最熟悉《京报》的一批英美人对《京报》的认识水平。该文主要述及以下几点内容。

第一,《京报》的命名。*Peking Gazette* 是一种被尊称为"京报"的公文,由政府在北京发行,在当地被称为 king-pau(京报),"京"意为伟大,经常被中国人用来称呼他们帝国的首都;"报"意为"宣告",或者报告。《京报》在各省或被简称为京抄。

第二,《京报》的传播。这种公报(Gazette)从北京被发往各省,但是很不规律,经常需要40—45天,甚至是60天到达广州。

第三,《京报》的版本。在这里(广州)出现了两种形式的《京报》,都是写本。大号本每日出版,差不多40页(20大张对开);小号本15或20页,每两天出版一次。大号本是专供督抚等高官阅读的,删减版(小号本)是为各省下级官吏阅读的,一些与本地官府有关系的抄报人也以高价公开售卖小号本。人们还可以付点小钱租借《京报》。一些在首都有朋友的有钱人,有时也可以直接从北京通过私人渠道搞到最好的版本。

第四,《京报》的合法性。《京报》原本完全面向官员阅读,它仅仅是钻了法律空子得以公开出版发行。

第五,《京报》对外国读者的价值。虽然一般来说中国出版物对官方事务一向是保持沉默的,但是《京报》包含了许多非常重要和有趣的消息,这些消息跨越时间长,传播范围广。由此,现在全世界都可以和中国人一样,一定程度知悉中国皇帝和他周遭大臣们的所思、所想、所求……引见、指控、官员职位变动、请假之类的消息是京报的主要内

---

① Robert Morrison, *The Original Chinese with Notes*, East India Company's Press, 1815, pp. 35-36.

容，但是外国人对这些并没有太大兴趣，（对他们来说）最有趣的是有关皇帝的消息。①

马礼逊此文对鸦片战争前后英美人对《京报》的认识影响颇大，在这一时期的《京报》英文叙述中，经常可以看出参考该文相关论述的痕迹，② 如英国文物专家多马·费沙（Thomas Fisher, 1781-1895) 1835 年发表在伦敦颇具影响力的刊物——《绅士杂志》（*The Gentleman's Magazine*, 1731-1922）上的《京报》一文，基本是依据马礼逊有关《京报》的文章精简而成的。马礼逊在 19 世纪初与多马·费沙结识，两人私交甚密，后者曾帮助前者认识和了解当时的新印刷技术——石印③，而后者对《京报》的认识也明显主要受到前者的影响；另一位英国本地人查尔斯（Charles Knight，生卒不详）在 1842 年发表于其主编的大众读物《一便士杂志》（*The Penny Magazine*, 1832-1846）上的《京报》（The "Peking Gazette"）④ 的主体内容则借鉴了多马·费沙的文章。

德庇时是马礼逊之外《京报》的另一位早期重要英译者。与马礼逊一样，德庇时也是英国著名汉学家、英国皇家学会会员。他生于 1795 年，其父为东印度公司广东商馆董事。受家庭熏陶，他自幼学习汉语，并于 1813 年进入东印度公司广东商馆工作。1816 年，他作为汉文翻译官随阿美士德使团到北京，后返回东印度公司广东商馆，任商馆常议局委员长。1834 年任东印度公司总监和英国驻华商务总监。1835

---

① Robert Morrison, "Peking Gazette," *The Chinese Repository*, Vol. I, No. 12, April, 1833, pp. 506-507.

② Thomas Fisher, "The *Peking Gazette*," *The Gentleman's Magazine*, Vol. IV, October, 1835, p. 384; Robert Inglis, "Notices of Modern China," *The Chinese Repository*, Vol. V, No. 5, September, 1836, pp. 202-203; E. C. Bridgman, "Periodical Literature," *The Chinese Repository*, Vol. V, No. 1, May, 1836, pp. 3-5.

③ 《中国石印始于澳门》，《号角月报》（香港）2009 年第 8 期，http://cchc.org/%E9%A6%99%E6%B8%AF/%E8%99%9F%E8%A7%92%E6%9C%88%E5%A0%B1/%E6%BF%A0%E6%B1%9F%E6%8E%A0%E5%BD%B1/0908/%E4%B8%AD%E5%9C%8B%E7%9F%B3%E5%8D%B0%E5%A7%8B%E6%96%BC%E6%BE%B3%E9%96%80/，2013 年 1 月 4 日查询。

④ Charles Knight, "The '*Peking Gazette*'", *The Penny Magazine*, February 12th, 1842, p. 64.

年被英国外务部委任为驻华公使,商务正监督,同时被"殖民部"派为香港总督兼驻军总司令等职。1848 年去职后返回英国。1890 年逝世。他兴趣广泛,曾潜心研究中国文学,1876 年获牛津大学荣誉博士学位。①

德庇时关于中国古典文学的翻译作品一直受到学界瞩目,但甚少有人提及他对《京报》的翻译。德庇时对《京报》的翻译篇目并未收录在白瑞华所搜集整理的 19 世纪英国人的《京报》译介篇目中。由于后来学者在讨论《京报》翻译问题时多参考白瑞华整理的篇目,德庇时曾翻译《京报》这一事实甚少被提及。从现有的材料来看,德庇时的《京报》翻译文本主要刊登在 19 世纪 20 年代的香港《大不列颠及爱尔兰皇家亚洲学会会刊》上。

与马礼逊兼涉《京报》的"译"与"介"不同,德庇时主要致力于《京报》的翻译。他的《京报》翻译有以下特点。第一,在内容选择上,马礼逊主要关注清朝的政治新闻,特别是与皇帝有关的消息;而德庇时的关注范围更广,除政治新闻外,他还特别留意司法审判、军事以及经济方面的消息。② 第二,在格式上,马礼逊的《京报》翻译仅在开头注明《京报》日期,之后每则上谕或奏折翻译直接另起一段,不做其他标识;德庇时则为译文编号,并总结每则译文大意,为每则翻译拟定标题,如"云南边境设提塘""福建省因铸币过剩,铸币贬值"等。另外,与马礼逊按日期排列译文内容不同,德庇时有时会打破日期限制,在奏片后附之前《京报》所载的相关上谕的翻译,以便读者更好理解奏片内容。第三,在翻译策略上,德庇时在处理上谕和大臣奏片时都尽量按照原文,采用第一人称进行翻译。第四,德庇时仅对《京

---

① 王丽娜:《英国汉学家德庇时之中国古典文学译著与北图藏本》,《文献》1989 年第 1 期;熊文华:《英国汉学史》,学苑出版社,2007,第 36 页。

② 参见 "Mr. Davis's Extracts from the Peking Gazette," *Transactions of the Royal Asiatic Society of Great Britain and Ireland*, Vol. 1, No. 2, 1827, pp. 254-258, 383-412。

第三章 译者与译文：西人对《京报》译介活动的开展

报》内容进行翻译，不对其内容进行评注。①

除马礼逊外，鸦片战争前后在华的主要《京报》译介者及他们发表的相关文章包括英格利斯（Robert Inglis，生卒不详）《近代中国点评》（Notices of Modern China）、②裨治文的《期刊文献：中国的出版状况》（Periodical Literature, with Remarks on the Condition of the Press in China）、③马儒翰的《〈京报〉分析》（Anaysis of the Peking Gazette）。④三人对《京报》的介绍各具特点。

首先是英格利斯的《京报》介绍。鸦片战争前后关注并介绍《京报》的来华英国人身份多为传教士和翻译官，与他们相比，英格利斯的颠地洋行合伙人的商人身份⑤就显得有些特别。英格利斯《近代中国点评》不仅有专门篇幅介绍《京报》，其他关于中国问题的分析也都是以《京报》内容为依据的。他对《京报》的介绍多借鉴马礼逊的成果，但对《京报》由内阁到提塘的发抄程序的叙述更为详细，还特别提到《京报》在北京由政府机构刻出，"其内容不可有一字的遗漏或更改"。英格利斯本人并非《京报》译者，却借助刊载在《广州纪事报》上马礼逊的《京报》译文对中俄边境问题进行了分析，是较早通过《京报》观察中外关系的西方人。⑥

---

① "Mr. Davis's Extracts from the *Peking Gazette*," *Transactions of the Royal Asiatic Society of Great Britain and Ireland*, Vol. I, No. 2, January, 1827, p. 255.

② Robert Inglis, "Notices of Modern China," *The Chinese Repository*, Vol. V, No. 5, September, 1836, pp. 202-208.

③ E. C. Bridgman, "Periodical Literature," *The Chinese Repository* Vol. V, No. 1, May, 1836, pp. 1-12.

④ John Morrison, "Analysis of the *Peking Gazette*, from 10th February to 18th March, 1838," *The Chinese Repository*, Vol. VIII, No. 4, August, 1838, pp. 226-231.

⑤ 参见吴义雄《权力与体制：义律与1834—1839年的中英关系》，《历史研究》2007年第1期。

⑥ Robert Inglis, "Notices of Modern China," *The Chinese Repository*, Vol. V, No. 5, September, 1836, pp. 202-208.

裨治文是已知的对《京报》进行专门介绍的第一个美国人。裨治文于1801年4月出生在美国马萨诸塞州的贝尔切城（Belchertown），13

岁时加入美国公理会（The American Board of Commissioners for Foreign Mission）。1830年到达广州，跟随马礼逊学习汉语。1832—1847年任《中国丛报》总主笔。1857—1859年任上海亚洲文会会长。他在华30多年间主要研究中国文化、政治、国情、地理等问题，1861年在上海去世。① 有学者认为裨治文对《京报》的关注受到了马礼逊的影响，②在马礼逊有关《京报》的讨论的基础上，裨治文的《期刊文献：中国的出版状况》采取了更为广阔的视角，开篇即将《京报》定位为亚洲的一种代表性定期出版物，并在与欧洲本土定期出版物的对比中展开对《京报》特点的分析。

同前辈马礼逊一样，裨治文其文章中也采取了"译""介"结合的方式，但在翻译《京报》内容时，他的侧重点不在于其中所传递的中国朝野新闻，而在于以此为样本，探讨《京报》的生产方式和基本格式。该文的要点如下。

第一，节译1836年3月7日和4月27日的辕门抄，以此为样本对各省辕门抄的发行概况进行介绍，包括发行者、基本形态等。

第二，与辕门抄对比，介绍《京报》的发抄、传播渠道以及版本概况。裨治文提出，被中国人称作《京报》的出版物较之辕门抄更具价值。它经常以写本方式在各省出现，从公文中抄出，并由北京朝廷发抄。只有少量《京报》到达广州，有一些是从提塘处购得，其他是来自私人渠道，而后一种方式往往更快到达。这些抄本按读者需求被编辑为各种版本。最好的版本是每日抄本，小8开，约40页，质量次之的版本两天一本，15—20页，很多时候还没有这么多页。

第三，对马礼逊《京报》一文中的观点进行修正。马礼逊认为《京报》的发抄与传播是由政府的人员来完成的，裨治文则指出书商会各自对《京报》进行定价。

---

① 中国社会科学院近代史所编译室编《近代来华外国人名辞典》，中国社会科学出版社，1981，第57—58页。
② 尹文涓：《耶稣会士与新教传教士对〈京报〉的节译》，《世界宗教研究》2005年第2期。

第四，翻译了 1836 年 1 月 30 日和 31 日的《京报》，并以此为例，呈现《京报》各部分内容的基本格式。

第五，比较详细地介绍了《京报》中的上谕和章奏的草拟、上呈、批阅和发抄过程，特别对"朱批"进行了专门介绍，列举了"朱批"的几种常见形式及其中英对译方式，如"知道了"（It is known）、"旨某部知道"（Let the appropriate Board be informed of it）、"另有旨"（Another decree shall be given）等。

第六，以《京报》为案例，讨论清朝的出版自由问题。针对当时存在的"《京报》对所有人都是免费的""刻印者和贩售者必须很小心，否则有可能因冒犯政府而获罪"的观点，裨治文认为这一说法后半段无误，前半段值得讨论。他指出，发行《京报》虽然无须提前获得准照，但是"在中国，出版并非自由的，而是在监督之下被允许存在而已"，"所以未经皇帝允许，没有任何言论可以公开刊载在《京报》上"。①

马儒翰是马礼逊之子，1814 年生于澳门。马儒翰自 12 岁开始勤奋学习中文，除主要跟随其父学习中文和有关中国的一切知识，在其就读于马六甲英华书院期间，还曾跟随两名伦敦会传教士——柯利（David Collie）和吉德学习中文。1832 年底，马儒翰被美国遣华使节罗伯茨（Edmund Roberts）雇为翻译及私人秘书；1834 年以后，马儒翰接替其父马礼逊，担任英国对中国首席翻译，任职期间曾参与《南京条约》的签订。马儒翰在出版著述方面取得过很多成就。在出版方面，他率先在中国尝试使用石印技术，也是在华铸造活字的第一人；在著述方面，其论著涵盖中国地理、政治、语文等诸方面，此外还曾先后编写《英华行名录》（Companion to the Anglo-Chinese Calendar）和《对华商务指南》（A Chinese Commercial Guide）两本实用性图书。② 1843 年，马儒翰因病在澳门去世。③

---

① 参见 E. C. Bridgman, "Periodical Literature," *The Chinese Repository*, Vol. V, No. 1, May, 1836, pp. 3-12。
② 《近代来华外国人名辞典》，第 340—341 页。
③ 苏精：《中国，开门！马礼逊及相关人物研究》，第 169—202 页。

《京报》的英译、传播与影响（1802—1911）

马礼逊对《京报》的兴趣在于"仔细阅读这些公文，可以洞悉中国政府的机制和政策",①他认为相比直接翻译，对文本详细深入的分析更有助于认识《京报》。他以1838年2月10日到3月18日的《京报》内容为依据，将《京报》上"最引人注意"的内容分为六种。

其一，官职调整，具体包括京官的任命和退休事宜、外官的委派（各省主要官员）、各省下级官员的任命。

其二，军队布防，具体包括满洲、蒙古、新疆等地武将的报告，对官员的封赏、军务、军事任命。

其三，司法案件，具体包括中央司法机构的报告、申诉辩白等。

其四，财政税务：税收，负债和贪污情况严重，走私，仓储情况，公共事务、募捐等。

其五，边疆属国：边境异动、地区动乱等。

其六，杂录：不包含重要信息的一些有关礼仪、习俗、科举及其他琐碎事务的报告。②

差不多在同一时期，伦敦一些对中国问题感兴趣的英国人也对《京报》投以关注，他们中很少有人对《京报》进行翻译，而主要是对《京报》进行介绍。他们对《京报》的认识主要来源于其在华同胞的介绍和翻译，少数情况下会依据一些流传到伦敦的《京报》原本展开。这其中最具代表性的是爱德华（Edward Hickson）的研究成果。爱德华曾在19世纪40年代任英国哲学激进派（Philosophical Radical）机关刊物《西敏寺评论》（*Westminster Review*，1824-1914）的主编，1843年他在该杂志上发表《亚洲的期刊》一文。该文的三分之一都是《京报》的相关内容，与同时期在英国本土发表的有关《京报》的文章不同，该文中有一段对该杂志在华通讯员寄出的1842年出版的《京报》实物的描述："在我们所收到文本中，最让人感到新奇的是一份去年5月出

---

① John Morrison, "Analysis of the *Peking Gazette*, from 10th February to 18th March, 1838," *The Chinese Repository*, Vol. Ⅶ, No. 4, August, 1838, p. 226.

② 参见 John Morrison, "Analysis of the *Peking Gazette*, from 10th February to 18th March, 1838," *The Chinese Repository*, Vol. Ⅶ, No. 4, August, 1838, pp. 226-231.

版的《京报》。感谢我们在中国的通讯员将它寄给我们。《京报》是中国政府的机关报,类似于《伦敦公报》,用于登载官方公告。它的版面比8开本略窄,就像多数中国出版物一样,它的书页使用质量很好的很薄的纸,双面印刷,书页用胶水粘连。这本《京报》中登载了许多重要官员的任免命令,显示出中国海陆军各部门活动频繁。"①

从上文对19世纪初至1850年《京报》英文译介中的代表性成果的论述中可以看到,这一时期的《京报》英文译介具有以下几个特征:其一,译介《京报》的主要力量为在中国南部沿海一带活动的英美传教士;其二,多数介绍停留在描述《京报》概况,描述《京报》形态、内容、定价等较为浅显的层面,涉及《京报》生产、运作、管理环节的论述或语焉不详,或流于揣测,或人云亦云,缺乏可靠的材料支持;其三,对《京报》的翻译并不连贯,翻译中带有鲜明的译者个人风格,没有形成比较统一和固定的格式;其四,不关注官员的任免新闻。② 另外,由于不能稳定和及时地获得《京报》文本,《京报》译本的出现往往在原本出版的数月之后,造成译文在实效性方面大打折扣。

第三节 转变期:19世纪50年代至70年代初在沪西人的《京报》译介活动

自五口通商开始,欧美人在华活动范围逐渐由南部沿海向东南沿海扩展,这在某种程度上也促使《京报》的英文译介活动呈现"北移"的趋势。自1851年起,上海的英文周报《北华捷报》代替《中国丛报》成为发布《京报》译文的主要平台,这一情况直到1871年《字林西报》设置"《京报》摘要"栏目。与此同时,《京报》的英文译介在内容和形式上发生变动,因此,1851—1870年可被视作《京报》英文

---

① Edward Hickson, "Asiatic Journals," *Westminster Review*, Vol. 40, No. 2, December, 1843, p. 515.

② Robert Morrison, "*Peking Gazette*," *The Chinese Repository*, Vol. I, April, 1833, p. 507.

译介的转变期。

在《京报》英文译介的转变期，首先应该提到的关键人物是威妥玛（Thomas Francis Wade，1818-1895）。威妥玛 1818 年生于伦敦，毕业于剑桥三一学院，1838 年入伍，并随军参加了第一次鸦片战争，随后随军驻华。1845 年他被香港最高法院聘为粤语翻译，第二年任商务监督德庇时的汉文秘书助理。1852 年他被任命为驻上海副领事，太平天国运动期间，被清廷聘任为税务司。1855 年，他担任香港总督兼驻华全权公使包令（John Bowing）的汉文秘书。1857 年第二次鸦片战争中，他又担任了联军总司令额尔金的汉文秘书，之后任英国驻华使馆汉文正使，1871—1882 年任英国驻华公使，并于 1883 年卸任，返回英国定居。① 他在担任英国驻华外交官期间，曾编成《自迩集》② 作为英国驻华使馆学生译员的汉语教材。威妥玛曾对 19 世纪中英交流做出巨大贡献，不仅推动了英国外交部管辖下的"中国学生译员计划"的开展，其悉心收集的汉籍资料还为剑桥大学的汉学研究奠定了基础。

威妥玛在担任英国驻华使馆汉文正使期间所翻译的部分《京报》文稿现存于英国外交部档案 F. O. 233/31 中。威妥玛的翻译有以下特点。第一，在内容选择上，威妥玛的翻译文稿中绝大多数是上谕，特别是官员的任免消息，少数为奏折。③ 第二，在翻译策略上，威妥玛在翻译时并不按《京报》原文直译，而仅将原文中心内容以简单的一两句话译出。第三，在格式上，以 1861 年 3 月 7 日《京报》一则上谕的译文为例："Minghi, the general commanding in Uliasatai, far west, was by a Decree of the 28th March to represent the Emperor in a conference with the Russian boundary Commissioners.（3 月 28 日上谕，旨乌里雅苏台将军明谊代表大清皇帝会见沙俄边务专员。）"这则译文反映了威妥玛翻译的一般格

---

① 参见熊文华《英国汉学史》，学苑出版社，2007，第 70 页；《近代来华外国人名辞典》，第 497 页。
② 包括《语言自迩集》（*Colloquial Series*）和《文件自迩集》（*Documentary Series*）。
③ 参见 "Mr. Davis's Extracts from the *Peking Gazette*," *Transactions of the Royal Asiatic Society of Great Britain and Ireland*, Vol. 1, No. 2, 1827, pp. 254-258, 383-412.

式：开头为上谕对象或奏报官员的姓名（Minghi），对此人身份的简短介绍（或是其官职，或是其出身）次之（the general commanding in Uliasatai, far west），之后有时会交代公文的类型和在《京报》上的刊出时间（a Decree of the 28th March），最后是消息的具体内容（represent the Emperor in a conference with the Russian boundary Commissioners）。

威妥玛在为《文件自迩集》①选译《京报》时所采取的翻译策略与他日常对《京报》的翻译不同。在《文件自迩集》序言中，威妥玛写道："若要了解中国政府的日常公务以及中华帝国的现状，需要研读《京报》所刊的用于记录皇帝每日动态的宫门抄、用于各部各省上报地方事务的奏疏，以及用于回复这些奏疏或发布圣意的上谕。"② 出于这一考虑，《文件自迩集》第7卷和第8卷收录了道光年间江苏巡抚韩文绮和两广总督林则徐的奏疏译本。与19世纪出现的其他《京报》译本的职能主要在于供西方读者获取有关中国的信息不同，《文件自迩集》中的《京报》译本作为英国外交的储备人才——学生译员的教材，其行文结构的价值远大于其所传达信息的价值，在翻译策略上也就独具特色：首先，在奏疏的选择上，选择涉外事务较多的两广和江浙地区大员的奏疏；其次，所选奏折侧重有关刑事案件的奏报，如第7卷"韩公奏疏"的10篇奏疏中，有6篇是有关凶杀、谋杀等刑事案件的奏折，其余4篇分别涉及江苏财政、交通、官员到任、平叛匪乱情况；最后，这些译文全部是完整翻译某篇奏疏，不存在节译、编译的情况，在每篇译文题目之下、正文之前，会以简短的语言归纳奏疏主旨。另外，这些译文还将奏疏中不表达实际意义的套话逐字翻译，并用方括号标识，如将

---

① 《文件自迩集》由两本书组成，一本名为 Wen-Chien Tsu-Erh Chi: A Series of Papers Selected as Specimens of Documentary Chinese-Designed to Assist Students of the Language Written by the Officials of China，可译为《文件自迩集：文件体范文选——为帮助学习中国官方书面语的学生设计》，封面最上方有中文"文件自迩集"五个字；另一本书名为 Key to Tsu-Erh Chi: Documentary Series，译为《自迩集注释：文件系列》，为前者的英文注释集。

② Thomas Francis Wade, *Key to the TZU ERH CHI: Documentary Series*, Vol. 1, Trubner & Co., 1867, p. iii.

"圣銮训示"译为"in obedience to an Imperial Rescript","跪"译为"upon knees",等等,而19世纪的其他《京报》译本则略去了对这些内容的翻译。①

1850年,威妥玛的《1849年中华帝国境况及其政府记录》(*Note on the Condition and Government of the Chinese Empire in 1849*)② 一书由香港德臣报社出版。该书第一章以大量篇幅专门对《京报》进行了介绍,之后对中国经济、行政相关问题的分析也都基于《京报》所载消息展开。与19世纪前中期其他涉及《京报》的英文论述相比,威妥玛对《京报》的关注主要有以下特点。

第一,对《京报》进行了溯源,提出京报起源于10世纪后期的宋代。

第二,对《京报》的权威性和可靠性着墨颇多,同时,在论述《京报》内容时特别注意其与皇帝之间的联系。"《京报》由三部分组成:前两页有关朝廷和皇室的;之后是表明皇帝意志的圣旨(decrees),这些圣旨或是表明皇帝行踪,或他对大臣奏折的批复;最后是文武大臣的奏章,有关这个国家的所有议题几乎都被囊括其中。""有关圣旨——天子在得到各类事务的报告后快速批复,并交与相应的各部处理。呈交给他的报告和文书在得他的知悉和认可后会立刻被发抄。天子的批复简明扼要,而大臣奏章则很冗长。在这些圣旨里可以看到很多有关中国历史、法律、政权动态等很多消息,甚至包括低级军官的任命。""《京报》不严谨之处在于,不是所有奏折或是皇帝的批复都与之前所刊登的内容相呼应。"③

第三,认为《京报》对清朝官员具有监督作用:"奏折报告了各级

---

① Thomas Francis Wade, *Key to the TZU ERH CHI*: *Documentary Series*, Vol. 1, Trubner & Co., 1867, pp. 35-72.

② Thomas Francis Wade, *Note on the Condition and Government of the Chinese Empire in 1849*, The China Mail Office, 1850.

③ Thomas Francis Wade, *Note on the Condition and Government of the Chinese Empire in 1849*, The China Mail Office, 1850, p. 5.

官员的近况，以及他们是否被责罚或是表彰等情况；通过这一途径，高级官员可以请罪，或是被御史监督。"①

第四，《京报》对于中文学习者在学习公文书写方面有很大帮助。

第五，《京报》所载的政治、军事、经济相关消息虽然各具价值，但其中最有价值的是有关经济的内容，尽管《京报》中并没有包含大量有关中国政府经济情况的数据，但从中仍可以观察中国的税收和财务状况。②

威妥玛不仅是第二次鸦片战争前后《京报》的代表性译介者，而且与鸦片战争前德庇时的《京报》翻译活动，以及第二次鸦片战争后《京报》的译介活动都有密切的联系。在19世纪《京报》英文译介活动中，威妥玛可谓承上启下之人。

所谓"承上"，指的是威妥玛开始从事《京报》译介的一个重要动因源于德庇时的影响，而后者则是在19世纪《京报》译介中起到了承上启下作用的人物。学者库利（James C. Cooley）将德庇时看作威妥玛翻译活动和外交官生涯的领路人，前者在1846年将后者提拔为香港英国殖民当局翻译（Supernumerary Chinese Interpreter to the Supreme Court at Hong Kong），此事成为"威妥玛职业生涯中的转折点"。③ 整个19世纪40年代，威妥玛的翻译活动受到德庇时的关照，他以《京报》为主要材料基础的小册子《1849年中华帝国境况及其政府记录》也是在这个时期完成的。这本小册子中提到了德庇时对《京报》所载有关中国经济消息的看法，④ 由此可以推测，威妥玛对《京报》的兴趣可能上承德庇时。

---

① Thomas Francis Wade, *Note on the Condition and Government of the Chinese Empire in 1849*, The China Mail Office, 1850, p. 6.
② 参见 Thomas Francis Wade, *Note on the Condition and Government of the Chinese Empire in 1849*, The China Mail Office, 1850。
③ James C. Cooley, *T. F. Wade in China: Pioneer in Global Diplomacy 1841 - 1882*, E. J. Brill, 1981, pp. 9-10.
④ Thomas Francis Wade, *Note on the Condition and Government of the Chinese Empire in 1849*, The China Mail Office, 1850, p. 6.

《京报》的英译、传播与影响（1802—1911）

所谓"启下"，是指在19世纪中后期，在华英国人对《京报》展开的翻译活动不同程度地受到了威妥玛的影响。如梅辉立在担任威妥玛的下属时，翻译《京报》并在报告中附上《京报》译文是他的一项经常性活动；① 此外，《京报》的阅读和翻译之所以成为"学生译员"课业的一部分，应该也与威妥玛的意志及其所编选的汉语教材中曾选取《京报》内容有关。因此可以说，威妥玛对《京报》的关注下启第二次鸦片战争后英国人的《京报》翻译活动。

第二次鸦片战争后，英国在北京设立使馆，这使英国人获得《京报》更加便利，他们不仅有机会获得新近发行的《京报》，还有机会接触到更多版本的《京报》。19世纪60年代初在英国驻北京使馆任医师的英国人芮尼在日记里就根据自己所接触到的《京报》对其版本进行了描述："《京报》最常见的有三种版本：红皮本（red-covered），尺寸最大，隔天出版一次；白皮本（white-covered），每日出版，内容巨细无遗……第三种版本价格低廉，是上述两种版本的节略本（low priced summary）。"② 这段有关《京报》版本的介绍有别于之前马礼逊等人大小号本的说法，其所提到的"红皮本"在后来的《京报》研究论著中也再未被提及。③

19世纪60年代后半期，中国沿海以及英国本土的英文期刊报纸上涉及《京报》的文章开始显著增多。这一时期出现的《京报》译介成果具有以下特点：第一，强调《京报》的权威性；第二，将《京报》置于与英国《伦敦公报》（*London Gazette*）或商业报纸的比较下进行研

---

① 目前可见的梅辉立的《京报》翻译主要集中在《英国议会文件》的中国部分（*British Parliamentary Papers, China*）、《字林西报》（*The North-China Daily News*），以及每周整理刊登《字林西报》上《京报》翻译内容的《北华捷报》（*The North-China Herald*）上。
② 〔英〕芮尼：《英国驻华使馆设馆第一年间的北京和北京人（上）》，〔美〕李国庆整理《中国研究外文旧籍汇刊》第2辑，第232页。
③ 以芮尼撰文时所处的"19世纪中期"这一时段来判断，文中的"白皮本"应该并非长白山人所说的"白本报"，而是方汉奇所说的少部分不用黄纸封面，而在白色封面上加印含有吉祥寓意图案的《京报》；第三种廉价的"节略本"应该是指宫门抄；而"红皮京报"则难以与已有研究所述的任何一种《京报》版本相匹配。

究；第三，"译""介"分离，鸦片战争前后的多名《京报》介绍者同时也是《京报》的译者，而19世纪60年代后半期许多西方的中国问题专家则仅从总体上对《京报》进行介绍和研究，不涉及具体内容的翻译。以下仅选取其中较有代表性的研究成果进行详细论述。

首先是麦考利及其对《京报》的关注。麦考利（James Macaulay，又作James Macauley，1817-1902），1817年生于英国爱丁堡的一个学者家庭，是家中长子。他毕业于爱丁堡大学，先学习艺术、后修读医学，工作后身兼医生和编辑之职。① 1865年，他在英国大众读物《闲暇时光》上发表《京报》一文，② 其论述的独到之处如下。

第一，指出当时多数报刊中的《京报》研究和介绍是参考上海和香港的二手研究成果，这些研究对《京报》原本的形态知之甚少。

第二，为英国最早所藏的《京报》实物提供了线索："很少有英国记者或写作者有幸一睹这一拥有4亿多人口的中华帝国的政府机关刊物真身。连大英博物馆都是在最近才从一位来自中国的先生那里得到了三个月的《京报》实物。"③

第三，对英国所藏的《京报》实物的封面进行了详细描述："那些看过《伦敦公报》的人很可能以为京报也是相同的形态，也有一些人可能觉得《京报》是和《泰晤士报》一样每日出版的宽幅报纸。而《京报》并非上述两种中任何一种，它是书本形态，长9英寸、宽4英寸，每册包含15—20页，其中偶有一些内页会达到6英寸宽；纸是以竹为原料制的，虽然轻薄但粗糙，页面泛黄，如一般的中国出版物那样是单面印刷。特别值得一提的是它的封面，用红色和蓝墨水印刷，中间是一个文官，上有祥云，中有红日，左右各有一条升龙，它们在中国人

---

① Sidney Lee (ed.), "Macaulay, James," *Dictionary of National Biography*, Smith, Elder & Co, 1912, pp. 501-502.

② James Macauley, "The *Peking Gazette*," *The Leisure Hour: A Family Journal of Instruction and Recreation*, February 25th, 1865, pp. 119-122.

③ James Macauley, "The *Peking Gazette*," *The Leisure Hour: A Family Journal of Instruction and Recreation*, February 25th, 1865, p. 120.

《京报》的英译、传播与影响（1802—1911）

的逻辑中代表着皇帝权威。次页左上印有'京报'两个大字，下有日期和目录。"① 这段描述后附有英国所藏的《京报》封面的图片。

第四，注意《京报》中有关御史言行，以及天象与政局关系的内容。

第五，将中国皇帝上谕类比为英国女王敕令。②

其次，1867 年《北华捷报》刊载的《京报》（The "Peking Gazette"）③ 一文是这一时期另一较有代表性的介绍性文章，该文论述的独到之处如下。

第一，谈到了《京报》的翻译以及译文接受度的问题："它的很多译稿可以在《北华捷报》上找到。但是能读懂它的人中，少有人是对冗长的全文感兴趣的，多半只是浏览。这一状况出现的部分原因是（《京报》）内容空洞，不值得信任，并且印刷质量很差。少有公文是值得被全篇翻译的。不知读者们在读之前的一些《京报》的全篇译文时是否感到困难，因为（要读懂它们）需要做大量的前期准备。"④

第二，"京报仍然是很有用的信息源，一半源于它所辑录的内容，一半源于它所筛掉的内容。是谁，如何对挑选章奏、报告等内容进行挑选，我们无从得知。只有一点是可以肯定的，那就是位高权重或是财大气粗者可以确保一些文章不被登载在京报上，但是我们可以保证，已被登出的那些文章一定是未经篡改的。它的内容是受到官方仔细监控的"。⑤

---

① James Macauley, "The *Peking Gazette*," *The Leisure Hour: A Family Journal of Instruction and Recreation*, February 25th, 1865, p. 120.

② James Macauley, "The *Peking Gazette*," *The Leisure Hour: A Family Journal of Instruction and Recreation*, February 25th, 1865, p. 121.

③ "The '*Peking Gazette*'," *The North-China Herald and Market Report*, September 21st, 1867, p. 259.

④ "The '*Peking Gazette*'", *The North-China Herald and Market Report*, September 21st, 1867, p. 259.

⑤ "The '*Peking Gazette*'", *The North-China Herald and Market Report*, September 21st, 1867, p. 259.

第三章　译者与译文：西人对《京报》译介活动的开展

由上文可见，与同期其他作者对《京报》权威性一致肯定的论调不同，该文作者在论述中一面抱怨《京报》的内容空洞、不可信，一面却又承认《京报》信息的重要性，并且对其内容的可靠性做出了保证，对《京报》的权威性表现出一种矛盾的态度。

此外，维多利亚时代英国三大评论周刊之一《雅典娜神殿》（The Athenaeum，1828-1921）[1] 1866 年发表的《飞龙在天：来自中国、日本和东方记者的报告》（The Flying Dragon Reporter for China, Japan, and the East）一书的书评也论及《京报》。[2] 书评针对原著"在现代欧洲，每一个首都，甚至几乎每一个城市都至少有一种新闻期刊，这样的洞悉却从没听说过在天朝（Celestial Empire）存在"的说法，以《京报》为例，提出了异议："该书作者一定没听过《京报》，更别说各省的辕门报了，但是相信本书的很多读者早已很熟悉这些刊物了。"该文最值得注意的有关《京报》的论述，一是提出《京报》"出现于明代"；二是将《京报》和《伦敦公报》看作"兄弟刊"，从形态、发行和阅读方式上对二者进行了比较："有这样一位在华的英国传教士，他的餐桌上每天早晨八点都会摆着一份《京报》，就像他在伦敦时，餐桌上每天早晨都会摆着一份《泰晤士报》一样。《京报》分为五个不同版本，分别由五个不同印刷者刻印，这些印刷者将刻出的《京报》派人送往订户住处。他们还以低价出租《京报》。写本《京报》会在当天晚上六点出现，其内容与次日清晨发行的刻本《京报》完全一致或大致相同，都含有权威性的官方文件。有很多人以抄写《京报》为生（"抄报人"），而《伦敦公报》却没有这些抄写者。《京报》是官方授权私人发行，自由度比完全官方监管的《伦敦公报》要高。这份（《伦敦公报》）在北京的兄弟刊（Brother of Peking）版面只是一张八开纸对开，比《伦敦报

---

[1] 又译《智慧神殿》，期刊概况参见 Ellen Miller Casey, "Weekly Reviews of Fiction: The Athenaeum vs. the Spectator and the Saturday Review," Victorian Periodicals Review, Vol. 23, No. 1, 1990, pp. 8-12。

[2] J. Frances, etc., "The Flying Dragon Reporter for China, Japan, and the East (Review)," The Athenaeum, No. 1999, February 17th, 1866, p. 234.

纸》小。"

第二次鸦片战争前后，上海的英文期刊报纸开始不定期刊载《京报》译稿，从可见材料来看，麦都思（Walter Henry Medhurst, 1796-1857）是这些译稿的主要提供者。麦都思（笔名"尚德者"）出生于伦敦，1815年7月抵达广州。最初他被伦敦会作为印刷工派到马六甲，协助米怜管理那里的印刷事务。麦都思不久就在各方面表现出他的能力，除主管印刷业务外，他还协助米怜从事传教活动，管理马六甲的学校，并勤奋地学习中文，很快就达到用中文布道的水平。1819年4月，他在马六甲被按立为牧师，取得传教士的资格。之后他在马六甲和巴达维亚、槟榔屿、新加坡等地从事传教活动。1843年，麦都思到达上海，在那里与美魏茶、艾约瑟等人共同创建了墨海书馆，印刷出版中文图书。从1819年开始到去世，他一共用中文撰写并出版了59种作品，还编写出版了多种语言辞典。①

麦都思曾在19世纪50年代为《北华捷报》提供《京报》译稿，在这一时期该报刊出的某些译稿末尾可以看到麦都思署名的缩写W. H. M.。北华捷报社曾将麦都思在1853—1856年刊出的《京报》译稿以《〈京报〉节录，1853—1856》为题结集出版。麦都思的翻译大多为节译，有时也会全篇翻译某些重要上谕和奏折。译文正文开头会先以西元纪年表明消息刊出时间，例如"In the Gazette of the 8th, October"；之后则依据《京报》原文格式，表明公文的类型及公文来源（包括报告者的官衔），例如"a report（折片）from E-leang（怡良），the victory of the Two Keang（两江总督）"。正文采用第三人称译出。对于文中一些涉及中国社会文化、政府机构、时事政治等问题的名词或叙述，麦都思还会在译文下加以详细注释进行说明或发表个人见解。②

第二次鸦片战争前后《京报》英文译介的总体趋势是：《京报》的介绍活动较鸦片战争前后更为频繁，论述逐渐深入；《京报》翻译者数

---

① 熊文华：《英国汉学史》，第45页；吴义雄：《在宗教与世俗之间——基督教新教在华南沿海的早期活动研究》，第58—59页。

② "Peking Gazette," The North-China Herald, November 19th, 1853, p. 63.

量虽较之鸦片战争前后有所减少，但是翻译格式和中英文对译方式日趋规范和标准化。在此过程中，上海成为发布《京报》译文的又一重要源地，为19世纪70年代以后上海为中心的《京报》翻译活动的蓬勃发展奏响了前奏。

第四节 繁荣期：19世纪70年代至90年代末《京报》英译的蓬勃发展

19世纪70年代初直至90年代末是《京报》英文译介的全面繁荣时期。就"译"而言，英国驻京使馆的建立为《京报》翻译活动注入了一股新的力量。对此，刊载在1919年《亚洲评论》（*The Asiatic Review*, 1885-1952）杂志上的《中国报纸》（The Press of China）一文明确写道："第二次鸦片战争（1858—1860）后，外国使馆在北京建立，自此以后，《京报》就成为各国大使获取（中国）官方新闻的主要来源。他们从《京报》中了解很多有关（中国）政治、观念以及中国统治者的非常有用的消息。此后的很多年，《京报》的译文都是定期由英国使馆的学生译员完成的，这是他们中文课业的一个组成部分。"① 这段文字虽然只指出翻译《京报》是使馆学生译员的课业，并未表明这一活动是否进入使馆日常公务，却揭示了第二次鸦片战争之后驻北京使馆的翻译人员开始参与《京报》的翻译，这为他们日后成为翻译《京报》的中坚奠定了基础，也为19世纪70年代《京报》翻译繁荣期的到来做足了准备。

《字林西报》在19世纪70年代到90年代末的《京报》翻译活动全盛期中扮演了功不可没的角色。《字林西报》并非最早翻译《京报》的英文报纸，却是刊载《京报》译文最为成功的报纸。无论在香港还是上海本地，《德臣报》、《北华捷报》以及《循环》等报纸都曾早于

---

① William Henry Wilkinson, "Where Chinese Drive," *English Student-life at Peking*, London, 1885, 日本东京东洋文库藏, 编号: 贵Ⅲ-18-J-1; J. P. Donovan, "The Press of China," *The Asiatic Review*, April, 1919, p. 153, 日本东京东洋文库藏, 编号: 贵P-Ⅲ-a。

《京报》的英译、传播与影响（1802—1911）

《字林西报》登载《京报》译文，从1871年下半年开始，报馆开始在日报《字林西报》上增设专栏，规律、系统地对《京报》进行翻译，部分译文还会附加评论。《字林西报》选择以专栏方式刊登《京报》译文，或许与报馆此时同英国驻北京使馆方面结成了某种"翻译—出版"的合作关系有关，但尚无史料充分支持这一推论。《字林西报》的"《京报》摘要"栏目自1971年开设到1900年前后结束，受到了读者和业界的广泛欢迎。该栏目极大地扩展了《京报》的读者群，影响十分深远。从1872年到1900年，报馆每年都会将"《京报》摘要"内容整理并单独出版。这些小册子不仅行销沿海各口，还被送往海外，被后来的许多欧洲学者视为研究中国问题的重要参考资料。《字林西报》所刊《京报》译文的情况及其影响将会在接下来几章中详细论及。

如果说英国驻北京使馆学生译员的加入壮大了《京报》翻译的力量，《字林西报》"《京报》摘要"专栏的设置则极大地扩展了《京报》译文的影响。正如《亚洲评论》所言："这些译文刊载在《字林西报》上，频繁被中国问题的研究者们援引。"[①] 出自英国驻北京使馆的《京报》译本数量巨大，19世纪70年代开始作为固定专栏刊登于《字林西报》上，这使通晓英文的一般欧美人可以在阅读《字林西报》的同时读到来自《京报》的消息，大大降低了西方读者阅读《京报》的成本。依靠《字林西报》这一平台，这些《京报》英文译文完成了从精英读物到大众读物的转变。

就《京报》介绍而言，19世纪中后期西方人有关《京报》的论述更加专业深入，开始逐渐超出"介绍"的范畴，开始向学术研究的方向转变。这一时期出现的有关《京报》的专论无论在材料的使用上，还是在论述的精细程度上，都较以往更上一层楼。西方人对《京报》关注视野更广阔，一些作者将《京报》与中国人的民族性加以联系，另一些则将《京报》作为中国新闻史乃至人类历史进程的一个部分进

---

① J. P. Donovan, "The Press of China," *The Asiatic Review*, April, 1919, p. 153, 日本东京东洋文库藏，编号：貴 P-III-a。

行研究。此外，很多作者还特别强调《京报》译本的重要性。下文将对选取其中的代表性成果进行介绍。

首先是阿礼国和他的《京报》专论。阿礼国（Rutherford Alcock，1807-1897）是著名的英国外交官，1807年出生于伦敦，1844年被任命为福州领事，并在赴任途中在厦门担任过数月的领事，1845年初到达福州。之后，他先后担任上海、广州等埠领事之职。1859—1865年，阿礼国被任命为英国首任驻日本公使，1871年退休后返回英国。[①]

1873年，阿礼国在伦敦《弗雷泽杂志》（*Fraser's Magazine*，1830-1882）2月和3月号上连载了题为《京报》（The *Peking Gazette*）的文章。[②] 该文将《京报》定性为英国人概念中的"政府公报"（Gazette）的一种，重点对《京报》的价值进行了讨论，要点如下。

其一，有关《京报》对于中国读者的价值。该文认为："《京报》和《伦敦公报》一样，并非用来娱乐消遣的读物。二者都被官员当作交流沟通的唯一媒介。其刊载的事务谈不上有趣，但是牵涉其中的人会对这些内容甚为关心。"

其二，有关《京报》对于对中国事务感兴趣的外国人的价值。该文认为："由于《京报》载有大量重要的政府部门、官方机构以及公共事务相关内容，因此它所传递的消息对于关注这个国家进程的学习者的价值是显而易见的，同时，它还记录了中国各时期的时事新闻，这对于了解这个国家的历史极具价值……中国地处偏远（从欧洲来看），并且使用着难懂的方块字和口语，这些都使欧洲人无法很好地了解这个国家以及这个国家的国民。当观察当前中国的制度、思维习惯、社会和政治环境时外国人总有雾里看花之感。《京报》所载的消息填补了这条鸿沟。（外国人）通过阅读《京报》上刊载的通告，可以对这个国家的现状以及政府的国家机器形成准确的认识。（中国）社会和政治上的变化可以从《京报》中看到……欧洲人有关注战争和庭审消息的传统，因

---

① 《近代来华外国人名辞典》，第6页。
② Rutherford Alcock, "The *Peking Gazette*," *Fraser's Magazine*, Vol. VII, No. 38, February and March, 1873, pp. 245-256, 341-357.

此（《京报》所载的这些消息）可以为外国学生学习中国制度和政府提供有用信息。"

其三，有关《京报》消息的可靠度和权威性。该文认为："有时《京报》会我们一种印象，好像这个帝国没什么重要事情发生，实际上这可能是由于含有重要内容的奏折和上谕都被禁止披露了。实际上，《京报》所包含的大部分内容都价值非凡。一份《京报》好的译本对于了解中国政治和社会的作用胜过其他任何一种材料。"

阿礼国的论文问世一年后，梅辉立也发表了他的《京报》专论。梅辉立是19世纪六七十年代重要的在华英国外交官。他在1831年生于澳大利亚，其父为该地英总督的私人秘书，1842年全家回英，梅辉立在英完成学业后赴美从事新闻工作一年，1859年来华，1860年为使馆翻译学生，1871—1878年担任汉务参赞（又称汉文正使），1878年死于上海。其主要著作有《中国政府——名目手册》(The Chinese Government：A Manual of Chinese Titles, Categorically Arranged and Explained)、《中外条约集》(Treaties between the Empire of China and Foreign Powers) 等。①

1874年，梅辉立在当时远东最具代表性的汉学刊物《中国评论》(The China Review or Notes and Queries on the Far East, 1872-1901) 上发表的《京报》一文是19世纪中后期最为重要的《京报》专题论文，② 文章被19世纪末20世纪初出现的有关《京报》的介绍和研究反复援引。③ 该文所论及的五部分内容奠定了后来学者研究《京报》的基本框架，各部分依次如下。

第一，《京报》概况。该文开篇写道："尽管中国任何政府部门名义上讲都没有官方出版物，但是有一种朝廷函件包含了皇帝的谕旨、敕令、上呈皇帝的折片，以及一个朝廷和官方动态简报，欧洲人将它

---

① 《近代来华外国人名辞典》，第321页。
② William Mayers, "The *Peking Gazette*," *The China Review*, Vol. Ⅲ, No. 13, July and August, 1874, pp. 13-18.
③ 参见 J. Dyer Ball, *Things Chinese or Notes Connected with China*, Kelly & Walsh, Limited, 1903, pp. 407-408。

第三章
译者与译文：西人对《京报》译介活动的开展

命名为'京报'。"（此处将"京抄""邸报"都看作《京报》的别称）梅辉立这样描述《京报》的出版和发行："它由六科（Liu K'o）[①]发抄……由受雇于官方的人来印刷出版，这些人听命于首都的掌权者。隶属于兵部的一个部门负责它的发行和送达工作，这个部门同时也负责邮传事宜。"[②] 随后，作者又依据《大清会典》罗列了各驻京提塘具体名称，并引用《大清会典》原文对《京报》的具体发抄规则进行说明。此外，该文还第一次明确指出了《京报》印刷机构："它们应该是被全文印刷的，其印刷机构是报房（Pau Fang）。"

第二，《京报》的材料来源。这部分描述了《京报》从内阁发抄到提塘发行的简单过程：每天的上谕，以及经皇帝批阅允许发抄的、京城内外大臣所递交的章奏，都会由军机处下达内阁，再由六科官员每日传抄。为节省时间，御旨和奏折也会传知（京城内）各衙门人员直接到六科廊房抄录遵行，这比前一条渠道传送消息的速度更快。与此同时，提塘官也从六科得到抄出的文本，并将这些文本传抄发行到各省。

第三，《京报》的形态及内容。梅辉立指出，通过提塘发抄的《京报》虽然是官方唯一认可的版本，但同时还有另外两个版本流出："一个是写本（sieh pen, or written copy）由私人作坊（报房）发行，发行速度快，（报房《京报》）经常比提塘《京报》更早公之于众，价格也贵一些；第二种是长本（chang pen, or long copy），文本篇幅长，页面比提塘版本略窄。长本也比提塘本早到一些，但是印刷质量很差。报房出版的《京报》用木活字印刷，使用的是柳树或者杨树木头，便宜但是不耐久，印刷所内的字模类似于欧洲印刷工所使用的字模，这些印刷设备可能是17、18世纪耶稣会传教士带来的。一般形态明黄色封面封底，褐色纸张，页面长、高10—12页，采用'包背装'装帧。封皮为黄色，左上角上印有红色的'京报'两字。内页每一页都用红线分成7栏。每栏14个字，由上到下，空四格后开始书写，表示尊敬意味的文字需

[①] 在该文第二部分，"六科"又被译为"Nui Koh"。
[②] 该文这个部门所指的应该是提塘，但根据学者孔正毅的研究，实际上提塘和驿站共同担当《京报》的传递职能。

要依不同等级抬升不同的格数书写，空出的格就是为这些文字留下的。"有关《京报》的具体内容，该文写道："前一两页是宫门抄，其中内容多来自内务府的报告，包括觐见、引见、皇帝的动态等。这些内容每日都会印出。"

第四，政府对《京报》的管控。梅辉立指出，《京报》是在清政府严格监管下发行的。他在文章中翻译了1873年11月7日《京报》刊出的有关报房出版《京报》相关规定的上谕："一、每日抄出谕旨须即时发交各报房，逐件刊刻，倘仍前率将豁免钱粮等件遗漏，定行重究。二、每日报本总以十篇为限，若遇抄出事件过多，刊办不及，必先将事由开列，并注明未刻几件，准于次日续刊。不得仍前以四五篇塞责，率将事件遗漏。每逢简放各官各差并引见各员月选各官，抄出之时即全数刊刻，不得仍前将记名御史六部司官城仓等差率行遗漏。三、每日折报必刊刻清楚，若一件折稿篇幅甚长，不得概以十篇为张，须刊刻完竣，不准仍前分三四日接续。"该章程同时反映出此前的《京报》编辑状况及之后的《京报》编辑原则："四、同治十二年之前，报房所出《京报》有遗漏某些抄出的宫门抄和谕旨未刊的情况，此后谕旨则必须逐件刊登。"

第五，《京报》稽古。这一部分最重要的一点是提出《京报》起源于唐代的说法，20世纪中国新闻史的重要研究者汪英宾有关《京报》起源于唐代的论点应就来源于此。①

1877年7月，伦敦一份晚报《蓓尔美尔街报》也发表了一篇有关上一年度《京报》的评论，② 其对于《京报》言论可靠性的分析以及对《京报》译文的介绍很有特点。一方面，该文强调《京报》言论享有充分的自由，可靠度很高，可以反映中国最真实的一面，认为："《京报》与其他任何一种政府公报都不同，它每天将所有涉及重要事务的上谕和送呈皇帝的章奏传至中国各地。由于大臣们被允许在章奏中自由地发表意见和提出建议，我们在《京报》中可以看到大臣们就政治、社会、

---

① 汪英宾：《中国本土报刊的兴起》，王海、王明亮译，暨南大学出版社，2013，第5页。
② "The *Peking Gazette* for 1876," *The Pall Mall Gazette*, July 25th, 1877, issue 9345.

信仰等一切国内事务充分表达他们的观点。因此可以说,《京报》是国家意志（national mind）的反映,因此它值得被反复阅读。诚如谷粒总是埋在一大堆谷壳之中那样,一般中国人的真正想法也总是深埋在一堆奇怪的习俗以及多变的国家政策之下,而《京报》却总是能为了解（中国人）一般的想法提供关键性线索。"另一方面,该文对《北华捷报》上的《京报》译文进行了推荐:"近年来,《北华捷报》上开始连载新近的《京报》译文,在每年末将这些译文单独结集出版已成为一个惯例。现在我们手边是 1876 年的《京报》译文小册子,除了以往常见的内容外,这本小册子提醒我们留意其中有关外国人和涉外事务的内容……"

值得一提的还有倭讷及其对《京报》的讨论。倭讷,英国领事官、汉学家,生于新西兰。1884 年来华为使馆翻译学生,1889 年署使馆助理。嗣后在广州、天津、澳门、杭州、琼州、北海、江门、九江、福州等地领事馆任职。1905 年曾参与调查和处理南昌教案,1914 年退休到北京居住。他研究中国文化,著有《叙述社会学——中国人》（*Descriptive Sociology-Chinese*）、《中国人的中国》（*China of the Chinese*）、《中国的神话和传说》（*Myths and Legends of China*）等著作。①

1890 年,倭讷以《京报》为研究对象,撰写并发表了《期刊界的一朵奇葩》（A Curiosity in Journalism）一文。② 该文是继梅辉立后对《京报》研究较为深入的一篇文章,在细节上对梅氏的研究做了一些补充。该文要点总结如下。

其一,将《京报》看作世界上最古老的报纸（newspaper）而非公报（gazette）。③

其二,从内容、编辑上审视《京报》与英国商业报纸的差异。在内容上,"（该报）首页左上角盖有红色的'京报'二字的印章,而这就是该报报头的唯一内容,首页上既没有如办报宗旨之类的有关该报的其他描述,也没有出生、婚礼、死讯、读者来信、船期信息、公演消息

---

① 《近代来华外国人名辞典》,第 503 页。
② E. T. C. Werner, "A Curiosity in Journalism," *Time*, June, 1890, pp. 594-596.
③ E. T. C. Werner, "A Curiosity in Journalism," *Time*, June, 1890, p. 594.

《京报》的英译、传播与影响（1802—1911）

等。实际上，《京报》并没有任何版面用以刊登广告……《京报》只载有干冷生硬的事实……它并不是中国舆论（公共意见）的载体，而只包含官方记录，诸如朝廷动态、编选过的奏章、选单、皇帝敕令、上谕和判决等"；在编辑上，"尽管它并没有一个事实上的总编，也不刊载编辑的评论或最新的电文，但仍然包含了许多关于在这个帝国全土发生事务的重要情报。皇帝本身可以说是它的主编，因为《京报》上的所有内容都是经过他的审阅后张贴在宫门前以供抄录发行的"。①

其三，注意到中国存在以讲解或诵读《京报》为生的人群。

其四，将《京报》与中国出版的新式报纸进行了比较，并从人类历史进程的角度给予《京报》很高的评价。"《京报》是唯一完全由中国人管理的报刊出版物。在中国也创办了一两种欧洲形式的报纸，它们主要是由外国人控制的，而《京报》则自诞生至今都没有在形态和发行方式上有任何改变……它是一个沉默的观察者，历经几个世纪，见证着伟大文明的发展，对于研究者来说，它的过去和现在是整个人类进化历程中最有趣的组成部分。"②

19世纪末《京报》的代表性研究者是庄延龄。庄延龄（Edward Harper Parker，1849-1926）是英国著名外交官和汉学家，早年师从苏谋事（James Summers，1828-1891），③ 1869年来华，初在英国驻北京公使馆任翻译，后在天津、汉口、广州等地领事馆供职，担任过上海、福州等地的领事，其间还在朝鲜任领事等职（1885—1887）。庄延龄在华期间，利用在各地任职的闲暇，写了一些研究汉语方言的论文，这些论文大都发表在香港出版的英文期刊《中国评论》以及《大不列颠及爱尔兰皇家亚洲学会会刊》上，其所著《鞑靼千年史》（A Thousand Years of the Tartars，1895）在欧美较有影响。④ 1896年，庄延龄在《朗

---

① E. T. C. Werner, "A Curiosity in Journalism," Time, June, 1890, p. 594.
② E. T. C. Werner, "A Curiosity in Journalism," Time, June, 1890, p. 596.
③ 庄延龄曾历任香港圣保罗书院、伦敦大学国王学院、东京帝国大学教授。他是19世纪著名汉学家，曾撰写《汉语手册》（Handbook of the Chinese Language，1863）。
④ 熊文华：《英国汉学史》，第101—102页。

文杂志》（*Longman's Magazine*，1882-1905）发表《〈京报〉与中国的邮传》（The '*Peking Gazette*' and Chinese Posting）一文。① 该文建立在庄延龄对之前近二十年《京报》文本的阅读基础之上，不仅是19世纪末极具代表性的《京报》研究成果，也是整个19世纪最重要的《京报》研究成果之一。该文的要点如下。

其一，将《京报》置于中国新闻传播史的脉络中进行讨论："在欧洲人在香港、上海、天津和汉口创办中文报纸之前，中华帝国全土传播新闻的载体只有《京报》。"②

其二，指出《京报》文本的主要扩散方式包括英文报纸对《京报》译文的刊载、新式报纸对《京报》原文的转载以及电报。"考虑到《京报》内容的重要性及趣味性，在过去的很多年里，上海最大的英文报纸都会刊出《京报》的英译文本，有时是全文刊载，有时则是节录。另外，上海的所有本土报纸以及其他一些报纸会转载《京报》中文原文；如果遇到非常有趣或是非常重要的上谕或是奏章，各大中文报纸还会通过电报从北京获取这些文本……这样，无论是外国人还是本地人都可以快速、准确和定期收到有关首都动态的消息"，"《京报》并未因为新式中文报纸的兴起而丧失其重要性，相反，由于《申报》总是全文转载《京报》，《京报》的流传度变得更广了"。③

其三，对《京报》不予刊登的机密公文的获取和传播方式进行了说明："并非所有谕旨都会被公之于众。一些涉及机密内容的上谕、敕令或章奏会'留中'（kept inside）。虽然在这世界上没有从哪个国家的首都获得机密文件比从北京更难，但由于这些关系到大众福祉的公文会被报送各省督抚，通过这些督抚的书吏购得它们的副本并不算难。一些

---

① E. H. Parker, "The '*Peking Gazette*' and Chinese Posting," *Longman's Magazine*, No. 169, 1896, pp. 73-81.

② E. H. Parker, "The '*Peking Gazette*' and Chinese Posting," *Longman's Magazine*, No. 169, 1896, p. 73.

③ E. H. Parker, "The '*Peking Gazette*' and Chinese Posting," *Longman's Magazine*, No. 169, 1896, p. 74.

本地士绅就经常买通一两个书吏（clerk）。这些书吏很快发现外国人也希望以同样的甚至更多的钱来达到此目的。除此之外，在本土报纸上发布这些机密文件也有利可图，但若没有欧洲人的保护的话，本土报纸这样做会被封杀，所以这些报纸会以外国人编辑作为责任人，以便推脱责任……《申报》等一些新兴中文报纸就是由此壮大的。"①

其四，认为《京报》存在内容僵化的问题，这些内容可总结为15种固定模式。文章认为，"除上述模式外，很少有上谕以全新的形式出现，也很少有上谕涉及上述内容之外的主题"。庄延龄将这些模式按出现频率分为三类。

几乎每天出现的内容大致有："以某人补缺或升用某职"；"某地某职开缺着某人去或补授"；"奏为某人补缺某职，即刻赴任，并要求现任官员直到接替者到任为止需恪尽职守"；"某地督抚报告当地官员丁忧开缺，奏为拣员调任某地要缺以重地方"；"奏为某人为某地将军"；等等。

每周至少出现一次的内容大致有：某省总督报告其属贪污奸懒不才奏请降级等；某知府有吸食鸦片、狎优之癖，某县令贪污奸懒，以上人员奏请降一级；某知府老病，奏请将他休官致仕而仍保留原来品级；某人才力不及，奏请准其卸事；"某人简放某地学政"；"旨某案着交某官员亲提人证卷宗，秉公严讯，确情按律定拟"。

出现次数不固定，但较常见的其他内容有：在过去十年间中外了解日益深入，一些地方仍对天主教传教士抱有敌意，各省督抚应将条约内容周知各级官员，地方官应尊朝廷之意，今后善待远人（distant men）；封赏嘉奖；皇帝和皇太后动态；等等。②

其五，翻译了达赖喇嘛给清帝的奏表，结合当时正在西藏发生的动乱来观察清帝与西藏宗教领袖之间的关系，对《京报》中反映出的清

---

① E. H. Parker, "The 'Peking Gazette' and Chinese Posting," *Longman's Magazine*, No. 169, 1896, pp. 74-75.

② E. H. Parker, "The 'Peking Gazette' and Chinese Posting," *Longman's Magazine*, No. 169, 1896, pp. 76-79.

朝中央政府和西藏宗教领袖的关系很感兴趣。

19世纪70年代初至90年代末《京报》英文译介的特点如下。第一,《京报》翻译逐渐体系化,形成了"翻译官员和学生提供译稿—《字林西报》每日刊载—《北华捷报》每周整理刊载—报馆将每年度的译稿汇编单独出版"的《京报》翻译和传播流程,使《字林西报》的《京报》译本成为无论是一般外国《京报》读者还是《京报》研究者的主要参考材料。第二,在字林报馆所出的《京报》译文中,官员任免新闻是重要组成部分。第三,西方人对《京报》的关注视野较以往有了很大拓展,对《京报》的认识也更加深入。

第五节 19世纪《京报》英译的"通"与"变"

一 19世纪英文报刊所载《京报》译文之"通"

英文报刊对《京报》的刊载不是一种独立的行为,而是相互联系呼应的群体行为。英文报刊对《京报》译文的刊载持续了近一个世纪。在这段漫长的历史过程中,无论是《京报》的译者还是刊出平台都发生过数次更迭,但它们在选取翻译内容和具体进行翻译时,一直保留和传承着某些原则和习惯。这些一以贯之的原则和习惯,在不同报刊所载的《京报》译文间搭建起无形的桥梁,将19世纪英文报刊对《京报》译文的刊载活动连通在一起。

19世纪英文刊物刊出的《京报》译文的共性可从两方面看。一方面,这些译文均包括七类主要内容:人事任免和奖惩、司法审判、财政税收、军事行动、灾荒动乱、工程建设、宗教仪礼。这与中文《京报》的内容构成相一致。另一方面,这些译文还表现出很多《京报》原本所不具备的共通点,下文将通过比较《印中搜闻》《中国丛报》《北华捷报》《字林西报》等几种代表性报刊所载的译文对此展开论述。

《京报》的英译、传播与影响（1802—1911）

（一）选材原则

第一，特别关注皇族消息。在 19 世纪的英文报刊中，译自《京报》的有关皇族的消息总是被置于醒目位置。《印中搜闻》所刊载的《京报》译文大多很简短，但是在第 3 卷第 15 号和第 16 号上，却长篇刊载了有关嘉庆驾崩和道光帝登基的译文；① 《中国丛报》选择将《京报》中有关皇帝对官员的态度、皇帝的信仰、皇帝的日常动态内容译出，更立体地对中国皇帝进行呈现，此外还将目光延伸到皇族成员上，翻译了很多皇族消息；② 《北华捷报》将《京报》中有关皇室的消息视为最吸引读者眼球的内容，在该报为结集出版的《京报翻译》所做的广告中，"皇族"（Imperial Family）作为关键词被以最大的字体居中排版；③ 《字林西报》的"《京报》摘要"栏目一般很少刊载《京报》中宫门抄部分的译文，但当宫门抄中有皇帝当日的行程或皇族觐见的消息时，该栏目一定会将相关译文刊出。④

19 世纪英文报刊刊载《京报》译文时特别关注皇族的原因有二。一是出于中英交往的需求。尽可能地了解中国的最高统治集团，无论从政治上还是文化上都可以为对华策略的制定提供很多重要的参考。马礼

---

① *Indo-Chinese Gleaner*, Vol. 3, No. 15, January, 1820, pp. 43-51; *Indo-Chinese Gleaner*, Vol. 3, No. 16, April, 1820, pp. 109-119.

② 参见 "Journal of Occurrences," *The Chinese Repository*, Vol. I, No. 2, June, 1832, p. 96; *The Chinese Repository*, Vol. I, No. 11, March, 1833, p. 473; *The Chinese Repository*, Vol. VI, No. 11, March, 1838, pp. 470-471, 551-552; *The Chinese Repository*, Vol. VII, No. 3, July, 1838, p. 175; *The Chinese Repository*, Vol. XII, No. 2, February, 1844, pp. 107-108; *The Chinese Repository*, Vol. XIII, No. 4, April, 1845, p. 158; *The Chinese Repository*, Vol. XIV, No. 4, April, 1845, pp. 199-200; *The Chinese Repository*, Vol. XV, No. 4, April, 1846, pp. 221-222; *The Chinese Repository*, Vol. XV, No. 9, September, 1846, pp. 473-476。

③ *The North-China Hearald and Supreme Court & Consular Gazette*, March 29th, 1877.

④ 参见 "Abstract of *Peking Gazettes*," *The North-China Daily News*, December 15th, 1874; *The North-China Daily News*, July 2nd, 1878; *The North-China Daily News*, February 18th, 1879。

逊在1815年10月致小斯当东的信中就写道："我从《京报》上翻译了一条通告，请你读后交给益花臣先生。它相当清晰地反映出中国皇帝的想法，我认为能让你们更冷静地看待中国皇帝对你的荒谬评价……因为行商否认对你的不利控诉，假如地方官员站在同样的立场，你在中国皇帝心中的印象将会得到澄清；但对你而言，你可能永远不知内情。"① 二是满足民众的猎奇心理。19世纪的英国人极少有接近和了解中国皇帝的机会。自18世纪末马戛尔尼觐见乾隆帝之后，英国使臣直到1873年才再次有机会见到另一位中国皇帝——同治帝，身负中英外交使命的英方高官尚且如此，遑论其他英国人。因此，英国人一直对被称为"天子"的中国皇帝以及围绕他的皇族充满好奇。对此，马礼逊也有论及："引见、指控、请假之类的消息是《京报》的主要内容，但是外国人对这些并没有太大兴趣，（对他们来说）最有趣的是有关皇帝的消息。"②

第二，重视搜集有关对外交往的消息。19世纪《京报》的英文译者和读者经常抱怨《京报》中很少包含有关外国人的消息，对外交往的信息也很少。③ 即便如此，早期的英译者还是能从《京报》中整理出藩属国与清朝交往的消息，并将其作为早期《京报》译文的一个重要组成部分刊出，以供读者从中了解中国的对外交往情况，例如《印中搜闻》《大不列颠及爱尔兰皇家亚洲学会会刊》《中国丛报》就分别刊出过有关中国与南掌国、琉球、缅甸、浩罕汗国来往的《京报》消息；经常出现的有关中国西北和西南边情的译文目的之一也是供读者了解中国的对外关系；19世纪80年代，《字林西报》在对每年的译文进行整理时，甚至设立"对外关系"（external relations）类目汇总相关消息。④ 此外，在中

---

① 〔英〕艾莉莎·马礼逊编《马礼逊回忆录》第1卷，第224页。
② Robert Morrison, "Peking Gazette," The Chinese Repository, Vol. I, No. 12, April, 1833, pp. 506-507.
③ "Journal of Occurrences," The Chinese Repository, Vol. II, No. 8, December, 1833, p. 384; The Times, July 19th, 1873.
④ Translation of The Peking Gazette for 1881, The "North-China Herald" Office, Shanghai, p. XV.

英关系中扮演过重要角色的官员也是译者和相关的英文报刊在《京报》中追踪的对象，如《印中搜闻》长篇刊载了松筠被贬的消息，原因在于松筠曾负责陪伴马戛尔尼使团，《中国丛报》对《京报》有关林则徐消息的关注、《字林西报》对《京报》中郭嵩焘消息的重视也都是出于同类原因。

第三，另有三类消息是在《京报》上经常出现，却较少被英文报刊翻译刊载。首先，科举消息很少被刊载。19世纪上半叶发行的英文报刊中，只有《中国丛报》在1835年4月和1838年3月刊出两则和科举有关的消息，且前者与庆祝太后生辰有关，后者与官场贪腐有关。①19世纪下半叶，在英文报刊刊出《京报》译文总量增加的前提下，有关科举的译文也有所增加，但多是在同时涉及刑事案件或官场贪腐问题时才会被选译，这主要是因为中文《京报》的读者中很大一部分是要参加科考的文人，而这些信息无关外国读者的切身利益，因此不受外国译者的重视。其次，《京报》上县一级的人事变动消息极少被选译。这反映出英国人对中国的关注主要在中央、省府层面。最后，嘉奖官员的上谕和循例请赏的奏折很少被翻译。例如在19世纪七八十年代，《字林西报》的"《京报》摘要"栏目频繁刊载李鸿章的各类奏片，甚至不惜版面长篇刊载其中的重要奏折，却从未刊载过其循例请赏的任何一篇奏折。②19世纪的《京报》译者普遍认为这些消息十分模式化，无趣且充满浮夸之词。③

---

① "Journal of Occurrences," *The Chinese Repository*, Vol. Ⅲ, No. 12, April, 1835, pp. 578-579; *The Chinese Repository*, Vol. Ⅵ, No. 11, March, 1838, pp. 470-471, 551-552.

② 参见"Abstract of *Peking Gazettes*," *The North-China Daily News*, 1883, 以及光绪十一年《京报》。

③ Robert Morrison, "*Peking Gazette*," *The Chinese Repository*, Vol. Ⅰ, No. 12, April, 1833, pp. 506-507; E. H. Parker, "The '*Peking Gazette*' and Chinese Posting," *Longman's Magazine*, No. 169, 1896, pp. 74-75.

(二) 翻译策略

第一，翻译中代入作者的立场。现代翻译中多强调"忠实于原文"以及"译者的隐形"，但从19世纪英文报刊所刊出的《京报》译文来看，译者们在选择翻译策略时使用"意译"远多于"直译"，同时还有意将自己的立场融入译文，以此引导读者。如《中国丛报》的《京报》译者们在译到有关鸦片、灾荒、暴乱等内容时，经常站在传教士的立场上称其为"恶魔"（evil）或"罪恶"（crime）；①《大不列颠及爱尔兰皇家亚洲学会会刊》刊出的涉及云南边疆问题的《京报》译文中，将滇缅交界处的孟定地区译为带有民族国家含义的"孟定国（族）"（Meenteen nation），② 这与英国当时在中缅边界的政治企图不无关系；《字林西报》在1873年五国公使团觐见同治帝以及1875年马嘉理案中，刊出的《京报》译文中分别将有以下对上含义的"觐见"翻译为双方对等的"会见"（audience），将较为客观的"滇案"一词翻译成感情色彩强烈的"云南暴行"（outrage of Yunnan），都显示出英国人在这些事件中的立场和判断。③

第二，将翻译与中国问题相结合。19世纪的英文报刊中，学术类的期刊往往在刊载译文的同时大量附上译者对中国问题的评论。《印中搜闻》和《中国丛报》就是其中的典型，如《印中搜闻》曾刊载一篇和尚师徒同一寡妇通奸，最终反目成仇的《京报》奏折翻译，并以此解释中国所谓"淫近杀"之说的内涵。④《中国评论》这样的纯学术性刊物刊出的译文则干脆只是夹杂在论文中，作为支撑作者观点的材

---

① 参见 The Chinese Repository, Vol. VII, No. 6, October, 1838, p. 336。
② "Mr. Davis's Extracts from the Peking Gazette," Transactions of the Royal Asiatic Society of Great Britain and Ireland, Vol. 1, No. 2, 1827 p. 254.
③ "The Audience Question," The North-China Daily News, July 15th, 1873, p. 3; "The Outrage in Yunnan", The North-China Herald and Supreme Court & Consular Gazette, April 15th, 1875, p. 362.
④ Indo-Chinese Gleaner, Vol. 2, No. 8, April, 1819, pp. 51–52.

料存在。① 即便是侧重《京报》消息性的英文商业报纸，也经常性地刊出译者结合其自身有关中国的知识储备对《京报》某些内容的说明或评论，以《字林西报》"《京报》摘要"专栏为例，如将其中的注释部分进行整理汇总，会发现里面涉及有关中国历史、天文、地理、政治、财经、语言、文字、信仰、民俗等方方面面的内容，所引征的材料有包括四书五经在内的中国多种重要典籍，堪称一部晚清的小百科全书。难怪《字林西报》编辑在推广这些《京报》译本时自豪地宣称："任何一个对中国问题感兴趣的人，都应该在书架上留出属于它们的位置。"②

二 19世纪英文报刊所载《京报》译文之"变"

在近百年的风云变幻中，19世纪英文报刊刊载《京报》译文的外部环境也发生了改变，其主要表现如下。其一，刊载《京报》译文的核心报刊由学术性期刊向商业性报纸过渡。19世纪前半叶集中刊载《京报》译文的都是学术性较强的期刊，如《印中搜闻》《中国丛报》等，而19世纪后半叶《京报》译文的主要刊载阵地则变成《北华捷报》和《字林西报》这样的商业报纸。其二，《京报》译文的发布中心区域由南部沿海向东南部沿海地区过渡。从19世纪10年代马六甲的《印中搜闻》，到19世纪三四十年代广州、香港、澳门的《中国丛报》《德臣报》，再到19世纪50年代以后福州的《福州广告报》（*Foochow Advertiser*）、上海的《北华捷报》《字林西报》，《京报》译文的刊载中心逐渐北移，最终深深扎根在上海的租界区。其三，译文的译者主力由传教士向外交官过渡。早期的译者马礼逊、马儒翰、麦都思等人都是来华传教士，而第二次鸦片战争后，英国在北京设立使馆，馆中的翻译人

---

① 参见 William Mayers, "The *Peking Gazette*," *The China Review*, Vol. Ⅲ, No. 13, July and August, 1874, pp. 13–18; E. H. Parker, "The '*Peking Gazette*' and Chinese Posting," *Longman's Magazine*, No. 169, 1896, pp. 73–81。

② "Opinion of the Press," *Translation of the Peking Gazette for 1876*, The "North-China Herald" Office, 1877.

员依靠获取《京报》的地利，逐渐取代传教士，成为翻译《京报》的主要力量，到19世纪70年代以后，公开刊载的《京报》译文已绝大多出自这些翻译人员之手。①

外部因素的变化促使英文报刊所载的《京报》译文也发生了变化，主要体现在译文的批判性、实效性及区域性上。

首先，19世纪英文报刊所载《京报》译文对中国的批判性，呈现由强变弱的趋势。早期《印中搜闻》和《中国丛报》所刊载的《京报》译文都对中国现状持有强烈的批判态度，如《中国丛报》在1836年3月收到新的《京报》时，充满讽刺地评价道："我们已经拿到到本年度1月7日为止的《京报》，但是没有版面来刊载摘要了。截至目前，整个国家极其和谐稳定。我们没有听到饥荒、干旱或暴动这三大恶魔中哪怕是任何一个扰乱过这个帝国的平静。"而在前后几期《中国丛报》上，却刊载着数条有关中国各地饥荒和暴动的《京报》译文。② 1846年9月，该刊再次登出译者的评语："我们在《京报》中看到福建两个宗族械斗的报道，很多房子被烧毁，死伤数人。在'安宁的中国'，这种民间械斗经常发生。"③ 言语间对《京报》内容的粉饰太平嗤之以鼻。《北华捷报》创办最初几年间所刊载的《京报》译文中，也经常带有批判色彩。1853年10月，《北华捷报》刊出一则译自《京报》的清军与太平军作战大获全胜的捷报，然后在注释中语气激烈地反驳道："译者得到的真实情况是，清军首领（Lew）及其手下听到叛乱消息时，藏身庙中，哆哆嗦嗦等到进攻结束，叛军搜刮完了战利品撤走后，他们才冲出来，杀了三人，还随便抓了一个不知道什么人，然后报告说他们大获全胜！"④ 在1854年另一篇译文下，译者又讽刺道："奏折很多地方明显在夸夸其谈。清军竟然能以一当百。以我们和他们接触的经验来看可

---

① 参见本书附录。
② *The Chinese Repository*, Vol. IV, No. 11, March, 1836, p. 536.
③ *The Chinese Repository*, Vol. XIII, No. 9, September, 1846, pp. 473-476.
④ "*Peking Gazette*," *The North-China Herald*, October 15th, 1853, p. 42.

不是这样的。"① 19世纪70年代以后，《字林西报》等报刊刊载的《京报》译文中，再难看到这样带有浓重感情色彩的评语。

《京报》译文中的批判色彩在19世纪70年代以后迅速减弱，主要是出于以下两点原因。一则是译者身份的变化。前期为英文报刊供稿的主要是马礼逊、麦都思等传教士，他们一方面怀抱宣教和救世的目的，习惯性地会对事物进行道德审判，另一方面需要通过英文报刊向本土读者证明中国这块"堕落"的土地需要被救赎，以获得西方世界对他们在华传教事业的更多支持，因此在翻译《京报》时候自然怀抱一种批判中国现实的态度。后期的外交官译员则无须带着道德负担投入对《京报》的翻译事业，他们更需要的是尽可能准确地了解中国，以为对华外交提供参考，其所提供的译文批判性因此自然而然减弱。二则与英国人的对华认识有关。第二次鸦片战争以后，随着各项对华事业的展开，英国人的关注点开始由"揭露中国的停滞不前与愚昧落后"向"在中国寻找改革的可能和希望"转移，19世纪七八十年代《字林西报》"《京报》摘要"栏目所刊出的大量中国官员改革建议的奏折某种程度上证明了这一点。

其次，19世纪英文报刊所载《京报》译文的实效性逐渐增强。在海外，《印中搜闻》上的《京报》译文往往在《京报》中文原本发行一年后才会刊出，伦敦的《大不列颠及爱尔兰皇家亚洲学会会刊》甚至在《京报》发行两年后才刊出其译稿。英文报刊在华创办后，这一情况有所改观，《中国丛报》可以在《京报》发行两个月后就刊出相关的译文；上海的《字林西报》在19世纪70年代最快可以在《京报》发行十天左右就刊出其译文，到19世纪末，该报甚至可以在《京报》发行两天后就刊出译文。《京报》译文的实效性大大增强，其新闻价值也日益凸显。

这一趋势的成因主要有三个。一是刊出平台的变化。早期刊载《京报》译文的期刊多是月刊甚至季刊，而后期刊载《京报》译文的则主要

---

① "Peking Gazette," The North-China Herald, May 13th, 1854, p.163.

是日报,这就大大缩短了《京报》译文的刊发周期。二是刊载《京报》译文中心区域的北移。这在地理上大大缩短了和《京报》的发行地——北京的距离,传递速度自然加快。三是《京报》传递技术的改变。电报技术在19世纪后期在华的迅速普及使消息可以"日行万里",《字林西报》在两天内刊出的《京报》上谕译文就是依靠电报送达的。

最后,19世纪英文报刊所载《京报》译文的地域性逐渐减弱。在华英文报刊在创立之初,多立足于本地,《北华捷报》在创办的最初十年间,所载的《京报》译文中经常出现针对上海本地读者的批注。如1853年刊出的《京报》译文中提到一名中国买办,译者批注道:"此人是个鸦片贩子,在上海广为人知。"1854刊出的一则有关中国买办的《京报》译文下批注道:"上海居民十分熟悉他,因为他压迫中国人而对洋人忠心耿耿。"① 译者自己也表示,在拿到《京报》后,他"总是在其中寻找和上海有关的内容",② 这一情况直到第二次鸦片战争后才开始改变。与之不同,19世纪中后期刊行的《字林西报》不再仅将自己定位为上海的地方性刊物,而开始有担当起远东报业领头羊角色的自觉,其对中国的关注也由外国人居住的东南沿海地区向中国全土拓展。将《字林西报》与早期《中国丛报》所刊载的《京报》中官员任免消息相比可以看到,《中国丛报》所刊载的绝大多数是广东官员的任免消息,而《字林西报》所刊的官员任免消息则遍及各省,上海官员的任免消息所占比例微乎其微。③

小 结

在西人对《京报》的译介活动中,小斯当东扮演了"策动者"的

---

① "Peking Gazette," *The North-China Herald*, July 8th, 1854, p. 19; "Peking Gazette," *The North-China Herald*, October 15th, 1853, p. 42.
② "Peking Gazette," *The North-China Herald*, November 19th, 1853, p. 63.
③ 参见 *The Chinese Repository*, Vol. IV, No. 11, March, 1836, p. 536; *The Chinese Repository*, Vol. IV, No. 12, April, 1836, pp. 536-537; *The Chinese Repository*, Vol. VI, No. 12, April, 1838, pp. 606-607; *The Chinese Repository*, Vol. XII, No. 6, June, 1843, pp. 327-331.

角色。这不仅表现在他早期曾是英国本土报刊上所载《京报》消息的翻译供稿人，还体现在他对《京报》翻译人才的支持。19世纪《京报》两位早期译者——马礼逊和德庇时都在来华之初为东印度公司服务，并在此期间展开了他们的《京报》翻译活动。二者的《京报》翻译活动都得到此时期一度担任英国东印度公司大班的小斯当东的支持，他们的译稿有相当一部分提供给了后者，并通过后者向英国本土的个人或大众媒体公开。① 此外，小斯当东曾随其父在18世纪末随马戛尔尼使团来华并学习中文，在当时就已经留意到《京报》，因此，19世纪《京报》译介活动与之前的时代亦不是割裂的，而可以追溯至马戛尔尼使团使华之时。

19世纪的《京报》英文译介中，除了对《京报》进行的翻译外，还有译者对《京报》较为浅显的介绍和较为深入的学术探讨。通常情况下，学术讨论的趋向反映的是社会对某些事物、现象或问题认知最前沿的状况，19世纪的《京报》英文译介与同时期西方世界对《京报》的认知之间的关系也是如此。本章对19世纪《京报》英文译介的具体进程做了梳理，下文则将通过对19世纪《京报》译介中最具影响力也是最重要的部分——字林报馆的《京报》翻译的分析，详细论述《京报》译文是如何传播并产生影响的。

---

① 参见〔英〕艾莉莎·马礼逊编《马礼逊回忆录》第1卷，第89、224页；"Literary Intelligence," *The Classical Journal*, Vol. 34, 1827, p. 318。

第四章
载体与渠道：字林报馆与《京报》翻译

《京报》的英文译介传统自 19 世纪初就开始逐渐形成，并延续了整个世纪。《京报》的"译"与"介"虽然相辅相成，但当将二者置于 19 世纪中英关系这一背景下时，"介"则更多作为"译"的背景存在，《京报》之"译"，及其译本的生产和传播才是对 19 世纪中英关系产生过主要作用的要素。

字林报馆是 19 世纪《京报》译文最主要也是最重要的出版发行机构，其所出的《京报》译文主要是以三种形态面世的：《字林西报》和《北华捷报》上的相关板块，以及每年单独出版的《京报》翻译小册子。[①] 从实效性上来看，《字林西报》所刊出的《京报》译文实效性最

---

① 尹文涓据考迪爱（H. Cordier）所编《中国书目》（*Bibliotheca Sinica*）做过如下说明："《北华捷报》出版社第一次结集出版 1853 年至 1856 年《京报》的内容，由麦都思所译。麦都思过世后，这一翻译活动一度中断，自 1872 年起，该出版社又开始陆续出版《京报》的专集，基本上两年一册。"（尹文涓：《耶稣会士与新教传教士对〈京报〉的节译》，《世界宗教研究》2005 年第 2 期，第 81 页）其所述中有三点有待商榷。其一，文中所谓"《北华捷报》出版社"应为"North-China Herald Office"，直译

《京报》的英译、传播与影响（1802—1911）

强，《北华捷报》次之，每年出版的《京报》翻译小册子又次之，而从阅读的便利程度上来看则反之。在 19 世纪各机构或个人所出的《京报》译文中，字林报馆所出译文最成系统、数量最巨，社会影响也最深远，有必要进行专门研究。

有关字林报馆及其旗下报纸——《北华捷报》和《字林西报》的研究大致可分为两类：一是针对报馆和报刊本身的研究；[1]二是基于报

"北华捷报馆"，又称"字林报馆"，报馆下设印刷部"Printing Department"，当时并未见"《北华捷报》出版社"一说。其二，1856 年麦都思过世后，《北华捷报》仍然陆续翻译《京报》，只是在之后的 15 年间再未将这些译文结集出版。从现有资料看，《北华捷报》在 19 世纪 60 年代刊出的《京报》译文应该出自英国驻北京使馆的译员之手。其三，报馆再次开始结集出版《京报》译本的时间是在 1873 年，而非 1872 年（出版内容为 1872 年《京报》的译文），自此到 1900 年的 27 年间，报馆每年会出版一册《京报》译本，而非两年一册（出版内容为前一年《京报》的译文）。

[1] 以报馆和两份报纸为主要研究对象的研究成果包括戈公振《中国报学史》，第 57—95 页；〔美〕白瑞华：《中国报纸（1800—1912）》，第 18—45 页；方汉奇主编《中国新闻事业编年史》，第 31—46 页；胡道静：《上海新闻史》，上海通志馆，1935，第 68—76 页；秦绍德《上海近代报刊史论》，复旦大学出版社，1993；Frank H. H. King and Prescott Clarke, *A Research Guide to China Coast Newspapers, 1822-1911*, Harvard University Press, 1965；潘贤模：《上海开埠初期的重要报刊》，《新闻与传播研究》1982 年第 6 期；上海社会科学院历史研究所编《太平军在上海——〈北华捷报〉选译》，上海人民出版社，1983；赵禾：《〈北华捷报〉始末》，《烟台师范学院学报》（哲学社会科学版）1988 年第 3 期；葛思恩：《北华捷报集团的报刊——上海近代报刊史的最早一页》，《新闻与传播研究》1989 年第 4 期；何文贤：《晚清中外关系的一块晴雨表——〈北华捷报〉的特点及其影响》，《温州大学学报》（社会科学版）2007 年第 6 期；魏宏运：《〈字林西报〉等外报笔下的八一三淞沪抗战》，《民国档案》2012 年第 4 期；杨敏：《1879 年美国前总统格兰特的中国之行——〈字林西报〉与〈申报〉相关报道比较》，《浙江档案》2014 年第 4 期；庄隽芳：《近代报纸中图片数据库的建立——以〈字林西报〉为例》，《图书馆学研究》2014 年第 15 期；傅佳雯：《从〈字林西报〉探寻上海早期拍卖市场》，学士学位论文，复旦大学，2002；汪幼海：《〈字林西报〉与上海近代新闻事业》，《史林》2006 年第 1 期；傅佳雯：《十九世纪七十年代上海英美侨民眼中的华人社会与生活——以〈字林西报〉、〈晋源西报〉、〈文汇报〉的"读者之声"为中心》，硕士学位论文，复旦大学，2009；赵敏恒：《外人在华新闻事业》，王海等译，暨南大学出版社，2011；〔英〕保罗·法兰奇：《镜里看中国——从鸦片战争到毛泽东时代的驻华外国记者》，张强译，中国友谊出版社，2011；等等。

第四章　载体与渠道：字林报馆与《京报》翻译

刊材料所进行的研究。① 前者多由从事新闻史研究的学者进行，后者则散见于中国近代史，尤其是中英关系史和上海史研究著述中。这些研究存在一些值得注意的问题。其一，对于字林报馆的描述较为概括。实际上，字林报馆本馆出版物中就包含很多尚待发掘的相关记录，可供研究者更加具体、明晰地了解历史上字林报馆的经营和运作状况。其二，长久以来，学界对《北华捷报》的关注和利用度都远高于《字林西报》。实际上，后者的史料价值不仅不低于前者，其材料的丰富程度甚至高于前者，如《字林西报》的"《京报》摘要"栏目持续刊出的《京报》译文曾以多种形式被重复出版，这些译文不仅在19世纪中后期到20世纪初受到关心中国事务的西方人的普遍关注，还对当时的中英关系产生过重要影响，却少有学者对其予以关注，并对其进行专门研究。上述两点为本章的研究和考证留下了空间。

第一节　字林报馆及其出版物概况

学界在谈到《北华捷报》和《字林西报》等报刊的发行机构时，曾使用"北华捷报馆"和"字林报馆（字林西报馆）"两个名称，且未对二者之关系做出解释。实际上，在1905年以前，二者所指都是"North-China Herald Office"（直译为"北华捷报馆"）。"North-China Herald Office"这一命名在1850年8月英国拍卖商人奚安门（Henry Shearman，？-1856）创办《北华捷报》之初就已存在，因此在19世纪50年代，报馆中译名应取其直译，即"北华捷报馆"。1861年，英商皮克伍德（Edwin Pickwoad）接手《北华捷报》，因其拥有的洋行中译为"字林洋行"，报馆中文名称也随之改为"字林报馆"。这一点可从该馆发行的刊物中找到证据，《上海新报》于1872年7月16日登出的

---

① 目前学界对《北华捷报》利用较多，运用《北华捷报》进行研究的代表性论著有〔英〕呤唎《太平天国革命亲历记》，王维周译，古籍出版社，1985；〔美〕马士：《中华帝国对外关系史》，上海书店出版社，2000；蒯世勋等：《上海公共租界史稿》，上海人民出版社，1980；等等。

《京报》的英译、传播与影响（1802—1911）

《本馆告白》文末以中英双语署名，中文为"字林主人启"，对应的英文为"General Manager of North-China Herald Office"，可见此间报馆自认"字林报馆"即"North-China Herald Office"。1905 年以后，由于"字林西报及捷报有限公司"（N.C Daily News & Herald, Limited）在香港注册，报馆发布的各类告白后，原来的落款"North-China Herald Office"也被"North-China Daily News Office"或"N.C Daily News & Herald, Limited"取代。①

若以报馆所有的第一份报纸《北华捷报》1850 年创办，至其最后一份报纸《字林西报》1951 年停刊计算，字林报馆无疑为近代上海历史最悠久的报馆。《孽海花》中讲到广东人古冥鸿精通外文，说"字林西报馆请他做了编辑员，别的报馆也欢迎他。这叫作'外国报馆的庭柱'"，②反映出字林报馆在当时的人眼中堪称报界翘楚。

在 19 世纪 50 年代报馆创立之初，馆内人员包括总编在内只有 4 人，其中 2 人为印刷工人，后经过数十年的发展才颇具规模。字林报馆内部构成和分工如下。主笔负责报纸的编辑工作，"字林主人"（即报馆经理人）负责接洽业务。③报馆下设印刷部（printing department）和快递处（express office）。印刷部自 1850 年《北华捷报》创刊时就已存在，1864 年以后也负责印刷《字林西报》。从《字林西报》50 周年纪念专号刊登的照片来看，19 世纪 70 年代初，字林报馆印刷部有十余名员工，其中中国印刷工占绝大多数，外国人则担任主管。快递处主要为租界内的外商提供服务，客户们只需按照字数缴纳费用，即可委托快递处将他们需要传播的消息进行编印，然后由报馆负责送至租界内各洋行。早期租界范围较小，快递处可在一小时之内完成从受理到派送的整

---

① 本章所研究的《京报》译本绝大多数出自字林报馆时期（19 世纪 60 年代中期至 90 年代末），因此采用"字林报馆"指代《北华捷报》和《字林西报》的编辑和出版机构。
② 曾朴：《孽海花》，王培元校点，山东文艺出版社，1995，第 319 页。
③ "Notice," *The North-China Daily News*, November 1st, 1864, p.2; "Contributions," *The North-China Daily News*, January 16th, 1914, p.8.

个过程，随着租界范围的扩大以及业务量的增长，1890年11月底开始改为每日分四次定时派送。① 在本埠范围内，字林报馆最初是由报馆苦力将新出的报纸送至租界内的订户手中，后因租界范围不断扩大，也开始提倡订户自派苦力每日清晨至报馆领取当日报纸。在本埠范围之外，报馆则以邮寄的方式，依靠火轮船将报纸送往中国各埠以及海外订户手中。②

字林报馆在其存在的近百年间，曾出版多种中英文报纸及其他书册。其出版的书册多为工具书，大体分为两种：一种是每年出版的定期刊物，如《行商录》（Who's Who!）③、《中西日历》（The English and Chinese Calendar）、《女用辞典》（Red Book or Ladies' Directory）④ 等；另一种是应读者需求临时出版的不定期出版物，如电报密码查询簿（The New Telegraph Convention）⑤、银行存款记录簿（Bank Pass Books）⑥ 等。字林报馆在上海出版发行的中英文报纸包括英文的《北华捷报》（1850—1941）、《字林西报》（1864—1951）、《字林西报行名录》，中文的《上海新报》（1861—1873）、《字林沪报》（1882—1900）、《消闲报》（1897—1899）⑦ 等。其中《上海新报》是在近代上海诞生的第一份中文报纸，比《申报》早11年；《字林沪报》是字林报馆创办的第二份中文报纸，曾在19世纪90年代一度与《申报》《新闻报》呈三足

---

① "Notice," *The North-China Daily News*, July 21st, 1867, p.1; "Expresses," *The North-China Daily News*, October 22nd, 1901, p.4.

② "Notice," *The North-China Daily News*, January 11th, 1865, p.3; "Notice," *The North-China Daily News*, September 28th, 1866, p.2.

③ "For Sale," *The North-China Daily News*, January 1st, 1870, p.3.

④ "For Sale," *The North-China Daily News*, January 1st, 1880, p.3.

⑤ "For Sale," *The North-China Daily News*, January 3rd, 1876, p.3.

⑥ "For Sale," *The North-China Daily News*, August 3rd, 1871, p.3.

⑦ 方汉奇主编《中国新闻事业编年史》载，1897年11月24日"上海《字林沪报》附出的《消闲报》创刊。凡4次改名：初名《消闲报》；后随《字林沪报》转与《同文沪报》，改称《同文消闲报》；1901年恢复《消闲报》原名；1903年再改为《消闲录》"。见方汉奇主编《中国新闻事业通史》第1卷，第119页。

鼎立之势；《字林沪报》副刊《消闲报》被认为是近代中国第一份中文副刊，内容侧重文学性和世俗性，不仅呈现了当时上海文人的生活状况，也反映了当时沪上平民的市井生活。①

《北华捷报》和《字林西报》是报馆最重要的报刊，在近代中国乃至远东地区都颇具影响力：《北华捷报》于1850年8月3日在上海创办，它在形式上"已是完整的近代型新闻纸"。在创办之初，《北华捷报》每期报纸只有4版，每周六出版一次，主要读者是一百多位旅沪侨民，也有部分报纸被外国商船送至中国其他有西方人居住的开放口岸、南洋、以及英国本土。奚安门创办该报之意图在于"为本埠造成最有利益的东西，不仅促进上海本身经济的发展，而且还要向他们的'母国'大英帝国乃至世界各地争取对上海发展的重视……最主要的是要竭尽全力在英国唤起一股热情，支持从现有水平上同整个庞大帝国（清廷）建立更加密切的政治联系，更加扩大对华贸易"。《北华捷报》在1859年被英国驻沪领事馆指定为文告的发布机关，得到上海工部局的资助及优先刊载工部局文告和付费广告的特权，因而此后又被视为"工部局的喉舌"。② 1856年奚安门去世之后，该报先后由史密司（J. Mackrill Smith）③、康普东（Charles Spencer Compton）④、马诗门（Semuel Mossman）⑤ 等人主持，其命名也经历了由《北华捷报》（The North-China Herald, 1850-1867）到《北华捷报与市场报道》（North China Herald and Market Report, 1867-1869）再到《北华捷报及最高法庭与领事馆杂志》（North China Herald and Supreme Court and Consular Gazette, 1870-1941）的变更历程，学界习惯上将其统称为《北华捷报》。

《字林西报》的前身为《北华捷报》的增刊《每日航运和商业新

---

① 参见李仁渊《晚清的新式传播媒体与知识分子：以报刊出版为中心的讨论》，台北，稻乡出版社，2005，第57—70页。
② 马光仁主编《上海新闻史（1850—1949）》，复旦大学出版社，1996，第11—20页。
③ 1856年3—5月暂理《北华捷报》编务。
④ 1856年5月至1861年12月主持《北华捷报》。
⑤ 1862年主持《北华捷报》。

第四章
载体与渠道：字林报馆与《京报》翻译

闻》（*The Daily Shipping and Commercial News*，1862—1864），1864 年 7 月 1 日，报人詹美生（R. A. Jamieson，生卒年不详）将该刊正式定名为《字林西报》（*The North-China Daily News*）。与其前身相比，《字林西报》不仅在内容上有所扩充，倾向上也从以船期广告为主转向以新闻报道为主。19 世纪出版的《字林西报》每期 4 版，20 世纪之后其版面经过数次扩充，最多时可达 32 个版面。19 世纪，詹美生①、盖润德（R. S. Gundry，1838—1924）②、哈顿（G. W. Haden，1828—1880）③、巴尔福（F. H. Balfour，1846—1909）④、麦克李兰（J. W. Maclellan，生卒年不详）⑤、李德尔（R. W. Little，1840—1906）⑥ 等人曾先后担任《字林西报》总主笔。其中，盖润德和巴尔福是《字林西报》早期最重要的两任主笔，二人为该报的发展奠定了坚实的基础；1889 年，新任主笔李德尔则开启了《字林西报》发展的黄金期，在他的主持下，报纸在版面、内容、销量、影响力等方面都获得了长足的进步。在 19 世纪，玛高温（D. J. MacGowan，1814—1893）⑦、韩山文（Hamberg Theodore，1819—1854）⑧、麦都思、丁韪良（W. A. P. Martin，1827—1916）⑨、威妥玛、裨治文、祎理哲（R. Q. Way，1819—1895）⑩、包令（John Bowring，1792—1872）⑪、密迪乐（T. T. Meadows，1815—1868）⑫、花雅各（J. L. Holmes，? —1861）⑬、

---

① 1864—1866 年任主笔。
② 1866—1878 年任主笔。
③ 1879—1880 年任主笔。
④ 1881—1885 年任主笔。
⑤ 1888—1889 年任主笔。
⑥ 1889—1906 年任主笔。
⑦ 美国浸礼会传教士，曾于 1843 年在宁波创办华美医院（今宁波市第二医院）。
⑧ 瑞典传教士，19 世纪中期曾在广东南部一带传教，著有《太平天国起义记》（原名《洪秀全之异梦及广西乱事之始源》）。
⑨ 美国基督教长老会传教士。
⑩ 美国长老会传教士，著有《地球说略》。
⑪ 英国政府派驻香港第四任总督。
⑫ 曾任驻华外交官，是当时的中国问题专家。
⑬ 美国南部浸信会传教士，19 世纪中后期在山东传教。

《京报》的英译、传播与影响（1802—1911）

杨格非（Griffith John，1831-1912）[①]等来华欧美人都曾担任该报通讯员，他们中的绝大多数身份为传教士或外交官。[②]有学者这样形容《字林西报》在当时的影响力："《字林西报》是发布公告的渠道，是记录历史的文本；对于殖民地而言，它是广告宣传的重要载体；对于身在香港、新加坡和伦敦的读者而言，除了《字林西报》，他们没有其他渠道获得有益上海的消息——《字林西报》成了他们所有人获取新闻的重要手段。"[③]

学界多以"《北华捷报》为《字林西报》的星期附刊"来概括字林报馆这两份最重要的出版物的关系，但这种概括过于简单。自1864起，《北华捷报》与《字林西报》开始共同发行，前者为周报，后者为日报，学者在利用这段时间的材料时往往只择其一，虽然后者主要摘录前者，但二者在内容上仍然有许多不同。就职能而言，《北华捷报》曾在1860年和1861年分别被英国驻华公使、商务监督以及英国驻日领事确定为机关报，自1865年开始，该报原有的英国驻日领事机关报的角色由《字林西报》担当，但仍保留了英国驻华公使、商务监督机关报的职责。就内容而言，1864年作为日报的《字林西报》创刊后，作为周报的《北华捷报》内容多选辑自一周间《字林西报》的主要内容，但这并不意味着《北华捷报》完全取自《字林西报》。例如在19世纪60年代后期，《北华捷报》刊登的英国在华高等法院（Supreme Court）、会审公廨（Mixed Court）的庭审记录，以及《京报》翻译等内容是《字林西报》所没有的，《字林西报》偶尔还会援引《北华捷报》的内容；19世纪70年代以后，《字林西报》开始刊登这些内容，这种情况才有所改变。就定位而言，正如景复朗和克拉克《晚清西文报纸导要（1822—1911）》一书中所言，《字林西报》侧重报道中国本地消息，是为"本地版"（local edition），而《北华捷报》则一度被定位为面向欧

[①] 英国伦敦会传教士，是最早到华中地区传教的新教传教士之一。
[②] Frank H. H. King and Prescott Clarke, *A Research Guide to China-Coast Newspapers, 1822-1911*, Harvard University Press, 1965, p.78.
[③] 〔英〕保罗·法兰奇：《镜里看中国——从鸦片战争到毛泽东时代的驻华外国记者》，第59页。

美读者传递中国及日本两地消息的"跨境版"（overland edition）。[1]

由此可见，仅就19世纪而言，周报和日报并不能准确概括二者的关系。1901年10月23日起，《字林西报》第1版印有"《字林西报》为《北华捷报》之日刊"字样，1911年6月2日起，《字林西报》第1版印有"《北华捷报》是《字林西报》之星期刊"字样，至此"《北华捷报》为《字林西报》之星期附刊"才正式在《字林西报》的表述中出现。

第二节 "《京报》摘要"栏目的酝酿与设立（1850—1871）

《北华捷报》是上海最早刊载《京报》译文的刊物，其刊载《京报》译文的历史也最长。早在1850年创办之初，该报就零星刊登过来自《京报》的消息，从1853年该报开始经常性地刊载《京报》译文，至1871年7月《字林西报》和《北华捷报》正式设立"《京报》摘要"专栏前，其所刊《京报》译文的来源及刊载形式几经变化。根据这些译文的特点，可分四个阶段对"《京报》摘要"专栏设立前《北华捷报》的《京报》译文刊载情况进行论述。

第一阶段为1850—1852年。这一时期《北华捷报》与其他在华英文报纸一样，虽然会偶尔刊登《京报》译文，但并未将《京报》视为报纸重要的消息来源，不会专门以《京报》为题刊出这些译文。这些译文的来源尚不明了，只是从该报在1850年9月7日刊出的一封署名"一位《京报》的忠实读者"的来信中可以发现其所使用底本的一些线索："请允许我向《（北华）捷报》的读者们说明，贵报所刊出的摘自《京报》（Peking Gazette or Reporter）并不具有权威性，因为这些消息译自抄本（written copies）而非刊本（printed Peking Reporter），而后者才

---

[1] Frank H. H. King and Prescott Clarke, *A Research Guide to China-Coast Newspapers, 1822-1911*, Harvard University Press, 1965, p. 78.

是在中国社会上层广为传阅的版本。"①

第二阶段为1853年至1856年秋。在此阶段,《京报》成为《北华捷报》报道中国事务时的一个重要消息源。《北华捷报》在这一阶段刊出的《京报》消息多数与太平天国有关,译文大多出自麦都思之手。报馆还曾将麦都思的这些译稿以《〈京报〉节录,1853—1856》为题结集出版。此时的《北华捷报》一般会以"京报"(Peking Gazette)作为译文的总标题,但尚未为这些译文设立专栏以供刊载,无论是其刊载译文的方式还是所刊译文的译法都较为多变,以下将从刊载时间、刊载格式、译文译法三方面分别进行说明。

第一,就刊载时间而言,这一阶段《北华捷报》上《京报》译文的刊出频率极不稳定,短则每周刊出,也有间隔半个月乃至一两个月才刊出一次的情况,多数情况下,所刊译文是译自一个月至一个半月之前所出版的《京报》。影响译文刊出时间的因素主要在于译者经常无法及时获得《京报》,该报编辑在1853年4月9日所刊《京报》译文前对《京报》延误的情形做过一些说明:"经历了三四周的等待后,就在上周,终于有一些《京报》被送到上海。下文是对其内容的简单摘要……"②

第二,就刊载格式而言,这一阶段较为常见的一种格式是将所有译文冠以"京报"之标题,正文之前经常有一段编者按,其内容或是对本期《京报》获取和翻译工作情形的交代,或是对译文内容所发表的评论。如1855年8月18日,该报编辑在刊出的《京报》译文前如此评论:"下面的《京报》内容仍是与太平军作战胜利的消息。这些叙述虽不是完全真实可信,但至少清楚地说明了一件事,那就是(太平军)叛乱仍在发酵,尚未平息。"③ 编者按之后是依照时间顺序依次刊出各则译文,每则译文另起一段。译文末尾有时署有译者麦都思的姓名缩写

---

① "To the Editor of *the North-China Herald*," *The North-China Herald*, September 7th, 1850, p. 22.

② "*Peking Gazette*," *The North-China Herald*, April 9th, 1853, p. 143.

③ "*Peking Gazette*," *The North-China Herald*, August 18th, 1855, p. 10.

W. H. M.。这些译文一般为编译或节译，当涉及重要主题时，译者偶尔也会打破时间顺序，将译自不同期《京报》的译文按主题归类，集中刊出。①

另一种格式是根据具体内容为每则译文拟定标题，表明下文与何地何事相关，使读者可以从标题直接了解译文大致内容。标题之下一般直接开始按时间顺序登载译文，较常见的是节译，有时也会刊出某些重要奏报的全文翻译。译文是节译还是全文翻译有时可以直接从标题中看出，节译会在标题后半段写明"节录自《京报》"（extracted from the *Peking Gazette*），如是全篇翻译则会以"《京报》内（所刊）"（in *Peking Gazette*）标识。②

就译文译法而言，这一阶段的译文前通常会先以公元纪年标明《京报》原文的刊出时间，对于简短的宫门抄和上谕的译法较为统一，会直译出具体内容，对于奏折则多采用两种译法。

一是基本按《京报》原文结构，先译出奏报者的姓名和官职，之后译出本报（report）或奏折（memorial）的概要，而非全文。③ 以1855年7月21日《北华捷报》所刊"京报"标题下的一则《京报》译文为例，全文如下："On June 16th Ch'in-k'e-man the lieutenat-governor of Keang-se informs the emperor that the rebels at Jaou-chow had been severely defeated and the city recovered."（6月16日，江西巡抚陈启迈奏太平军在饶州府溃败，饶州收复。）其中的"On June 16th"（6月16日）为该奏报原文在《京报》上的刊出时间，"Ch'in-k'e-man"（陈启迈）为奏报者姓名，"the lieutenat-governor of Keang-se"（江西巡抚）为官职，之后的内容为本报内容概要，而本报后的朱批也不译出。

二是打破原文结构，先从译者角度对奏折基本信息进行陈述，之后对奏折的重要部分进行节译。以1853年8月13日所刊"京报"标题下

---

① 参见"*Peking Gazette*," *The North-China Herald*, July 21st, 1855, p. 204。
② "*Peking Gazette*," *The North-China Herald*, November 19th, 1853, p. 63。
③ "Abstract of *Peking Gazettes*," *The North-China Herald and Supreme Court & Consular Gazette*, November 4th, 1875, p. 450.

的一则本报译文为例，译文主体如下："The *Gazette* of the 16th July, contains a report from Wang-e-tih, the acting viceroy of Fo-kien, detailing the breaking out of a rebellion in the prefectures of Tseuen-chow and Chang-chow in that province. According to his statement, on the 13th of May, a band of men belonging to the 'small sword society' entered the district city of Hae-teng, liberating the criminals, and murdering the office……Respect this."①［7月16日的《京报》含有一份来自兼署闽浙总督王懿德的奏报，详细叙述了该省境内泉州府和漳州府爆发的匪乱，据他（王懿德）所述，5月13日，有"小刀会"一队会匪入海澄一带，劫狱戕官……钦此。］译文第一句并非按照《京报》原文格式进行的翻译，而是从译者的角度对奏折基本信息和大致内容进行的陈述，"According to his statement"（据他所述）之后的部分则是依照《京报》原文进行的直译，另外，朱批部分"Respect this"（钦此）也在文末译出。

对于译文中一些涉及中国社会文化、政府机构、时事政治等问题的名词或叙述，麦都思会在其后以符号标记，同时在文下对标记处加以详细注释进行解释说明或是发表见解。② 以1854年9月16日刊出的有关清军在湖州剿灭太平军的译文为例，针对文中7月26日"清军杀敌三五百、俘获四人，取回七枚首级"一说，麦都思加注道："杀敌数目与俘虏和首级数目之间的落差非常值得留意。后者可以看作实际数目，而前者只可看作对叛军（太平军）伤亡人数的大致估计。"③

第三阶段为1856年秋至1867年3月。1856年9月，由于麦都思从上海启程返回伦敦，《北华捷报》的《京报》译者也发生变化，现有材料中除显示一名为汉克（Hank Porter）的英国驻北京使馆的译员曾在1864年翻译过《京报》，部分译文在《北华捷报》上刊出外，④ 很难对

---

① "*Peking Gazette*," The North-China Herald, August 13th, 1853, p. 16.
② "*Peking Gazette*," The North-China Herald, November 19th, 1853, p. 63.
③ "*Peking Gazette*," The North-China Herald, September 16th, 1854, p. 63.
④ 据英国外交档案（编号F. O. 233. 32）中收录的《京报》译落款所见，"Transcriptions *Peking Gazette*, Translated by Hank Porter"，缩写为J. H. P.

此间刊出《京报》译文的其他译者信息进行确认，但 1856 年 10 月及 1859 年 9 月 10 日该报所刊《京报》译文前的编者按均显示，当时《京报》的翻译工作仍然是在上海完成的。这一阶段《北华捷报》刊出《京报》译文的速度较快，因此成为香港各大英文报纸获取《京报》消息的一个来源，① 如 1856 年 10 月 25 日的编者按显示，该报在 1856 年 10 月 20 日收到《京报》原本后，经翻译到最终刊出《京报》译文只用了 5 天时间。②

与第二阶段相比，第三阶段《北华捷报》对《京报》译文的刊载在译法上变化不大，但在刊载格式上变动频繁：其一，《北华捷报》在这一阶段使用过"京报"（*Peking Gazette*）、"《京报》文摘"（Extracts from the *Peking Gazette*）、"《京报》文摘翻译"（Translation of Extracts from the *Peking Gazette*）作为《京报》译文的标题；③ 其二，在此阶段除少数译文沿用之前格式外，多数译文的排列次序在时间顺序基础上，进一步参考《京报》原文的形式，将译文分为上谕（Imperial Edict）和奏折（Memorial）两类，"先刊上谕，奏折次之"；④ 其三，1859 年至 1867 年 3 月，《北华捷报》所刊《京报》译文多为重要上谕或奏折的全文翻译，对《京报》节译和编译的刊载较之以往明显减少。这一时期混杂出现的不同格式很可能暗示这些译稿出自不同的译者。

第四阶段为 1867 年 4 月至 1871 年 7 月。《京报》译文的刊载形式较为混乱，这主要是出于两方面原因。第一，译文刊载的碎片化。1867 年 4 月，《北华捷报》进行了版面调整，并更名为《北华捷报与市场报道》，后又与《最高法庭与领事公报》合并为《北华捷报及最高法庭与

---

① "*Peking Gazette*," The China Mail, January 1st, 1866, p. 2.
② "*Peking Gazette*," The North-China Herald, October 25th, 1856, p. 50; "Sangkolinsin," The North-China Herald, September 10th, 1859, p. 22.
③ 参见 "Extracts from the *Peking Gazette*," The North-China Herald, June 26th, 1858, p. 190; "Translation of Extracts from the *Peking Gazette*," The North-China Herald, April 19th, 1862, p. 62。
④ 参见 "*Peking Gazette*," The North-China Herald, December 20th, 1856, p. 82。

领事馆杂志》。在这一《北华捷报》本身变动频繁的阶段,《京报》译文很少单独刊出,而是分散在"新闻概要"(Summary of News)、"剪报"(Clippings)、"天津消息"(Tientsin)、"北京消息"(Peking)三个栏目中,有时也会在一些热点问题的专论中出现。第二,译文来源的多样化。这一阶段《北华捷报》所载《京报》出自驻天津和北京两地的通讯员,上海《循环》①、香港《德臣报》②、《福州广告报》③等多个来源。与之前一样,有关这些译文译者身份的线索十分有限,目前可知的只有两条线索:一是根据1869年《北华捷报》所载的一则关于鸦片问题的专论,德贞(J. Dudgeon, 1837-1901)④在当时是《北华捷报》所载《京报》译文的译者之一;⑤ 二是一名驻北京的署名为M. C. 的通讯员⑥也曾在1870年为《北华捷报》提供《京报》译稿。⑦

作为同一报馆出版的报纸,《字林西报》虽然较《北华捷报》晚出,但比《北华捷报》更早为《京报》译文设置固定栏目,并将该专栏命名为"《京报》摘要"(Abstract of Peking Gazettes)。《字林西报》并非最早翻译《京报》的英文报纸,却是刊载《京报》译文最为成功的报纸。无论是在香港还是在上海本地,包括同一报馆所出《北华捷报》在内的多家报纸都早于《字林西报》登载《京报》译文,直到

---

① 《北华捷报》在1870年和1871年上半年刊载的《京报》译文多转引自该报。

② "Clippings," *The North-China Herald and Supreme Court & Consular Gazette*, July 14th, 1871, p. 216.

③ *The North-China Herald and Market Report*, August 21st, 1867, p. 216.

④ 德贞,伦敦会传教士,他和夫人在1863年12月初来到上海,1864年北上芝罘开办诊所,1864年3月初移居北京,继续在传教士开办的医院中工作。1868年其为《教务杂志》担任北京地区通讯员,重点调查该地区的鸦片烟问题。高晞:《德贞传:一个英国传教士与晚清医学近代化》附3"德贞年谱",复旦大学出版社,2009,第467—482页。

⑤ "Further Notes on Opium," *The North-China Herald*, July 1st, 1869, p. 46.

⑥ 此人有可能是曾担任北京英国使馆翻译的英国人柏卓安(John Mcleavy Brown, 1842-1926)。

⑦ "Peking Gazette," *The North-China Herald and Supreme Court & Consular Gazette*, August 11th, 1870, p. 108.

第四章　载体与渠道：字林报馆与《京报》翻译

1871 年，《字林西报》所刊《京报》译文多数还是转自他报。

1870 年，天津教案发生，同年 8 月，字林报馆将有关教案的新闻报道以及传教士的书信等整理出版并很快售罄，考虑到读者的需求，两个月后报馆又将有关这一事件的包括曾国藩的奏折、皇帝谕旨在内的中国政府公文译文结集出版，部分译文甚至被当时的英国驻华外交官威妥玛附在他与英国外交大臣的通信中，供其参考。① 字林报馆应是因此事认识到《京报》翻译中所蕴含的商机。② 考虑到报馆内原刊登《京报》翻译的《北华捷报》为每周出版，信息会有所延误，从 1871 年 7 月 21 日开始，报馆在日报《字林西报》上增设专栏，规律、系统地对《京报》进行翻译，部分译文还附有评论。

此外，《字林西报》选择在此时以专栏方式刊登《京报》译文，或许也与报馆在此时和英国驻北京使馆方面结成了某种翻译—出版的合作关系有关。《亚洲评论》1919 年 4 月所载的一篇题为《中国报纸》(The Press of China) 的文章中曾述及此事："自'亚罗号事件'（第二次鸦片战争）后外国使馆在北京建立以来，对于各国驻华使节来说，《京报》是其获取中国官方新闻的主要来源，《京报》为他们提供了很多有关中国政策、观念，以及中国统治者的有用信息。英国驻北京使馆的一些学生译员对《京报》的翻译活动曾持续了很多年。这些译文都刊载在《字林西报》上，频繁被中国问题的研究者们援引。"③

英国驻北京使馆的译员翻译《京报》时所依据的《京报》原本现藏于大英图书馆。1958 年，一批 19 世纪来华英国人所搜集运回的《京报》及相关文本材料在英国大英博物馆被发现。据欧中坦介绍："这批《京报》中多数盖有驻华商务总监（1858 年后由北京的英国驻华公使兼领）的印章，很可能为中文秘书处 (Chinese Secretary's Office) 所有，

---

① "Mr. Wade to Earl Granville," *China Paper*, 1871-1886, March 29th, 1871, 日本东京东洋文库藏，编号：iii-7-F-e 86。

② "New Advertisements," *The North-China Daily News*, August 3rd, 1870, p. 1; "New Advertisements," *The North-China Daily News*, October 14th, 1870, p. 1.

③ J. P. Donovan, "The Press of China," *The Asiatic Review*, April, 1919, p. 153.

这些文本原用于对译员进行中国文件的阅读训练，同时也用于相关人员随时查阅中国时政。"① 将欧中坦的叙述和当今大英图书馆所藏《京报》实物对照，可以看到，这批《京报》为日刊或双日刊，全部出自嘉庆朝到光绪末年之间。其中，少数《京报》实物出自嘉庆、道光两朝，多数出自咸丰朝以后，以同治、光绪两朝《京报》数量最多，且有多个版本。同光时期所出《京报》中，印刷质量较好的版本为山东塘务发行，印刷质量较差的版本则由合成报房、聚兴报房、聚恒报房、信义报房等多家报房发行。

受《字林西报》"《京报》摘要"栏目设置的影响，《北华捷报》紧随其后，在1871年7月底也开始设置"《京报》摘要"栏目，用于每周对《字林西报》"《京报》摘要"栏目内容进行汇总，这一惯例一直持续到19世纪末《字林西报》"《京报》摘要"栏目取消为止。

第三节 字林报馆《京报》译本的版本与内容

1871—1899年，字林报馆所出的《京报》译文都经历了《字林西报》"《京报》摘要"栏目刊登、《北华捷报》"《京报》摘要"栏目刊登，然后在本年度《京报》译文全部刊载完毕后，报馆会在次年对栏目内容进行整理，以"《京报》翻译+年份"（*Translation of the Peking Gazette for* 18*XX*）为题结集出版，再加上报馆《京报》译文的蓝本——英国驻北京使馆译员们留下的手稿，可以说在此期间字林报馆《京报》译文共存在四个版本，为方便论述，本书根据各版本特点分别将其称为"手稿本""日刊本""周刊本""年刊本"。

一 "手稿本"、"日刊本"与"周刊本"

字林报馆所出的《京报》译文所依据的是英国驻北京使馆译员的

---

① Jonathan Ocko, "The British Museum's *Peking Gazette*," *Ch'ing-shih wen-ti*, Vol. 2, No. 9, January, pp. 35-49.

第四章
载体与渠道：字林报馆与《京报》翻译

翻译手稿，因而这些手稿可被视为字林报馆所出三个版本《京报》译文的"母本"。上文已经述及，20世纪初已有西方人在叙述中提到《字林西报》所载的"《京报》摘要"译文出自英国驻北京使馆的译员之手，将《英国蓝皮书》中英国驻京使馆汉文正使梅辉立报告中所附的《京报》译文与该栏目的相应译文进行比较，也可以发现二者完全一致，侧面证明前人所言不虚。1871—1899年字林报馆刊出的《京报》译文中很难找到译者的线索，但是从手稿中可以看到一些译者的签名，可见的部分译文手稿后有梅辉立、禧在明（Walter Caine Hillier, 1849-1927），以及署名"L. W. E"的三名译者的签名。[1]

英国驻北京使馆的译员所译的《京报》手稿现藏于英国外交部档案F. O. 233中。这些手稿一般按年份排列并装订成册，每册编有索引，索引格式在编号之后，或是公文类型后标明主题，或是按主题、公文类型、公文刊出的年月依次列出；[2] 每页手稿在靠近书脊接缝一边留出约三分之一空白，用于对译文进行批改。译文格式和注释方式都呈现多样化的特点。

1871年7月21日出版的《字林西报》开始设置"《京报》摘要"专栏，在当期刊出了同年6月11日至16日《京报》内容的英文摘要，此后《字林西报》基本不再刊登来自其他报刊的《京报》译文，成为当时发布《京报》译文最及时的英文报刊。该报所刊译文也是字林报馆所出《京报》译文最初的版本，即本书所谓"日刊本"。它与之前其他各类英文报刊对《京报》译文的刊登方式的主要区别有两点。其一，"《京报》摘要"所载译文更为系统，总量也远非其他刊物可比。与此前的各类英文报刊只拣选每月《京报》中的重要消息译文进行刊登，所刊译文日期并无连贯性不同，"《京报》摘要"刊出的译文日期连贯，即使未刊出某些日子的《京报》译文，也会将日期列出，并在日期后

---

[1] "Gazette," 1872，英国公共档案馆，F. O. 233/58/15; "Memorandum on the *Peking Gazette*," 1874，英国公共档案馆，F. O. 233/58/18; "*Peking Gazette*," 1886，英国公共档案馆，F. O. 233/91。

[2] "*Peking Gazette*," 1892，英国公共档案馆，F. O. 233/101。

《京报》的英译、传播与影响（1802—1911）

注明"无重要消息/公文"（No news/document of importance/interest）。其二，此前各类英文报刊所刊载的《京报》译文中往往含有编者按语或评论，而《字林西报》自设置"《京报》摘要"栏目以后，将"译"与"论"分离，"《京报》摘要"栏目仅用于刊载《京报》译文和译者注释，编辑针对这些译文的评论则置于"本地消息"栏目中。

在19世纪七八十年代，《字林西报》前两版用于刊载广告，从第3版开始刊载新闻评论，《京报》就刊在这一版，一般列于社论、各埠消息、专论、读者来信之后，通讯员新闻稿、各国消息以及杂录之前。每周出版的六期《字林西报》中，会有一半以上刊有"《京报》摘要"专栏，每期专栏会含有1—5天中出版的《京报》内容摘要，速度快时，该报可在《京报》原本出版半个月内刊出译文。19世纪90年代以后，由于电报的逐渐普及以及新式报纸的蓬勃发展，"《京报》摘要"栏目的出现频率开始降低，而"本土报纸消息选登"（Notes from Native Papers）栏目的出现频率则大幅增加，新渠道提供的消息某种程度上对《京报》译文有替代作用。1896年字林西报刊出一则转自上海中文《沪报》对刘坤一进行任命的上谕，该上谕发出后一日即在《沪报》刊出，明显是通过电报获得的，这则消息的译文第二天就出现在《字林西报》上，比"《京报》摘要"的刊载速度至少快了两周，[①] 由此可见，此时"《京报》摘要"栏所载消息的新闻价值已在下降。1898年起，《字林西报》将"《京报》摘要"移后至第4版，此时专栏不仅容量已大幅缩水，内容的实效性也有所下降，往往在中文原文刊出三个月之后才能从专栏中找到其译文。

在《字林西报》1871年7月底刊出"《京报》摘要"的同时，《北华捷报》也改变了之前将《京报》译文分散于各栏目进行刊载的方式，设置"《京报》摘要"栏目，用于全文收录每周各期《字林西报》所刊出的"《京报》摘要"栏目内容，即为本书所谓"周刊本"。由于《北华捷报》一般在周六出刊，与《字林西报》每周最后一期的发行

---

① *The North-China Daily News*, January 4th, 1896, p. 3.

在同一天，因此有时刊载在周六发行的《字林西报》上的"《京报》摘要"栏目内容会收录在下一周发行的《北华捷报》中。在格式上，《北华捷报》直接使用《字林西报》"《京报》摘要"栏目的格式，在《字林西报》该栏目的几次调整中，《北华捷报》也同时做出了调整。

二 "年刊本"

1873年春，字林报馆所出的英文报纸已刊出"《京报》摘要"一年半有余，其中，该栏目已经刊出1872年发行的所有《京报》的内容摘要，因此，报馆在此时选择将该栏目中1872年发行《京报》的译文以《1872年〈京报〉翻译》为题结集出版。此举成为报馆惯例，一般每年春季出版一册，至1900年共出版27册《〈京报〉翻译》，这些小册子即为本书所谓"年刊本"。它们是流传度最广，也最常被20世纪的中国问题研究者使用的《京报》译本。

字林报馆的"年刊本"《京报》译本在多个国内外文化机构都有收藏：上海徐家汇藏书楼所藏出自原来的字林报馆，在可查的馆藏中有1873—1898年出版的共25册"年刊本"，缺少1899年和1900年出版的两册；日本东京东洋文库所藏"莫理循小册子"（Morrison Pamphlets）[①]中包含了1873—1900年出版的全部27册"年刊本"；美国康奈尔大学图书馆的"华生中国收藏"[②]中也囊括了1873—1900年出版的全部27册"年刊本"。

[①] 莫理循（George Ernest Morrison，1862-1920），英国人，生于澳大利亚，曾任《泰晤士报》驻华记者，并担任过袁世凯的政治顾问。莫理循曾广泛搜罗有关中国乃至亚洲的各类文献以充实其私人图书馆。1917年，莫理循将其藏书卖给日本人岩崎久弥，这些藏书成为今天的东洋文库中的"莫理循小册子"，是东洋文库的重要组成部分。

[②] "华生中国收藏"是康奈尔大学校友华生（Charles W. Wason）的私人收藏。华生对中国及远东的巨大兴趣，促使他与妻子在1903年到中国和日本进行了长期旅行并收集了大量文献。康奈尔大学的华生中国收藏囊括了华生所藏全部有关中国及东亚地区的资料，内容跨越三个世纪（1750—1929）。

《京报》的英译、传播与影响（1802—1911）

可见的字林报馆所出《〈京报〉翻译》小册子多数品相不佳，在此以其中品相较好的 1886 年出版的《〈京报〉翻译》为例，对这些小册子的形态外观稍做介绍。这本小册子比 16 开本略小，封面和封底用黄色硬纸制成，封面上用红色英文印有书名《〈京报〉翻译》（*TRANSLATION OF The Peking Gazette*）、书中所译《京报》的年份"for 1886"，以及文本来源"翻印自《北华捷报》，1886"（REPRINTED FROM THE "*NORTH-CHINA HERALD*". 1887），封皮上印有红色边框。封底印有中国传统中寓意为"指日高升"的吉祥图案，中间小框里为一文官站在太阳下，大小两框之间左右各有一条升龙，上下分别为云纹和水纹。1875—1900 年出版的小册子为统一装帧，这一装帧方式在封面和封底的设计上明显是模仿黄皮《京报》，只有 1873 年和 1874 年两年出版的小册子为红色封面封底，文字和图案以黑色印刷。

图 4-1　1886 年出版的《〈京报〉翻译》小册子封面

正如"年刊本"封皮下方所写，"年刊本"的正文部分是将"周刊本"（《北华捷报》"《京报》摘要"栏目）内容汇总并直接翻印，因此无论译文格式还是内容，二者都完全一致，但是"年刊本"附在

图 4-2　1886 年出版的《〈京报〉翻译》小册子封底

译文前后的内容是"周刊本"和"日刊本"所没有的，这些内容包括以下四类。

第一，序言。

1876—1882 年出版的"年刊本"的内页首页大多有编者的序言，序言出自报馆主笔之手，一般会对本年度"年刊本"的编辑经过和文本结构进行简略说明，之后对所载《京报》译文中的重点内容进行概括性介绍，主要起着"导读"的作用，各期序言重点介绍的译文见表 4-1。

表 4-1　字林报馆《〈京报〉翻译》"年刊本"序言重点介绍事件汇总

译文年份	序言论及内容
1875	同治帝之死、皇太后垂帘听政、李瀚章办理滇案
1876	滇案解决、文祥之死、一些地区财务状况紧张、中国北方的饥荒、大运河与黄河漕运、光绪帝的教育问题、与外国人相关的消息
1877	滇案与烟台交涉、中国饥荒、有关鸦片的上谕和奏折、御史的奏折
1878	饥荒扩大及清政府对策、山西等地匪徒问题

续表

译文年份	序言论及内容
1879	中国北方饥荒、朝廷停止捐输、去世的朝廷股肱之臣名单、大运河与黄河在航运上的价值、铁路的建设
1880	崇厚获罪、清廷考虑进行财务改革
1881	慈安之死、清政府对西北地区的重建、左宗棠关于聘用外国人的织呢局的报告、李鸿章有关开平煤矿的报告

第二，目录。

1875—1894 年报馆出版的"年刊本"中，除 1885 年和 1889 年外，译文正文前都附有目录。目录将译文分为"朝堂事"（Court Affairs）、"司法与财政"（Judicial and Revenue Administration）、"行政与军事"（Civil and Military Administration）、"训令"（Instruction）、"祭祀与习俗"（Worship and Usages）、"对外关系与外省"（External Relations）六个部分，每个部分内的译文按日期排列。这些目录前都有一段文字，说明该目录是"为了将译文分类以便（读者）参考"而编写。《上海差报》（Shanghai Courier，1868-1890）[①] 对于"年刊本"内新添加的目录予以好评，认为在目录的帮助下，"读者只要扫一眼就可以找到自己需要的内容"。[②]

第三，附录。

1894 年之前出版的"年刊本"大多有附录，其内容类型不定，包括译文及与《京报》相关的论文、图表、索引等。如 1873 年第一册"年刊本"后所附的是 1872 年 3 月 17 日和 5 月 21 日的上谕与恭亲王的奏折，内容分别与曾国藩去世以及中英交涉事宜有关，这两则重要消息的译文未收入译文正文，因此增补在附录中；1875 年本后以中英文双语附有"中国皇族世系表"（Genealogical Table of the Chinese Imperial Family），

[①] 《上海差报》又称《晋源报》，1868 年由葡萄牙人创办，后由英国人担任主编。1875 年，《上海差报》与他报合并为《上海差报与中国钞报》（Shanghai Courier and China Gazette），1890 年停刊。

[②] "Opinion of the Press," Translation of the Peking Gazette for 1876, The "North-China Herald" Office, 1877, 书内无页码。

表中呈现了嘉庆帝以下直到 1874 年的清皇室世系关系，《字林西报》认为这一附表及表内评注"使该卷（'年刊本'）的价值进一步提升，它对中国皇室的基本关系，以及过继和继承规则做出了很好的解释";① 1880 年出版的"年刊本"后附有"中国中央政府机构表"; 1884 年本后附有中英文对照的"高级官员列表"（Historical Table of High Officials）。

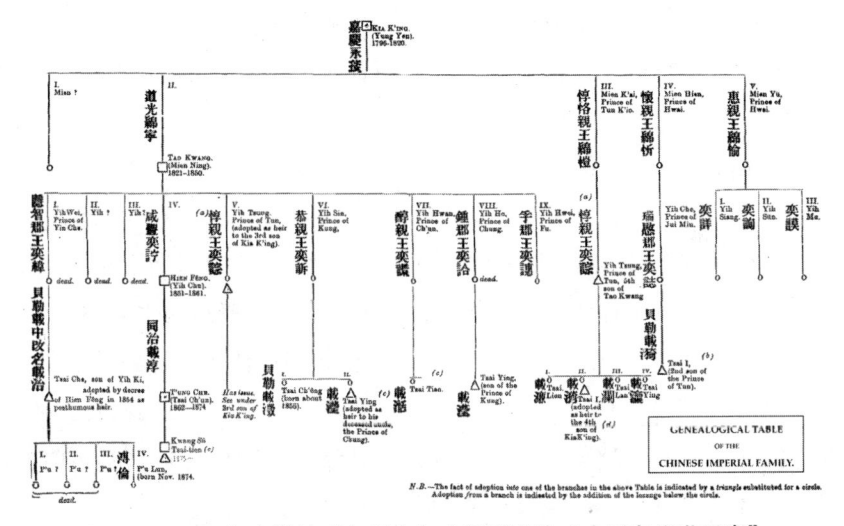

图 4-3 1875 年出版的"年刊本"末尾刊登的"中国皇族世系表"

除上述三部分内容外，"年刊本"中还偶尔可以找到诸如"出版者提示"（Publisher's Notice）、"勘误"（Errata）② 等一些临时性内容。如 1876 出版的"年刊本"序言之后附加了一段编辑对于刊本内译文的说明："很抱歉地告知（各位读者），出于一些不可抗原因（1875 年 4 月至 8 月《京报》译文出自不同译者之手），1875 年度《京报》的译文对中国人物姓名的英文拼写方式前后不一。"1877 年出版的"年刊本"序言后再次附加编辑的说明："为进一步提升本刊的参考价值，我们为本卷编辑了索引，另外，我们已得到《中国评论》（China Review）

---

① "Opinion of the Press," *Translation of the Peking Gazette for 1876*, The "North-China Herald" Office, 1877, 书内无页码。

② 1881 年、1882 年版附有"勘误"。

主编的同意，特将该刊所刊载的英国驻北京使馆汉文正使梅辉立撰写的《京报》（The *Peking Gazette*）一文翻印于此，以供参详。"

三 字林报馆《京报》译文的格式与译法（1871—1899）

1871—1899 年，除手稿本外，印刷出版的字林报馆"周刊版"和"年刊版"译文格式全盘复制了《字林西报》上"《京报》摘要"栏目的格式。《德臣报》在对 1876 年"年刊本"发表评论时就提到："尽管我们可能已无须向读者介绍《京报》的译本，但我们仍要说，这本《京报》小册子（1876 年出版）延续了前几年所出版的《京报》译本的形态，是将《字林西报》上经常出现的《京报》译文进行翻印而成的。"① 因此，下文仅以《字林西报》"《京报》摘要"栏目所载文本为例，对字林报馆 1871 年以后所出的《京报》译文格式和译法进行详细说明。

《字林西报》的"《京报》摘要"专栏在格式上有过两次较大的调整：1871 年 7 月、1887 年 2 月。在此以 1871 年 7 月 21 日《字林西报》首次刊出的"《京报》摘要"栏目为例：

ABSTRACT OF *PEKING GAZETTES*

July 18th. - (1) An Edict is issued appointing Lingchu, salt commissioner for Chekiang.

（上谕，命灵杰为浙江盐运使。）

(2) Hu Chao-chih, a member of the Board of Civil Office, begs to be allowed to retire on account of illness.

The memorial is recorded.

（吏部胡肇智因病奏请开缺。旨：知道了。）

栏目标题之下，先顶格以西元纪年写明日期（July 18th，7 月 18

---

① "Opinion of the Press," *Translation of the Peking Gazette for 1876*, The "North-China Herald" Office, 1877, 书内无页码。

日），以短横线连接日期和正文，短横线后用带括号的数字表明该消息是同一期《京报》译出的第几则译文。译文按《京报》原文顺序刊出，先是宫门抄，后为上谕，最后是奏折。宫门抄刊出频率较低，因此在刊出时会先用括号标明"宫门抄"（Court Circular），然后将《京报》相应部分的内容译出；如是上谕，则以 An Edict 或 A Decree 开头，直接译出；如是奏折，则先标明上奏者姓名（Hu Chao-chih，胡肇智），之后译出上奏者身份（a member of the Board of Civil Office，吏部官员），然后对奏折进行编译或节译，极少数情况下会将全篇奏折译出，最后将奏片后所附朱批译出（The memorial is recorded，旨：知道了）。1887 年 2 月之前"《京报》摘要"专栏基本遵照这一格式刊出，仅在 1883 年在日期标记上一度进行细微调整，即在西元纪年的日期后的括号中加注"光绪某年某月某日"，例如该栏目 1883 年 3 月 28 日刊出同年 1 月 6 日的《京报》译文时，日期标注方式如下："January 6th（K. S. Ⅷ, Ⅺ, 28）"，译为"1 月 6 日（光绪八年十一月二十八日）"。

1887 年 3 月，"《京报》摘要"栏目格式进行了第一次调整，以 1888 年 5 月 1 日该专栏为例：

ABSTRACT OF *PEKING GAZETTES*

RETIREMENT OF T'AN CHUNG-LIN

April 15th. - (1) A Decree was published recently permitting the Governor-General T'an Chung-lin to retire from the public service.

（谭钟麟请辞　明发上谕，总督谭钟麟近请开缺。）

MONGOL TROOPS IN 1880

(2) Tukar, the Vice-warden of the Marches at Uliasutai, reports that in 1880, in accordance with instructions from Peking, he raised a force of over 2,000 men from Khalka Mongols.

（1880 年的蒙古军　乌里雅苏台定边左副将军杜嘎尔 1880 年奏报，奉旨筹备边防，调练三音诺彦蒙古官兵两千余员。）

可见，调整后的"《京报》摘要"栏目格式为：栏目标题之下，每则消息上方居中拟定标题标明该消息的主题（RETIREMENT OF T'AN CHUNG-LIN，谭钟麟请辞），正文空两格起标明日期，之后译文格式与之前无异。这一格式一致持续到 1889 年 4 月为止。

1889 年 5 月，"《京报》摘要"栏目格式再次调整，以当月 11 日该专栏为例：

ABSTRACT OF *PEKING GAZETTE*
20th April.
RETIREMENT（解职）

Ching Shan, Vice-President of the Board of Civil Office, is permitted to retire from the public service.

（吏部右侍郎景善着准其开缺。）

REQUEST FOR AN INCREASE IN THE NUMBER OF PLACES ALLOTTED AT THE CIVIL AND MILITARY EXAMINATIONS IN SZECHUAN ON ACCOUNT OF THE LARGE PUBLIC SUBSCRIPTIONS RAISED BY THE PROVINCE.

（恩加广一次文武中额，以昭激劝。）

In accordance with regulations recentlyframed by the Board of Revenue, provinces are entitled to an extra place in the civil and military examinations for every Tls. 300,000 which they raise for public purposes exclusive of their fixed assessment……

（查准户部咨加广一次文武中额改为捐银三十万两者，准广一次文武乡试中额各一名等。）[1]

与前一次调整相比，此次栏目格式调整幅度较大。首先是日期的标

---

[1] "Abstract of *Peking Gazette*," *The North-China Daily News*, May 11th, p. 4.

记方式，栏目标题之下，先居中标明日期，之后居中拟定标题。消息标题也发生了一些变化，前一次调整后各则消息标题都很简洁，此次调整后，标题对于奏折内容的陈述更为具体，开始不时出现与例子中所见类似的长标题；标题下，空两格开始消息正文，各则消息前不再标明序号。自1891年1月1日起，《字林西报》上"《京报》摘要"栏目下方特别标明"《字林西报》独家翻译"（Specially translated for the North-China Daily News）的字样，以示专栏消息的价值。

19世纪90年代中期，电报的使用在中国越来越普遍，报纸新闻也日益倚重于电报消息，① 传统的《京报》消息的重要性因此下降，与此同时，《字林西报》也对"《京报》摘要"栏目做出两个调整：一是栏目的刊出频率和译文的实效性都大幅下降，由原来的平均每周三次以上，变为每周仅刊出一两次；二是标题的拟定方式上做了新的调整，其中奏片标题多数时候仍依具体内容拟定，上谕则不再以标题陈明主旨，而是细分为"皇帝敕令"（Imperial Decree）、"朝廷"（The Court）、"官方动态"（Official Movements）三类，并以上述类别作为上谕译文的标题。② 此外，以往该栏目所刊内容中，上谕和奏折占据绝大多数，栏目调整后，上谕译文占据了绝大多数，而奏折译文甚少刊出。这在某种程度上反映出，随着时代的变化以及新信息手段的普及，外国人在利用《京报》消息时，其侧重点也发生了改变。

字林报馆编辑曾提到"出于一些不可抗原因（1875年4月至8月的《京报》译文出自不同译者之手），1875年度《京报》的译文对中国人物姓名的英文拼写方式前后不一"，③ 实际上，"《京报》摘要"栏目刊出的译文除了人名翻译上会出现前后不一的情况外，在其他中文名词和固定句式的译法以及译文的标记方法等方面也会因译者的不同偶有前后不一的问题，如朱批中最常出现的"旨：知道了"一句就有"Re-

---

① 参见孙藜《晚清电报及其传播观念（1860—1911）》，上海书店出版社，2007。
② 参见 "Abstract of Peking Gazette," *The North-China Daily News*, January 6th, 1894, p. 4。
③ *Translation of the Peking Gazette for 1875*, The "North-China Herald" Office, 1876, p. 3.

ceived""The request is recorded""Rescript:Noted"三种译法，又如在标记某日《京报》无消息译出时也曾出现"No news of interest""No documents of interest""No documents of importance""No papers of interest"四种译法。

虽然在翻译细节上存在差异，但"《京报》摘要"栏目所刊译文在译法上较为严格地遵循一些共同原则。

其一，在内容选择和翻译策略上，以上谕和奏片作为主要翻译对象。就上谕来说，特别关注皇帝动态、官员任免、司法审判三类内容；就奏片来说，特别关注涉及中外、宗藩关系、军事行动、财政经济、宗教活动、地方动乱、司法审判、重大灾害、社会习俗等八类内容，并特别留意李鸿章等股肱重臣的奏片。对于有价值的宫门抄和上谕，会全文直译；对于奏片，则一般采取编译和节译，只有少数重要奏折会全篇翻译。

其二，在处理公文中"具有中国特色"的内容时采取如下方式。(1)《京报》所录公文严格遵守清代"抬头"制度，凡涉及皇室的字样绝大多数都要"抬头"（即抬升几格），如"朝""宫殿"等字眼要抬一头，"皇帝"等字眼要抬三头，另外如"盛京"等地理名词也要抬头。"《京报》摘要"的处理方式为，凡是公文中需要抬头的字眼，不论抬几头，一律在译时将对应的英文词语手写字母以大写写出，如"朝"写作"Court"、"宫殿"写作"Palace"等。(2)《京报》中的奏片，除对正文部分视情况进行编译、节译或全文翻译外，其他仅将奏报者姓名、官职和公文类型译出，原文中所用如"跪""恭折仰祈圣鉴事""理合恭折（附片）具陈（奏）伏乞""谨""为此谨奏"等套语一概不译。(3)对于文中出现的中国习语，如有英文习语可与之对应，则以英国习语译之，如在翻译1871年6月胡肇智因病奏请开缺的奏折时，译者以英文俗语中的"狗占马槽"（the dog in the manger）[①]对应

[①] "狗占马槽"为英国习语。这一说法较早出现于《伊索寓言》，讲狗明明不吃食槽里的稻草，却要赶走牛马，霸占食槽。

"尸旷其位";① 如无可对应，则进行直译，对于较难理解的内容则进行注释。此外，虽然自马礼逊开始，有不少19世纪的英国汉学家对中文常见字词的英译方式进行过整理和介绍，但在19世纪中期，中国政府机构、职官的英译方法还未完全统一，"《京报》摘要"的译者在参考前人成果的基础上，逐渐形成了一套对《京报》中经常出现的政府机构、职官和常见用语较为固定的译法。②

第四节　字林报馆《京报》译文的利用

字林报馆《京报》译文的价值可以通过读者对这些译文的阅读和利用情况体现出来。正如《字林西报》编辑所说的那样："这些《〈京报〉翻译》小册子记录了许多重要事件，每一个对中国问题感兴趣的人都应该在书架上留出属于它们的位置。"③ 字林报馆的《京报》译文读者主体为对中国感兴趣的西方人，这些西方人对《京报》译文的利用主要有五种方式。

第一，西方读者可以通过《京报》译文了解中国的统治者。对于对中国事务感兴趣的西方人来说，一方面，清帝作为庞大帝国的统治者，其言行对中西关系有着至关重要的影响，有必要对其增进了解；另一方面，这位在中国首都的心脏——紫禁城中深居简出，被中国人奉若神明的统治者身上充满了神秘感，更让他们想竭尽所能对其一探究竟。早在19世纪初，马礼逊就在书信中写道："《京报》上近来很少刊登皇

---

① "Abstract of *Peking Gazette*," *The North-China Daily News*, July 21st, p. 3.
② 有关《字林西报》所刊《京报》译文的提供者——英国驻北京使馆学生译员内部译法系统的建立，关诗珮曾有提及，她注意到学生译员在平日会协助编制语汇表，"一方面积累知识，另一方面是方便外部官员随时检索"。关诗珮：《翻译政治及汉学知识的生产：威妥玛与英国外交部的中国学生译员计划（1843—1870）》，《中央研究院近代史研究所集刊》（台北）第81期，2013年，第39页。
③ "Opinion of the Press," *Translation of the Peking Gazette for 1876*, The "*North-China Herald*" Office, 1877, 书内无页码。

帝的消息。在外国人看来，去年的《京报》索然无味。"① 一句话道出了当时的西方人眼中《京报》最具价值的内容。实际上，整个19世纪，西方人对《京报》中有关皇帝消息的关注从来没有减弱过。

字林报馆的《京报》译文满足了西方读者对中国统治者的这种好奇心和探索欲。《京报》的"上谕"部分集中呈现了皇帝的言行和思想，因此也是一般的关心中国事务的西方人最感兴趣的内容。自报馆开始刊载《京报》译文起，上谕一直是被重点翻译的内容。19世纪末，为了满足读者更快获知中国皇帝动态的需求，《字林西报》和《北华捷报》甚至在"《京报》摘要"栏目外另设"上谕"栏目，用以刊载通过电报传达的最新的《京报》所刊上谕的译文，自此读者可以在《京报》刊出上谕一周以内就从该栏目中找到相应的译文。②

第二，西方读者可以从这些译文中对中国每年发生的重大事件有比较全面的把握。如1876年，沪港两地主要报纸对当年字林报馆的《〈京报〉翻译》做出如下评论：《字林西报》称"这些小册子已经出版了数年，它们是中国的官方公报的绝佳编译本，是非常有用的参考资料，而最新一卷的价值更是突出，因为它包含了许多不常出现的事项的记载。本册收录的有关同治帝之死、同治帝的皇后，以及皇帝年幼而太后垂帘听政等的上谕，值得反复阅读，以便了解中国宫廷礼仪。也是在过去一年，《京报》第一次正式登载了外国人觐见的消息。凭借威妥玛在最近有关云南暴行（马嘉理案）交涉中的争取，今后中外交涉中的重要事项应该会在《京报》上刊出，而外国人在这个国家（中国）的真正地位也将得到承认。李瀚章被任命为办理滇案（马嘉理案）钦差大臣，他到达云南后的第一份报告也可在这本《京报》小册子中找到"。类似的评价也在《德臣报》上出现过。③

---

① 〔英〕艾莉莎·马礼逊编《马礼逊回忆录》（2），第89页。
② "Imperial Decree," *The North-China Daily News*, January 4th, 1899, p. 4; "Imperial Decree," *The North-China Herald*, January 9th, 1899, p. 23.
③ "Opinion of the Press," *Translation of the Peking Gazette for 1876*, The "North-China Herald" Office, 1877, 书内无页码。

第四章
载体与渠道：字林报馆与《京报》翻译

除了特别关注上述各年度的代表性和突发性事件，西方读者还对中国的一些常规性事务投以关注。徐家汇藏书楼所藏的1885年"年刊本"封底前空白页上，有匿名读者手书了一份索引，部分反映出这一时期西方读者定义中的"大事"。索引中包含近50个关键词，每个关键词后是与之相关的译文页码。这份手写索引笔迹潦草，并且经长期保存部分字迹现已模糊，可辨认的关键词依次为："罪犯"（criminals）、"绑匪"（kidnappers）、"绑架案"（kidnapping）、"宗庙"（temple）、"鸦片"（opium）、"关于自杀的法律"（suicide law）、"米粮"（grain）、"言论自由"（freedom of critical）、"服饰"（rainment）、"蒙古"（Mongolian）、"谋杀"（murder）、"讣告"（death）、"绑架"（kidnap）、"科举"（exam）、"韩国"（Korea）、"浪费"（waste）、"太平叛乱"（Taiping rebellion），其中不少词与刑事案件相关。

第三，对于19世纪的中国问题研究者来说，《京报》消息及其译文是了解中国政治和社会的主要渠道。阿礼国认为，"通过阅读《京报》上刊载的通告，可以对这个国家的现状及其国家机器形成一个准确的概念。中国社会和政治的变化也可以从《京报》中看到"，另外还提到"《京报》也可以为对中国制度和政府感兴趣的外国学生提供有用信息"。① 另一位19世纪的汉学家倭讷也有类似的看法："《京报》刊载的事务谈不上有趣，但是牵涉其中的人会对这些内容甚为关心。显而易见，由于《京报》载有大量与重要的政府部门、官方机构以及公共事务相关内容，因此它所传递的消息对于关注这个国家进程的学习者以及学习政府政策的学生都极具价值，同时，还可以从中观察中国的社会生活。"② 卫三畏（Samuel Williams, 1812–1884）、呤唎（Augustus Lindley, 1840–1873）等人在研究太平天国运动时，都认为这些译文是"最

---

① Ruthford Alcock, "The *Peking Gazette*," *Fraser's Magazine*, Vol. Ⅶ, No. 38, 1873, pp. 245–248.

② E. T. C Werner, "A Curiosity in Journalism," *Time*, June, 1890, p. 594.

完整权威"的中方材料。①

19世纪在华的英国汉学家中有很多本身就是《京报》译文的提供者，这些《京报》译本，不仅是一种传播信息的渠道，也成为一个供西方汉学研究者探讨汉学的论坛。译文注释是"《京报》摘要"栏目的一个重要组成部分，这些注释除了承担着对译文中所出现的人物履历、相关译文的出处、翻译策略等问题做出解释的功能外，还有一部分注释会就中文原文中出现的一些涉及中国文化的名词或表述方式做详细解释，有时还稍做讨论，这些注释不仅反映出中西跨文化阅读和转译过程中的一些有趣的问题，还在一定程度上代表着当时英国汉学的进展状况和研究水平。

对于20世纪西方的中国研究者来说，字林报馆的《京报》译文同样是其研究的重要参考资料，不少20世纪西方学者的相关著述中都以这些译文作为重要的参考材料。② 欧中坦的论述可以代表20世纪西方的中国研究者对这些译文的态度。在他看来，虽然《京报》中较少包含涉外事务以及国家秘密，但是"《京报》价值不能以其消息的重要性和资料的数量来衡量，其价值在于它是中华帝国各地官员交换信息的唯一平台，反映出重要官员的动态。御史的监督非但没有降低文本价值，反而提升了文本价值，由此可从《京报》中看到朝廷的态度和倾向……任何对咸、同、光三朝政治史感兴趣的学者，都可以直接阅读《北华捷报》的《京报》译文，从中可以找到很多的研究课题，比如鸦片。只要是从事清史教学的人都应该要求他的学生阅读至少一个年度的《北华捷报》译本，因为《京报》是可见可最快让学生了解清廷日常事务的一种清代史料"。③

---

① 〔美〕卫三畏：《中国总论》，陈俱译，陈绛校，上海古籍出版社，2005，第1030页；〔英〕呤唎：《太平天国革命亲历记》。

② 参见 Henri Cordier, *Histoire des relations de la Chine, avec les puissances occidentales, 1860-1900*, Félix Alcan, Paris, 1901；〔德〕马克思·韦伯：《儒教与道教》；〔英〕季南：《英国对华外交（1880—1885）》，许步曾译，商务印书馆，1984。

③ Jonathan Ocko, "The British Museum's *Peking Gazette*," *Ch'ing-shih wen-t'i*, Vol. 2, No. 9, January 1973, pp. 45-47.

第四，《京报》译文还可供西方读者作娱乐消遣之用。《德臣报》1877 年在评论字林报馆的《京报》译本时做过如下描述："对于那些对中国事务感兴趣的人来说，它们包含了大量的有趣的事件，可在闲暇时拿来阅读，同时它们也可用作研究中华帝国的参考资料。"① 19 世纪末，英国汉学家庄延龄再次写道："考虑到《京报》内容的重要性以及趣味性，在过去的很多年，《京报》所载的文书英译文都会在上海最大的报纸（《字林西报》）上刊出，有时是全文，有时是摘要；另外，上海全部的本土报纸以及其他一些报纸会转载《京报》中文原文；如果有非常有意思的上谕或是非常重要的奏章，各大中文报纸还会通过电报从北京获取这些文本……无论是外国人还是本地人都可以快速、准确和定期收到有关首都动态的消息了。"②

第五，如阿礼国所言，"欧洲人有关注战争和庭审消息的传统"，③19 世纪的英国商业报纸有刊载庭审记录以及政府公报消息的习惯，供读者作为资料保存，以便日后查阅。字林报馆所出各英文报纸也不例外，《北华捷报》和《字林西报》都一直设立专栏刊载英国在华高等法院（Supreme Court）、会审公廨（Mixed Court）的庭审记录，与此相对，"《京报》摘要"的设置，明显承担着刊载中方的"庭审记录"和"政府公报"相关消息的职能。

小　结

字林报馆对《京报》译文的刊载活动始于 1850 年《北华捷报》创刊之时，终于 19 世纪末。最初，由于译文来源的不稳定，报馆只能较

---

① "Opinion of the Press," *Translation of the Peking Gazette for 1876*, The "North-China Herald" Office, 1877, 书内无页码。
② E. H. Parker, "The '*Peking Gazette*' and Chinese Posting," *Longman's Magazine*, No. 169, 1896, p. 73.
③ Ruthford Alcock, "The *Peking Gazette*," *Fraser's Magazine*, Vol. Ⅷ, No. 38, 1873, pp. 245-248.

《京报》的英译、传播与影响（1802—1911）

为零散地刊载《京报》译文；19世纪70年代前后，英国驻北京使馆译员开始成为报馆《京报》译文的固定提供者。以此为基础，《字林西报》于1871年7月设立"《京报》摘要"栏目，标志着字林报馆《京报》译文的刊载和编辑出版活动进入了新时代。1873—1899年，《字林西报》所载的译文"日刊本"、《北华捷报》所载的译文"周刊本"以及报馆每年春天出版的《〈京报〉翻译》"年刊本"三版并行的情况，是这个新时代最值得回味琢磨的一段历史。

字林报馆所出的《京报》译文是19世纪《京报》译文中最重要的部分，无论在数量、系统性还是规范性上都胜过其他报刊所刊出的译文，同时，《京报》也借助字林报馆所辖各英文报纸的巨大影响力为更多的西方读者所知、所用。这些译文为西方读者提供了有关晚清中国的丰富知识，增进了他们对晚清上至朝堂之事、下至社会民俗的了解和认识。

19世纪中期以后，西方读者除了将字林报馆的《京报》译文视为认识和了解中国及中国人的重要材料外，还将其对《京报》的重视延伸到外交中，将《京报》和《京报》译文作为他们在中西外交中争取主动的有力武器，其中以英国人的相关活动最具代表性。19世纪中期以后的英国人对华外交中对《京报》和《京报》译文的利用及其影响是极具研究价值的课题，也是下一章的论述核心所在。

第五章
挑战传统：《京报》译介与《京报》在中英外交中的角色变迁

19世纪的中英关系是中外学界长期关注的研究课题，迄今已出现众多优秀的学术成果。美国学者马士（Hosea Morse）于20世纪初完成的《中华帝国对外关系史》为这一领域的研究奠定了基础。该书共分三卷，时间上起1516年葡萄牙人最初来到中国，下至1911年，第一、二卷对19世纪中英关系的主要问题大致都有涉及，其中所利用的史料以及许多重要观点对于后来研究者来说有巨大的参考和指导作用。《中华帝国对外关系史》在论及19世纪中英关系时是以政治性事件为线索的，其讨论也侧重于政治、经济、军事等领域，对于思想文化、舆论宣传等问题的关注有限，更少论及翻译活动在中外关系中的角色。某种程度上说，马士的著作对之后相当长一段时间内中英关系史的书写产生了影响。

中国学者吴义雄注意到之前中英关系研究史所呈现的上述倾向，指出"在阐述鸦片战争前夕的中英关系演变时，研究者仍然过多地将目光集中于一些政治性事件，而对英国散商群体的历史性影响关注不足"。① 针对这一问题，他先后撰写《条约口岸体制的酝酿——19世纪30年代中英关系研究》与《在华英文报刊与近代早期的中西关系》两本著作。前著试图通过具体史实，重新检视鸦片战争前夕中英关系演变的轨迹，以及战后条约体系建立的历史渊源；后著则以同一时期西方人在华报刊为依托，探讨西方来华商人群体关于对华关系的集体意识与公共舆论之形成和演变。② 吴氏的研究时段集中于19世纪早期，但其所提出的学界在研究鸦片战争前夕的中英关系时存在的问题，同样存在于19世纪中后期的中英关系研究中，相关问题有待学界的进一步讨论。

美国学者何伟亚（James Hevia）《英国的课业：19世纪中国的帝国主义教程》自出版后受到中英关系史学界的广泛关注。何伟亚在书中指出，当时的"英国战略家们所面临的问题相当困难，需要在两方面寻找平衡。一方面，他们试图让清政府更加合作更加顺从；另一方面，他们又希望清王朝能够变得更加强大，使自己有足够的能力维护其领土主权"，为解决上述问题，英国人采取了"硬的"与"软的"两种方式，"硬的"方式即军事上的"炮舰政策"，而"软的"方式则是从文化、意识形态上着手进行权力重组。③ 已有的中英关系史研究对何伟亚所说"硬的"方式已有大量论述，相比之下，对"软的"方式的关注则显不足。

从事中英关系史研究的学者为数众多，他们的优秀研究成果涵盖范围很广，不胜枚举。④ 仅就与本书的研究思路及研究内容密切相关的研

---

① 吴义雄：《在华英文报刊与近代早期的中西关系》，社会科学文献出版社，2012，第3页。

② 吴义雄：《条约口岸体制的酝酿——19世纪30年代中英关系研究》，中华书局，2009；吴义雄：《在华英文报刊与近代早期的中西关系》。

③ 〔美〕何伟亚：《英国的课业：19世纪中国的帝国主义教程》，刘天路、邓红风译，社会科学文献出版社，2007，第24—30页（James L. Hevia, *English Lessons*: *The Pedagogy of Imperialism in Nineteenth-Century China*, Durham, Duke University Press Books, 2003）。

④ 本书所参考借鉴的研究成果包括王曾才《清季外交史论集》，台北，台湾商务印书馆，

第五章　161
挑战传统：《京报》译介与《京报》在中英外交中的角色变迁

究成果而论，其总体上呈现两个特点：其一，多数相关研究都是以政治性事件为线索展开的，针对这一点，以美国学者大卫·史考特（David Scott）为代表的一些欧美史学家提倡在外交史研究中，除了在"官方的政治性外交范式"（official political-diplomatic paradigm）内展开研究外，还应该注意非官方的（unofficial）、文化与观念（cultural-image）层面的外交史；① 其二，有关两次鸦片战争期间中英关系的研究成果极为丰富，有关19世纪中后期中英关系的研究则相对薄弱。关于19世纪中后期中英关系史研究，英国学者季南（E. V. G Kiernan）的一段评述引人深思："在中国历史上，从太平天国之乱到中日战争的一段时期，通常总被认为像平畴千里那样缺乏变化而一笔带过。固然，这段时期内并没有人们熟悉的许多有声有色的场面，好让叙述者像游客来到泰姬陵前一样，伫足写下他最好的一章。然而，这段时期仍然引起人们很大的兴趣……从1880年到1885年这几年的情形，可以预料到九十年代后期的混战的许多特点；以及1983年的若干特点。这段时期是值得研究的。"②

上述研究为后续章节由报刊翻译这一"软性的""非官方的"角度出发，借由《京报》译介问题阐释19世纪中英关系的演变轨迹提供了

1972；王曾才：《英国对华外交与门户开放政策》，台北，联经出版社，1979；王绳祖：《中英关系史论丛》，人民出版社，1981；王曾才：《中英外交史论集》，台北，联经出版社，1983；王立诚：《中国近代外交制度史》，甘肃人民出版社，1991；茅海建：《天朝的崩溃》，三联书店，1995；萧致治主编《鸦片战争史》，福建人民出版社，1996；王开玺：《清代外交礼仪的交涉与争论》，人民出版社，2009；郭小东：《打开"自由"通商之路》，广东人民出版社，1999；郭卫东：《转折——以早期中英关系和〈南京条约〉为考察中心》，河北人民出版社，2003；〔日〕坂野正高：《近代中国政治外交史》，陈鹏仁等译，台北，台北商务印书馆，2005；夏笠：《第二次鸦片战争史》，上海书店出版社，2007；W. C. Costin, *Great Britain and China*, Clarendon Press, 1937；John Y. Wong, *Deadly Dreams: Opium, Imperialism, and the "Arrow" War (1856-1860) in China*, Cambridge University Press, 1998；等等。

① David Scott, *China and the International System, 1840-1949: Power, Presence and Perceptions in a Century of Humiliation*, Springer Netherlands, 2009, p. 8.
② 〔英〕季南：《英国对华外交（1880—1885）》，第2—3页。

依据。在维多利亚时代的英国，报刊舆论对政治的作用力不可小觑，在此背景下，《京报》以在华英文报刊为纽带与英方舆论发生联系，继而对中英关系的发展产生了重要影响。19 世纪中后期，英方舆论对中方行为的认识很大一部分是透过以《字林西报》为代表的在华英文报刊对中国的介绍以及对《京报》等中国文献的翻译完成的，从"觐见问题"到"马嘉理案"，可以清晰地看到《京报》经由在华英文报刊影响英方舆论动态，并最终作用于中英关系的轨迹。在 19 世纪中后期的多个涉及中英关系的事件中，《京报》及其英译稿都在很大程度上影响了英方舆论及其所代表的英国人对清政府的态度以及对中英交涉成果的评判。

学界对《京报》在中外关系中的职能这一问题的讨论有限，关注《京报》翻译与中外关系之间联系的研究成果更是凤毛麟角。可见研究中，只有韩国学者玄浩周在其博士论文中专辟一章，讨论了《京报》所载上谕和奏折在 19 世纪 70 年代中国人对韩观念的塑造中所起的作用。[①] 至于《京报》对中英关系的影响，白瑞华在 20 世纪 30 年代提出"自马嘉理事件起，外国人开始在交涉中对《京报》刊载内容提出要求"之观点虽值得商榷，但至今仍被学者沿用，而他强调的《京报》英译与外交的关联问题则未得到后来人的足够重视，本章即由此展开讨论。

第一节 《北京条约》善后交涉中的《京报》角色

一 英国人第二次鸦片战争中对《京报》的利用

第二次鸦片战争之前，无论对于马礼逊等来华传教士来说，还是对于德庇时等来华外交官来说，《京报》的角色都只是其获取中国消息的

---

① Hyun-ho Joo, Between Culturalism and Nationalism: Late Qing Chinese Media's Representation of Choson Korea, A dissertation submitted to the faculty of the division of the humanities in Chandidacy for the degree of doctor of philosophy, The University of Chicago, June 2010, pp. 29-77.

第五章
挑战传统：《京报》译介与《京报》在中英外交中的角色变迁

"情报源"而已。换言之，他们从《京报》上获得的消息，与从中文书籍、传单、函件等材料上获得的消息相比，除了具体内容有所不同外，本质上并没有什么差别，都是有关中国的"知识和情报"。

这一时期《京报》的英文译介者中，以威妥玛最具特点，其最重要的贡献不在于翻译《京报》，而在于对《京报》的介绍和研究上。与同为外交官的德庇时只是单纯翻译《京报》不同，威妥玛对《京报》的起源、性质、出版流传、影响力等问题都进行了论述，并开始以《京报》内容作为研究中国经济情况的主要资料；与包括马礼逊等人在内的19世纪前半叶的《京报》其他译介者相比，威妥玛在文章中特别强调《京报》与皇帝的联系，以及《京报》在当时中国的权威性。

1856年，第二次鸦片战争爆发，威妥玛随即作为翻译官成为英法联军的一员，他之前在译介《京报》时所积累的经验，为战争期间《京报》功能的转变埋下了伏笔。李育民在《论清政府的信守条约方针及其变化》一文中已经注意到"清政府第一次向各省颁发条约，是列强促成的。列强一直汲汲于扩大条约的知情面，此次（第二次鸦片战争）亦不例外"。① 鉴于中方史料的局限，该文并未深入论及印发颁行的详情始末。实际上，威妥玛以及他所关注的《京报》在此事中扮演了重要角色。

通过参与第二次鸦片战争的英法外交官和高级将领的相关记录可以发现，当时联军方面将《京报》视作"扩大条约知情面"的必要手段。法国外交官布隆戴尔在《1860年征战中国记》中这样写道："撤离北京的期限越来越近，两位总指挥也正在做着出发前的最后准备，然而此时，在额尔金勋爵的强烈要求下，格兰特将军请求蒙托邦延期几天离京，这是由于英国公使希望等条约签订的消息刊登在北京的报纸上以后再离开。"② 另一名法国人贝齐亚·布瓦西厄也在《中国之役：1859—1861 陆军少尉的战争记忆》一书中提到："和平条约的条款一在北京城

---

① 李育民：《论清政府的信守条约方针及其变化》，《近代史研究》2004年第2期。
② 〔法〕布隆戴尔：《1860年征战中国记》，赵珊珊译，〔法〕伯纳·布立赛等编《圆明园劫难记忆译丛》，中西书局，2011，第124页。

张贴公告以及在首都的报纸上刊登,联军就完全撤离了北京。"① 当时的英国人一直将《京报》视作中国唯一的本土报纸,因此上述记载中的"北京的报纸"和"首都的报纸"即指《京报》。②

当时的联军总司令额尔金之所以强烈要求"等条约签订的消息刊登在北京的报纸上以后再离开",应该是参考了威妥玛的建议,具体理由有三点:首先,额尔金本人不通中文,从他的记录看来,在提出这一要求之前,其对汉字出版物并无关心;③ 其次,在当时的英法联军中,威妥玛无疑是对《京报》最为熟知的人,很自然会联想到利用《京报》的影响力来"扩大条约的知情面",进一步凭借《京报》的权威性来督促清朝臣民履行条约;最后,威妥玛在当时担任额尔金的翻译官,并参与《天津条约》和《北京条约》的交涉,完全有条件向额尔金就相关问题提出建议。

以额尔金、威妥玛等人为代表的联军方面提出要将条约签订的消息由《京报》登载才肯撤军,主要有以下两方面的原因。

一方面,从联军方面的态度来看,他们在交涉中对清政府的意图和行为充满了猜忌,一直反复确认中方的意图。19世纪英国人对中国人有一种成见,即"中国人善于欺骗、不守信用",类似的描述频繁出现在19世纪英国人有关中国的各类论述中。在英法联军中,这种看法也很普遍,当时的翻译官之一巴夏礼(Harry Smith Parkes)回忆道:"清廷官吏装出对我们很友好的样子,其实他们很恨我们;他们使用各种口是心非的手段来蛊惑我们,他们所说的话一个字都不能相信。尤其不能

---

① 〔英〕斯坦利·莱恩-普尔、弗雷德里克、维克多·狄更斯:《巴夏礼在中国》,金莹译,〔法〕伯纳·布立赛等编《圆明园劫难记忆译丛》,第93页。

② 参见 Charles Knight, "The 'Peking Gazette'," The Penny Magazine, London, 1842; William Edward Hickson, "Asiatic Journals," Westminster Review, London, 1843; DEKA, "Native Newspapers," Notes and Queries on China and Japan, Hongkong, 1867; James Macauley, "The Peking Gazette," The Leisure Hour: A Family Journal of Instruction and Recreation, London, 1865。

③ 参见〔英〕额尔金、沃尔龙德《额尔金书信和日记选》,汪洪章、陈以侃译,〔法〕伯纳·布立赛等编《圆明园劫难记忆译丛》,第1页。

第五章
挑战传统：《京报》译介与《京报》在中英外交中的角色变迁

对耆英的话信以为真，他是一个非常讲究说话艺术的人。在上呈给北京的文件中，我们所真正要表达的内容永远不会出现在纸上，中国官员似乎对行欺骗之术乐此不疲。"① 在远征军总部供职的英国人麦吉则这样写道："他们（清政府）认为兵不厌诈，战争时说实话是不明智、不慎重的……我不禁要问，我们怎么就和这样一个政府打上了交道？这次战役我们算是给了他们一些惨痛的教训，让他们明白我们是说话算话的，对他们的背信弃义我们是要给予惩罚的。我们又发现，尽管他们的官员对我们彬彬有礼，甚至阿谀奉承，但是他们内部已然认为，他们是我们的统治者，我们是'叛军'。和这样一个对我们的地位持这种观点的国家进行贸易，我们如何能平等权利，万无一失？"②

另一方面，就清政府的表现而言，中方此前在履行条约时所表现出的消极态度和某些行为，让联军方面更加确信有必要采取特殊手段迫使清政府守约。学者李育民认为两次鸦片战争之间，"清政府主要是要求对方守约，并有着暗地摆脱条约约束的明显意图"，③ 其对待条约的态度和相关行动一直为英国人所不满。在第二次鸦片战争中"巴夏礼在石井发现了一份重要的中国公文，并且把它转给了外交部，那份公文表明大清帝国的皇弟（指恭亲王奕䜣——引者注）决定撕毁条约，现在他最担心的事情变成了事实"，④ 可以说清政府的这份公文抹杀了英方对清政府信守条约仅存的一点信心。

在种种疑虑以及对清朝方面强烈的不信任感之下，联军方面一直力图通过各种方式窥探清朝方面的真实意图，并采取各种手段强迫其信守条约。此时，代表"皇帝意志"的《京报》进入他们的视野，被其引入交涉。通过《京报》刊载这一手段，一方面可以防止官员从中作梗，

---

① 〔法〕瓦兰·保罗：《远征中国》，孙一先、安康译，〔法〕伯纳·布立赛等编《圆明园劫难记忆译丛》，第115页。
② 〔英〕麦吉：《我们如何进入北京——1860年在中国战役的记述》，叶红卫、江先发译，〔法〕伯纳·布立赛等编《圆明园劫难记忆译丛》，第71页。
③ 李育民：《论清政府的信守条约方针及其变化》，《近代史研究》2004年第2期。
④ 〔英〕斯坦利·莱恩-普尔、弗雷德里克、维克多·狄更斯：《巴夏礼在中国》，〔法〕伯纳·布立赛等编《圆明园劫难记忆译丛》，第248页。

确认谈判情况已经"上传",中国皇帝也对条约予以承认;另一方面,由于《京报》的流传广泛,可以保证谈判情况的"下达",同时依靠《京报》传递"天子之言"的"威慑力",让各地的中国人信服。就这样,对以英国为代表的英、法、美等国的外交官而言,《京报》的角色已从19世纪前半叶单纯的"中国情报源"转变为一种"外交手段"。

二 清政府的反应及其意义

早在第一次鸦片战争期间,清政府就已经针对英国人获取和阅读《京报》的行为采取过一些行动。第一次鸦片战争期间,耆英奏报有"英逆"阅看《京报》。针对此事,道光帝特下谕旨,命令当地督抚等严密查拿递送之人,"一面正法,一面奏闻矣",另外还严饬各属查访并切断英国人获取《京报》的途径,"为该逆递送《京报》之人,即系汉奸无疑,总当设法访查。一经弋获,即着确讯如何辗转递送实情,从严惩办"。[①] 可见在第二次鸦片战争之前,清政府虽然没有明文禁止外国人获取和阅读《京报》,但是对外国人获取和阅读《京报》的态度是明确反对的。

这种情况在第二次鸦片战争期间发生了变化。面对以额尔金为代表的联军方面针对《京报》提出的将"条约签订的消息刊登在北京的报纸上以后再离开"的意见甚至威胁,清廷代表恭亲王不得不做出妥协。据随联军远征的法国全权特使葛罗(Baron Gros)的记载,1860年11月16日,恭亲王派恒祺送给他一封信函和一大捆中文印刷品(包括公告、条约文本以及《京报》),恭亲王的信函内容如下:"很荣幸告知阁下,我刚派人准备了1000份公告,200份条约文本,1200份《京报》

[①] 《清宣宗成皇帝实录》(抄本)卷之三百七十六,《明清实录数据古籍丛书》,北京爱如生数据库,第31168页。参见《耆英又奏英人每日阅看京报请敕密查折》(道光二十二年六月),《筹办夷务始末(道光朝)》卷五十四;《廷寄》(道光二十二年六月十六日、六月二十九日),《筹办夷务始末(道光朝)》卷五十七。学者尹文涓已注意到此案,并从传教士获取《京报》的途径这一角度对此案进行过援引。

和 5 份公函，准备送往广东等省，每份资料都盖有皇上玉玺。现委托阁下将这些资料送往广东及其他四省，以便今后各地严格按照条约内容行事。"①

恭亲王的上述回应中有两点特别值得注意：其一，此次是由清廷代表恭亲王将《京报》交给联军，并由联军代替清廷向各省派发《京报》；其二，此次将条约签订的消息刊登在《京报》上这一行为并非出于清政府自身的意志，而是联军方面，即他国的意志。上述两点意味着此前存在于清朝的两个规则被打破了。第一，从《京报》的流传方面来看，从前文所述道光帝对英国人阅看《京报》的反应可以看出，第一次鸦片战争前后，清政府虽然没有在条文律令中规定欧美人不能获取和阅读《京报》，但态度上是明确反对的。第二次鸦片战争中，清廷代表恭亲王亲自派人将《京报》交由联军派发这一行为，标志着清政府对待英国人获取、阅读《京报》活动的态度由反对变为默许。第二，从《京报》的内容方面来看，此次事件之前，《京报》的内容是由清廷内阁制定，可以说其内容的决定权完全掌握在以皇帝为代表的清廷手中；而在此次事件中，英、法外交官开始有意识地对《京报》内容的制定进行干涉，此后，在英、法外交官与清政府的谈判桌上，以《京报》刊登某些特定的消息成为经常被提及的议题，翻阅 19 世纪中后期的《筹办夷务始末》，不时可以看到《京报》的影子。

目前学界有关于第二次鸦片战争结果的研究，主要围绕清政府与英、法等国在经济、司法、行政等领域的较量展开，② 从上面针对《京报》问题展开的议论中可以看出，第二次鸦片战争中，清政府与英、法

---

① 〔法〕葛罗：《黄皮书日记》，赵勤华译，〔法〕伯纳·布立赛等编《圆明园劫难记忆译丛》，第 146 页。
② 关于第二次鸦片战争，中外学者做过大量的研究，本书主要参考的研究成果包括黄宇和（John Y. Wong）*Deadly Dreams: Opium, Imperialism, and the "Arrow" War (1856-1860) in China* (Cambridge University Press, 1998) 及夏笠《第二次鸦片战争史》等。

等国在中国的"情报与舆论空间"内的利益斗争也已开始。① 就 19 世纪来看,第二次鸦片战争前,在清朝的"情报和舆论空间"内,皇帝拥有绝对的权力。在当时中国范围内提供何种情报,由何种途径传递这些情报,以及向何者传达这些情报等一系列事宜全部由代表皇权的清政府掌控。换言之,第二次鸦片战争前,对于以英国人为代表的欧美人来说,清朝的"情报和舆论空间"是处在清朝皇权屏障之内的一个封闭的空间。但是,第二次鸦片战争之后,随着以英、法为代表的欧美人对《京报》获取和阅读活动的"合法化",以英、法为代表的欧美人成功地在这个封闭空间上打开了一个缺口,试图侵入这个由皇权构筑起的情报和舆论空间,并在这个空间内有意识地利用清朝皇帝的权威达成自己的目的。

第二节 1873 年"觐见问题"中的《京报》角色

1873 年,同治帝亲政,英、美、俄、法、德五国组成的公使团经与总理衙门交涉数月,获准于同年 6 月 29 日入觐。觐见在紫光阁进行,使团成员以西礼着装,行五鞠躬礼。此事被当时的英文报刊称作"觐见问题"(Audience Question)。《京报》录有同治帝准许外国公使团觐见上谕原文。以往学者多从中西"礼仪之争"的角度,将此事作为具有"转折性的意义"的事件予以考察,② 若从《京报》在外交中的角色转

---

① 社会学学者和国际政治学学者经常论及"空间与权力"与"信息媒介与权力"等问题,学者 Philip Schlesinger 在其论文 The Nation and Communicative Space (Howard Tumber ed., *Media Power*, *Professionals*, *and Policies*, Routledge, 2000, pp.99-114) 中使用了"沟通空间",这里借用这一概念,并根据本书研究的内容将其具体化为"情报与舆论空间","沟通空间"内包括了信息的上传与下达,第二次鸦片战争期间清朝所谓的"情报与舆论空间"侧重在信息自上而下的传达这一面。

② 相关研究有王开玺《清代外交礼仪的交涉与争论》,人民出版社,2009;〔美〕马士:《中华帝国对外关系史》第 2 卷;W. W. Rockhill, "Diplomatic Missions to the Court of China: The Kotow Question Ⅱ," *The American Historical Review*, Vol.2, No.4, July, 1897, pp.627-643;黄卓明:《中国古代报刊史探源》,人民日报出版社,1983;长

变及其对英方舆论的影响这一角度切入，该事件同样具有典型性，值得深入探讨。

一 英国人对"觐见问题"之预期

第二次鸦片战争以后的中英交涉事件，一些直接围绕《京报》展开，另在不少事件中，《京报》也曾发挥重要作用。1873年"五国公使团觐见同治帝"就是其中极具代表性的一个案例，在该例中，《京报》成为英方衡量中英关系的风向标。

关注1873年"觐见问题"的英国人从一开始就将《京报》与此次交涉紧密联系在一起，这种联系主要发生在两方面。

一方面，1873年觐见之所以受到以英国人为代表的许多西方人的关注，是因其希望借此次觐见为西方人"在中国人中立威"，欲达此目标，《京报》的助力对其来说必不可少。在当时的英国人看来，西方各国"无论文治武功，较中国都更胜一筹"，①"以美、英、法、德、俄之强大，任何一国要占领中国都非难事"，②在中国政治上的胜利已不是稀罕事，让中国人"心悦诚服"才是当务之急。让西方人无法容忍的是，当时绝大多数中国人仍将其视为"蛮夷"，《泰晤士报》在1873年高呼："我们已受够了中国人那套理论，是时候让他们看清现实了。"人们认识到，皇帝对中国人来说意义非凡，要撼动中国人的观念，最好是在皇帝身上做文章。③要在中国人中"立威"，不仅要挑战中国皇帝的权威，更重要的是将这一事件传播出去，以震撼尽可能多的中国人。鉴于英国人认识中《京报》对中国人影响的力度和广度，其将《京报》视为担此重任的不二之选在情理之中。

白山人：《北京报纸小史》，管翼贤纂辑《新闻学集成》第6辑；齐如山：《清末京报琐谈》，李瞻编《中国新闻史》第6种；史媛媛：《清代前中期新闻传播史》。

① *The North-China Daily News*, April 26th, 1873, p. 3.
② "What People Are Saying," *The North-China Daily News*, April 18th, 1873, p. 3.
③ "China," *The Times*, June 3rd, 1873, p. 4.

《京报》的英译、传播与影响（1802—1911）

另一方面，很多英国人认为此次觐见的另一目标是"观察清廷政治动向"，而《京报》的表现被看作"清廷政治动向"的重要部分。1873年的觐见是同治帝首次在国际政治舞台上亮相，人们对这个年轻的皇帝充满了好奇。在他们看来，当时清廷中存在"保守派"和"革新派"两个派别，前者是"对中西交往以西方事物持消极态度的一派"，后者反之。他们最想知道的是，同治帝在"革新"与"守旧"之间会如何抉择，① 被视为官方代言者的《京报》自然成为他们搜集情报的重点所在。

公使团提请觐见之初，英国人对上述目标的达成持积极态度。当时，除了存在一批"对满族亲贵以及中国抱有好感的理智的外国人"外，② 似乎有一种观念在上海外侨中特别流行——满族亲贵，特别是他们中的年轻一辈（包括同治帝），是对西方人怀有好感，并乐于与西方人接触的。据说在1873年春节将尽时，一个在北京的外国人在回驻地时偶遇一位年轻的满族亲王（据同年4月10日《申报》载，这位亲王是惇王世子），这位亲王对外国人表现出友好的态度，两人进行了长达20分钟的交谈，使亲王的随从大惊失色。这件事在侨民中流传甚广，亲王亲切有礼的态度尤其为人津津乐道。尽管从公使团提请觐见开始有关此事的谣言满天飞，但在这些谣言中，无论觐见是进展顺利抑或受到阻碍，同治帝总是以乐于促成觐见、赞成取消跪拜之礼的姿态出现，横亘在皇帝和西使之间的似乎只是清朝的种种成规和一些从中作梗的大臣而已。③

同治帝下谕准许觐见的消息传来，英国人的这种情绪达到高潮。确切消息大约于6月18日抵达上海，④ 当人们从英文译文中得知《京报》

---

① *The North-China Daily News*, June 3rd, Jule 3rd, 1873, p. 3.
② *The North-China Daily News*, April 5th, 1873, p. 3.
③ 详见 *The North-China Daily News*, 1873年3月21日、4月4日、4月26日、7月1日，第3版；*The Shanghai Evening Courier*, 1873年3月17日、6月12日，第2、3版；*The Times*, 1873年6月3日。
④ "The *Peking Gazette* and the Audience Question," *The Shanghai Evening Courier*, June 28th, 1873, p. 3.

已刊出准予觐见的上谕时，① 兴奋之情溢于言表。《上海晚邮》骄傲地宣布："历史上第一次，这位'万民之首''天下共主''奉天承运之人'正式承认，那些不久前甚至当下仍被中国人鄙夷地称为"蛮夷"的人们有觐见的权利。"《字林西报》则盛赞中国皇帝，说他其实"最热衷于和外国人打交道"，"谕旨所能表现出皇帝的意愿固然有限，但它呈现的总体倾向是正确的"。② 但几天后，《京报》中文原文的出场使英国侨民的态度发生转折。

二 《京报》动态及英国舆论之转变

《字林西报》于6月25日刊布《京报》所载的上谕原文，当谕旨原文展现在眼前，英方舆论的积极情绪开始被怀疑和不满代替。《字林西报》刊出的原文如下："上谕：总理各国事务衙门奏各国驻京使臣赍请觐见、呈递国书一折。现在吁有国书之驻京各国使臣，着准其觐见。钦此。五月二十日。"③ 人们认为，英文译者们所用的许多单词，在英文语境中的含义与其中文对应词的本义差别很大。如长期以来英国人所说的"觐见问题"（Audience Question），英文"Audience"原意为"与要人的正式会见"，而其"觐见"在中文语境下则包含上下、尊卑之分。除"觐"外，人们也对上谕中的其他一些文字提出异议。被质疑有清朝以上对下之嫌，不符西方各国地位的字眼还包括"请""赍""吁""驻""谕""觐"等。

不少英国人怀疑上谕原文中的多处用词是清廷在有意"贬损"外国人，为此忿忿不平，尤其对"国"和"使臣"两处最为反感。④ 7月

---

① 《字林西报》天津通讯员提到，他曾于6月18日致信报馆，传达此消息。详见 "Tiensin," *The North China Daily News*, July 7th, 1873, p. 3。
② "Tiensin," *The North-China Daily News*, July 1st, 1873, p. 3.
③ "Peking," *The North-China Daily News*, June 25th, 1873, p. 3.
④ "Tiensin," *The North-China Daily News*, July 7th, 12th, 1873, p. 3; "The Audience Edict," *The Shanghai Evening Courier*, July 1st, 1873, p. 3.

《京报》的英译、传播与影响（1802—1911）

19日，《字林西报》刊出的一封署名 T.P.G 的读者来信，对"国"和"使臣"的"深意"的分析颇具代表性，要点如下。第一，"国"字在中国古代曾用来指代一个独立政权（independent state），但现在"国"已没有政治上独立的含义，更接近邦、藩（state），而且清朝也不自称为"国"，而是自称"大清国"（the Great Pure nation），或"本国"（our country）。因此，称呼已与中国订立了诸多条约的西方强国，应参中国之例，在"国"字之前冠以"大"字，如"大英国""大法兰西国"，直接将"国"字用在西方各国身上是一种有意贬低。第二，"使臣"通常指外邦贡使。其中，"使"字指传递公文信息之人（Emissary），"臣"字含有"臣仆"（a servant）之意。作者认为中国曾经称英国使节为"大英钦差大臣"，这才是符合英国公使身份的称号，以"使臣"相称是中国人有意为之。最后，作者的结论是："一有可乘之机，中国人便会轻慢于我。"① 怀疑和不满的情绪甚至由在华英侨蔓延至其本土，《泰晤士报》和《纽约时报》都称"欧洲人都对谕旨中的用语非常不满"。②

与英国舆论的普遍态度不同，直接参与觐见的使团成员在当时多宣称这次觐见令人满意，并通过报刊公开仪式详情，但这未能打消人们的疑虑。亲历者叙述下的整个觐见过程似乎并无不妥之处，但民众仍然抱着怀疑的态度，表示要"等待更多细节"，"然后才能做出评判"，③ 也有人坚持认为上谕的信息更可信，因为"字里行间的深意可比公使们觐见时戴的帽子是尖顶还是圆顶更重要"。④

仅从文字的含义和仪式的细节中难以发掘出更令人信服的结果，英国舆论认为，要确定清廷的真实想法，关键要看其下一步表现，《京报》成为其评判"下一步表现"的标准。他们认为，虽然觐见已成，

---

① "The Audience Question," *The North-China Daily News*, July 19th, p. 3.
② "Right of Audience in China," *The Times*, July 19th, 1873, p. 12; "China's Concessions," *The New York Times*, July 31st, 1873.
③ 参见 "Abstract of *Peking Gazettes*," *The North-China Daily News*, July 7th, 1873, p. 3.
④ "The Audience Edict," *The Shanghai Evening Courier*, July 1st, 1873, p. 3.

挑战传统：《京报》译介与《京报》在中英外交中的角色变迁 | 第五章 173

但仅凭《京报》上已有的文字难以正确和充分地传达消息，"就连对外国实力较为了解的上海及其周边地区的文人和官僚们，最近还认为（外国人）有权觐见之说只是'外敌捏造'而已"。① 当时的上海英文报刊普遍认为，中国人很可能把觐见解读为一个"蛮横无礼的西方人最终自取其辱"的故事，对西方人更加厌恶和鄙夷。② 解铃还须系铃人，英方舆论认为，要避免此类恶果，应由《京报》进一步公布觐见详情，表明中国皇帝"不仅承认与外国人之间的友好关系，还已打破过去的偏见，承认中外关系完全平等"，以此修正中国人的观念。③

怀着这样的想法，关心此事的英国舆论期盼着《京报》的相关后续，但日历逐页翻过，所谓"后续"却不见踪影，让人大失所望。《泰晤士报》和《纽约时报》在报道觐见一事时特别指出，"《京报》至今还未提及觐见仪式"。④ 最终，北京再次归于平静，中外双方各自回归日常轨道，事情似已尘埃落定。《字林西报》失望地表示"觐见一事好像被清廷完全遗忘了"，⑤《上海晚邮》也表达了其困惑又恼火的心情，它不明白"中国人究竟是害怕抑或耻于公布此事，还是觉得此事根本不值一提？"⑥

在失望与日俱增的同时，英方舆论对中方的一举一动都敏感多疑起来，⑦ 有人甚至发出了将中英关系诉诸武力的呼声。《字林西报》在7月下旬刊出长文，讨论如何能够改变"顽固不化的中国和中国人"，最终认定："如果世界上有什么事能迫使中国人承认他们落后于世界的其他地方，那无疑是战争。"⑧ 至此，英国人抛开了最初的一些乐观估计，

---

① "The Audience at Peking," *The Shanghai Evening Courier*, July 12th, 1873, p. 3.
② "The Audience Question," *The North-China Daily News*, July 15th, 1873, p. 3.
③ *The North China Daily News*, July 9th, 1873, p. 3.
④ "Right of Audience in China," *The Times*, July 19th, 1873, p. 12; "China's Concessions," *The New York Times*, July 31st, 1873.
⑤ "Peking," *The North China Daily News*, July 30th, 1873, p. 3.
⑥ "Tientsin," *The Shanghai Evening Courier*, July 15th, 1873, p. 3.
⑦ "Tientsin," *The Shanghai Evening Courier*, July 15th, August 14th, 1873, p. 3.
⑧ *The North China Daily News*, July 23rd, 1873, p. 3.

与中国的隔阂进一步加深。

三 《京报》对英方态度影响解析

在1873年公使团觐见问题上,《京报》的动态一直牵动着英国舆论的目光,甚至成为左右其情绪、改变其态度的关键。若要探讨这一结果产生的背后原因,需将19世纪中期中英交往中存在的问题与《京报》在此事中所扮演的角色相结合进行分析。

首先,在19世纪的中英交往中,"仪式"和"用语"① 一般被英国人作为评判"礼仪"的两个标准予以重视。自马戛尔尼使华开始,英国人已十分重视中国以何种"仪式"对待自己;19世纪10年代的中英交涉中,英方也将中西交往时文字的使用作为一个重点提出,② 此后的交涉中,英国人一直将"仪式"与"用语"作为"礼仪"的重要部分看待,难以分辨其对二者重视程度之高下。此外,1837年,《广东纪录报》发起对"夷人"(E-character)含义的讨论,③ 说明在当时,就"中方用语是否包含贬义"这一问题,不仅参与交涉的英国人和学者十分注意,其他来华的英国人亦有留意。

《京报》在传递觐见消息时所扮演的角色,使关心中国事务的一般英国人评判觐见问题的标准较之一般情况有微妙的变化。这些英国人获得官方消息渠道原有两条,一是公使团方面,二是《京报》。交涉期间以及觐见达成之初,北京使团方面始终三缄其口,④ 这种情况下,《京报》几乎成为他们获悉觐见消息唯一可信的渠道。以在华英侨为代表的一般英国人得知清廷允许觐见是在6月中旬,此后直到7月上旬,公使

---

① 这里主要指中西外交中所使用的语言文字,如国书、谕旨等。
② 详见朱雍《不愿打开的中国大门——乾隆时期的中英关系》,江西人民出版社,1989,第219页;刘禾:《帝国的话语政治:从近代中西冲突看现代世界秩序的形成》,杨立华等译,三联书店,2009,第38~63页。
③ "To the Editor," *The Canton Register*, August 15th, 1837, p. 2.
④ *The North China Daily News*, April 26th, 1873, p. 3.

第五章
挑战传统：《京报》译介与《京报》在中英外交中的角色变迁

团方面才开始陆续公布觐见消息，① 其间一般的英国人对觐见的评估只能建立在对已有信息——《京报》内容的分析上。所谓的"《京报》内容"前文已经提及，这些文本不包含有关觐见"仪式"的信息，却可借以观察"用语"方面的情况，因而在这段时间内，"仪式"暂时退居幕后，"用语"成为他们评判觐见问题的首要标准。

作为评判"礼仪"标准的"仪式"与"用语"，一开始就未能处在同一起跑线上，"用语"先入为主，为英国民众的态度定下了怀疑的基调。在"成见已生"的情况下，虽然使团后来陆续公布觐见情形，但英国民众对"仪式"详情更多采取的不是较中立的"分析"态度，而是以怀疑眼光加以"审视"。他们用以表明清廷有意怠慢的一些依据，颇有"为证明而证明"之嫌，如公使觐见前等待时间太长、觐见当日是西方人的礼拜日等；② 未在已有情报中发现问题时，人们则表示要"等待更多细节""然后才能做出评判"；③ 甚至有人索性认为上谕用语比觐见仪式更能反映问题。④

其次，19世纪不少来华英美人对中国人缺乏信任感，他们认为中国人不够诚实，总是表里不一。19世纪70年代来华的美国人何天爵（Chester Holcombe）也曾写道："在许多情况下，你可以直呼一个中国人为撒谎者和骗子，他会认为这是对他的一种恭维而坦然的接受。"⑤ 19世纪来华的外国人有不少人支持这一说法。尽管在觐见中清廷基本遵照了西方礼仪，但在英国人看来，中国人在觐见方式上待之以平等，并不能说明其心理上承认了西方的地位，若不能让中国人对西方人"心

---

① 参见"Tientsin," *The North China Daily News*, July 1st, 7th, 11th, 1873, p. 3; "Tientsin," "The Audience at Peking," *The Shanghai Evening Courier*, July 10th, 12th, 15th, 1873, p. 3。

② "Tientsin," *The Shanghai Evening Courier*, August 14th, 1873, p. 3。

③ 参见"Tientsin," *The North China Daily News*, July 7th, p. 3。

④ "The Audience Edict," *The Shanghai Evening Courier*, July 1st, 1873, p. 3。

⑤ 参见"Le Comte's Memoirs," *The Chinese Repository*, Vol. I, December, 1833, p. 262; "Miscellanies," *The Chinese Repository*, Vol. I, December, 1833, p. 329; 〔美〕何天爵：《真正的中国佬》，鞠方安译，中华书局，2006，第210页。

悦诚服",这次觐见的预期目标就没有达成。

一些英国人之所以非要《京报》刊出觐见详情不可,目的之一就是确定清廷的"真实意图",因为他们觉得《京报》"最能反映本国人(中国人)的想法"。① 《京报》是清廷对内传达消息的工具,相对于可能"做给外人看"的一些形式上的举动,"写给自己人看"的《京报》才最能反映中国人的内心,觐见中中方的种种表态和行动只有经其刊载,才算被打上"诚实可信"的标记。相反,由于《京报》最终既未刊出觐见详情,也未向大清子民传达"皇帝对西方人平等相待"的态度,侨民们自然倾向于相信清廷在觐见问题上做出的让步只是故作姿态,缺乏诚意,因而对清廷大为不满。

最后,《京报》无论在形成、传播还是阅读等环节上都与近代意义上的新式报刊有所差别,19 世纪 70 年代的不少英国人却将其性质视为西方报刊。1836 年,《中国丛报》曾发文围绕《京报》讨论当时中国的新闻出版自由问题,这篇文章虽然未能确认《京报》是否具有官方性质,但已将其视为新式报刊的一种形式;② 到 19 世纪 70 年代,《泰晤士报》则将《京报》认定为"中国官方之唯一喉舌",③ 这一定性与《京报》的性质并非完全契合。

当时的英国人以正在其本国形成的新闻观念,加之英文阅读习惯诠释《京报》,增大了误解产生的可能性。其一,新式报刊报道的篇幅和位置自有其内涵,其排版原则以及叙述方式与《京报》有别。《字林西报》指出《京报》有关觐见一事文字的分量明显不足,并以上述情况证明清廷对觐见一事不够重视或有意轻视外国人,很可能是过度诠释。其二,新式报刊报道的写作一般讲求完整,对事件的起因、经过、结果都有交代。关心此事的英国人希望看到觐见一事的后续消

---

① "The 'Peking Gazette' on the Audience Question Ⅱ," *The Shanghai Evening Courier*, June 30th, p. 3.

② "Periodical Literature," *The Chinese Repository*, Vol. Ⅴ, No. 1, May, 1836, p. 6, pp. 11-12.

③ "China and Russia in Central Asia," *The Times*, September 16th, 1873, p. 10.

息，某种程度上就是站在这一角度要求《京报》，但后者内容依上谕奏折而定，并非以事件为线索展开，因此再无"后续"，造成英国人的不满。① 其三，阅读习惯的差异，也可能造成中西方人对《京报》阅读体验的不同。《上海晚邮》曾为谕旨出现"在长约六寸、宽约三寸的《京报》下方，用以放置一些琐碎的不引人注意的消息的地方"而发出抱怨，考虑到英文从左到右横向阅读，而当时的中文则是从右到左纵向书写，西方人读来"琐碎不引人注意"的内容，在中国人的阅读体验中未必如此。

第三节 "马嘉理案"中的《京报》角色

"觐见问题"中，英国人因其对《京报》的要求并未达成而耿耿于怀，这种心态直到事件发生的两年后仍未散去，《泰晤士报》在1875年回顾此事时如此评价："那次觐见，在三年中只留下让人不满的无力的结果。"② 正在此时，另一件中英交涉事件——"马嘉理案"的突发为这种心态提供了宣泄口，无论是直接参与交涉的英方外交官还是英国舆论界都对《京报》予以更为密集的关注，决计不再重蹈"觐见问题"的覆辙。《京报》在此事中作为英国人判断清政府是否守信的主要凭据被提上了谈判桌。

1875年2月，英国在印度殖民当局以考察云南地区的商贸情况为由，派遣了一支以柏朗（Horace Browne）上校为首，由英国官员、商人、士兵组成的193人的勘探队，在英国驻华使馆的翻译马嘉理（A. R. Margary）的引导下进入云南边境。之后，勘探队与当地土著发生冲突，马嘉理与六名中国人遭劫杀，柏朗一行也因此受阻，退回缅

---

① 参见〔美〕曼切尔：《新闻报道与写作》，艾丰等编译，中国广播电视出版社，1981，第38—46、110—119页；〔美〕李普曼：《舆论学》，林珊译，华夏出版社，1989，第225—240页；童兵主编《中西新闻比较论纲》，新华出版社，1999，第7—81、314—334页。

② "Great Britain and China," *The Times*, October 4th, p. 5.

《京报》的英译、传播与影响（1802—1911）

境。这一事件在当时被清政府称为"滇案"，后来学界则多称之为"马嘉理案"。

马嘉理案发生后，英国驻华公使威妥玛与总理衙门进行交涉，清政府迫于英方压力，派湖广总督李瀚章赴云南查办该案，但是威妥玛并不信任清政府的调查，认为清政府无意彻查马嘉理案，甚至以武力相威胁。1876年春，清政府任命李鸿章为全权大臣，与威妥玛展开谈判，同年9月，中英双方在顾问赫德的调停下签订了中英《烟台条约》。该条约主要分为三大部分：第一部分"昭雪滇案"，包括公开相关公文、订立商约、赔款等内容；第二部分"优待往来各节"，主要涉及中外会审案件具体实行方法；第三部分"通商事务"，包括增开口岸、免收厘金等内容。英国通过《烟台条约》进一步扩大了对华权益。①

事件发生后，要求严惩凶手的声音很快在在华英方舆论界蔓延开来，与此同时，他们也不忘紧紧盯住《京报》。1875年4月，香港《德臣报》在以《云南暴行》（The Outrage in Yunnan）为题发表的评论文章中，专门分析了《京报》在这一事件的解决中的意义："比严惩摩民更重要的是，威妥玛必须同时坚持在将涉及这些罪行以及对罪行的处罚全部细节的上谕在《京报》上刊出，并随时跟进，看（这些消息）是否已经被帝国各地周知。威妥玛在之前事件的交涉中并未对此给予重视，因此我们才格外强调这一点的重要性。对于中国人在签订条约时的把戏，在华居住较久的外国人都早已熟知了，每当使馆对《京报》提出要求，要将（条约）相关内容全部刻入《京报》时，（清政府）不仅没有履行承诺将刻出《京报》送往各省，甚至准备好了将有关条约的一切内容删除的'阉割版'《京报》，并将之送往各省。我们不能再被如此愚弄，我们相信，较之给凶手最重的惩罚，对这一点（《京报》刊登相关消息）的坚持更能改变中国人的态度，从而保证未来在华旅行者

---

① 参见王绳祖（S. T. Wang），*The Margary Affair and the Chefoo Agreement*，Oxford University Press，1940；于乃仁、于希德编著《马嘉理事件始末》，德宏州史志办公室，1992；等等。

第五章
挑战传统：《京报》译介与《京报》在中英外交中的角色变迁

的安全。"这一观点得到了在华英国人舆论的普遍支持。①

多半是早有体悟，又或许多少受到舆论环境的影响，威妥玛在与总理衙门就马嘉理之死以及柏朗勘探队被阻问题进行交涉时，在"订约"之外，将更多精力用在了如何利用《京报》让清政府"守约"上。在1875年8月，威妥玛与李鸿章晤谈，当李鸿章说到"马翻译事我们不是不办，等我们赶紧办妥，自然就明白了"时，威妥玛语气激烈地质问："总署向来遇事总云从容商办，究是一件不办。今日骗我，明日敷衍我，以后我断不能受骗了。中国办事那一件事照条约的？如今若没有一个改变的实据，和局就要裂了。"另外不忘言及"条约如何可以改变！除条约外如何可作改变凭据？中国有许多事不照条约非止一端、非止一日"，"遣派使臣必请明发谕旨，使中外共知，如崇宫保九年赴法国，各国皆云未见《京报》，何也"，将之前交涉中的不满一并道出。其说法与《德臣报》的抱怨异曲同工。李鸿章很快认识到威妥玛此番言论的重点所在，因此在随后的奏报中写道："一请朝廷诘责，岑抚台并未提明议处若何，似立言尚易得体。该使所最著意在此。如可不必议处，似不妨请旨将此案原委妥叙一遍，先行发钞，以安其心。"②

至于"改变的实据"的具体所指，威妥玛在之后致李鸿章的信函中又做出详细说明，他在信函提到的六点要求中表示："恭王收到我的照会，在英二月间，目下此事情形，必即刻奏明朝廷降旨，问岑抚台此案何以现过六个月之久，并详细情形奏报……此次恭王奏折与所奉上谕，应该发钞，由《京报》刻出。"第二次鸦片战争中额尔金以撤兵为筹码仅提出"《京报》刊载相关内容"这一较为笼统的要求，而此次威妥玛对刊载细节也做出了规定："必须小心者：如有述及英国钦差，或英国衙门字样，必须与中国一样平行。"同时在提出"中国朝廷必须派一钦差大臣赴英国，与英国衙门说明：云南之事，朝廷实觉过意不去"的要

---

① "The Outrage in Yunnan," *The North-China Herald and Supreme Court & Consular Gazette*, April 15th, 1875, p. 362.
② 《请酌允威使一二事》，王学主编《李鸿章全集》第7册，时代文艺出版社，1998，第4185页。

求后，还特别强调"派钦差到英国，上谕必须刻在《京报》"。①

在李鸿章的建议下，清政府接受了威妥玛对《京报》的相关要求，并于1876年8月31日在《京报》上刊出了有关此事的长篇上谕：

> 上谕：李鸿章奏遵旨驰赴烟台与英国使臣会办滇案各折片。英国翻译官马嘉理前在云南腾越边界被戕，该处地方文武不能留心保护，咎有应得。本应分别惩办，既据李鸿章奏英国使臣威妥玛，以为责其既往，莫若保其将来，请将案内各犯宽免等语，着照所请，除署腾越镇总兵蒋宗汉、腾越厅同知吴启亮业经革职毋庸议外，已革都司李珍国及匪犯通凹腊都等十一名应得罪名，均着加恩宽免。惟马嘉理系英国所派职员，由云南前赴缅甸，发有护照，往返均应保护，乃马嘉理猝遭戕害，同行之员并被击阻，殊失朝廷和好之意。嗣后各直省督抚，懔遵上年九月十一日谕旨，严饬所属，凡遇各国执有护照之人往来内地，务须照约相待，侵凌伤害情事，则惟该省大小官吏是问。并着总理各国事务衙门，拟定告示，咨行各省遵照办理。各该地方官均宜讲求条约，以期中外相安，倘有外国官民被戕，迅即查拿正凶，勒限办结，不得任意迁延，致干咎戾。马嘉理一案，现已办结，云南边界通商事宜俟英国派员到时，即着云贵总督、云南巡抚选派妥干大员，前往该省边界查看情形，商订章程，随时奏明办理。钦此。②

在上谕中，当时英国人翘首以盼的"英国人在华人身安全"以及"打开中国西南商路"这两大需求都得到了中国皇帝的确认。

英国在华舆论对马嘉理案的谈判结果给予热情的回应。包括《字林西报》《德臣报》在内的在华主要英文报纸都对威妥玛在马嘉理案上的贡献给予肯定，并特别为通过此次交涉外国人的在华地位及其权益第一

---

① 《译威使送来洋文节略》，王学主编《李鸿章全集》第7册，第4193—4194页。
② 《京报》，《万国公报》410号，1876年，第133—134页。

次在《京报》上得到中国官方确认而雀跃不已。① 英方舆论对马嘉理案以及"觐见问题"反应的前后反差,与中英交涉人员对《京报》这一细节问题的处理有很大关系。过去数十年间的经验让英国人对与清政府订立的条约仍疑虑重重,威妥玛在马嘉理案交涉中对《京报》内容提出的种种要求以及清政府在《京报》刊布相关上谕的举动,使无论英方外交人员还是关心此事的一般英国人都感到有了切实的保障,从而最终认可了清政府对此事的处理。在关心中国事务的英国人看来,《京报》作为评判"中西关系的风向标"这一功能由此确立,而中英双方在"情报与舆论空间"内的权力关系也继续着此消彼长的变化。

同时,英国将《京报》作为外交手段引入中外交涉的做法也被法、美等其他西方国家纷纷效仿。② 直到20世纪初,在中西重大外交案件中《京报》仍被各国作为逼迫清政府就范的重要手段,其中颇具代表性的是1900年义和团事件爆发之前,发生过外国使馆界要求清廷在《京报》上刊布镇压义和团的公告,被清廷拒绝一事。③

小　结

在19世纪的中英交涉中,中方政府是否能够守约、中国民众是否信服是英方非常关注的问题。如前文所述,在19世纪的西方话语体系中,"虚伪与善于欺骗"被列为中国人的标签之一,具体到中英外交中,英国人在判断中方意图时更是谨小慎微;与此同时,在19世纪的《京报》英文译介成果的影响下,以英国人为代表的西方人对《京报》的真实性和权威性又颇为推崇。上述两种态度之间的张力,使《京报》被英国人作为逼迫中方政府就范、窥探中方民众心理的有效工具,引入

---

① "Opinion of the Press," *Translation of the Peking Gazette for 1876*, The "North-China Herald" Office, 1877, 无页码。
② 参见《筹办夷务始末(咸丰朝)》卷二十八,《近代中国外交史资料丛刊》,台北,文海出版社,1970,第2202页;王开玺:《清代外交礼仪的交涉与争论》,第521—523页。
③ 参见黄卓明《中国古代报纸探源》,第160页。

中英外交之中。

  英国人翻译和介绍《京报》的传统发端于19世纪初期，此时的《京报》对他们来说仅是"中国情报源"之一；第二次鸦片战争期间，《京报》开始被英国人引为外交手段，以此为契机，中英在"信息和舆论空间"内的权力构造开始发生变化；而在此后的19世纪70年代，远东英文报业的领头羊——《字林西报》开始规律系统地翻译和出版《京报》，此举极大拓展了《京报》的西方读者群，《京报》在域外的影响相应扩大，其职能也日益多元化，在政治领域，从"觐见问题"开始，英国人在"情报源"和"外交手段"之外进一步将《京报》作为"评判中西关系的风向标"，由此使《京报》在中外交涉中所具的功能更加多样化。自此直到19世纪末，以《字林西报》这一新式报刊为依托，《京报》这一古老的中国报纸焕发出新的光彩，登上了中英关系乃至国际关系的舞台。

第六章
开拓与变革：《京报》消息的国际传播与清政府的官报改革

学界多从信息传播载体的自身变化入手，将晚清时期皇权主导下的固有信息传播系统的变动归因为来华西人的新闻出版活动，以及以《申报》为代表的近代中文商业报刊所带来的冲击。[①]较之已有研究对中国社会内部动因的关注，本书更多着眼于中西交往的"外部环境"，通过深入考察《京报》信息跨文化传播的历程及其影响，探讨来自西人的外部介入在近代中国"信息传播秩序"转型中所扮演的角色。

19世纪中期以后，随着英文报刊媒体在世界范围迅速铺开，《京报》译介得以在国际社会广泛传播，其所传达的来自中国的信息也引起国际社会更多的关注。与英语世界的政治、知识精英和大众传媒对《京报》投来的双重注视相伴，以英国人为代表的西方人开始在对华议题中屡屡论及《京报》，一些来华外交人员甚至通过对清政府开出具体交涉

---

① 参见李仁渊《晚清的新式传播媒体与知识分子：以报刊出版为中心的探讨》，台北，稻乡出版社，2005，第316页；邵志择：《机事不密则殆：京报、新闻纸与清政府保密统治的式微》，《新闻与传播研究》2018年第5期；唐海江、丁捷：《重构"上下之通"：清末新式官报与帝国传播体系的变革》，《新闻大学》2021年第4期。

《京报》的英译、传播与影响（1802—1911）

条件来干预《京报》所载内容和传播路径，由此牵扯出大量有关《京报》的中西话语权博弈与争夺。19世纪末20世纪初，这种来自外部的冲击在事实层面上动摇了清政府基于邸抄、《京报》以及各类官方布告公文构筑起的固有信息传播秩序。

第一节 "丁戊奇荒"中《京报》消息的国际传播及其影响

《京报》译介传播虽然由英国人主导，其影响却不局限于中英两国间。19世纪70年代后期中国北方"丁戊奇荒"消息在国际社会的传播过程及其影响就是其中的典型事例。

19世纪70年代，巴西、印度、朝鲜南部、中国北部等地区纷纷遭到旱灾的侵袭。就中国而言，1876—1879年，旱灾所造成的饥荒殃及陕西、山西、河南、直隶、山东北方五省，造成的死者人数超过千万，被当时的英文报纸称为"全世界人近半个世纪以来最恐怖的经历"。[①] 后来的中国人将这场灾荒称为"丁戊奇荒"。"丁戊奇荒"中，以在华英国人为首的欧美人也曾采取行动救助中国灾民，他们所开展的赈济活动被中国研究者称为"洋赈"。[②]

20世纪80年代以来，学界出现了大量有关"丁戊奇荒"的研究成果。早期有关"丁戊奇荒"的研究以李文海和夏明方等人的论著为代表，主要涉及几方面内容：一是从灾荒史的角度，对"丁戊奇荒"的形成机制、危害程度、预防和善后等问题进行专门研究；二是从现代化历史进程的角度讨论"丁戊奇荒"对中国社会现代化的影响；三是从基督教在华传教事业史的角度探讨在华传教士的赈灾活动及其贡献。近年来，以艾志端（Kathryn Edgerton）、燕安黛（Andrea Janku）为代表的一些欧美学者开始将"丁戊奇荒"置于全球化背景下，重点阐释其

---

① "The Intelligencer," *The Wheeling Intelligencer*, May 8th, 1878, p.1.
② 夏明方：《论1876至1879年间西方新教传教士的对华赈济事业》，《清史研究》1997年第2期。

第六章
开拓与变革：《京报》消息的国际传播与清政府的官报改革　185

文化内涵。①

在"丁戊奇荒"中，"洋赈"活动曾发生一次大的转向，其中，英国人获得灾情消息的路径对"洋赈"活动的具体进程以及"丁戊奇荒"的国际影响产生过决定性作用，而这些问题尚未引起研究者的注意。本节以"洋赈"为中心，广泛搜集中外有关"丁戊奇荒"的各类材料，特别是较少被研究者利用的海外各地区有关"丁戊奇荒"的报刊材料，尝试勾勒出饥荒消息从灾区到国际社会的传播路径，进而观察国际社会各区域对"丁戊奇荒"反映的异同，并探讨其背后意涵所在。

一　《京报》译文引发的洋赈策略转变

在19世纪70年代，对于在华英国人来说，获知中国各地近况的渠道有一般有两条：一是在各口岸活动的英国人的书信和报告，二是中文《京报》及其译稿。在1876—1879年的"丁戊奇荒"这场"中华帝国

---

① Paul Richard Bohr, *Famine in China and the Missionary*: *Timothy Richard as Relief Administrator and Advocate of National Reform 1876-1884*, Harvard University Press, 1972; 夏明方：《也谈"丁戊奇荒"》，《清史研究》1992年第4期; 夏明方：《清季"丁戊奇荒"的赈济及善后问题初探》，《近代史研究》1993年第2期; 李文海：《晚清义赈的兴起与发展》，《清史研究》1993年第3期; 李文海等：《中国近代十大灾荒》，上海人民出版社，1994; 满志敏：《光绪三年北方大旱的气候背景》，《复旦学报》（社会科学版）2000年第6期; Mike Davis, *Late Victorian Holocausts*: *El Niño Famines and the Making of the Third World*, Verso, 2002; Andrea Janku, "Sowing Happiness: Spiritual Competition in Famine Relief Activities in Late Nineteenth-Century China,"《民俗曲艺》（台北）第143期，2004年; Andrea Janku, The North-China Famine of 1876-79—Performance and Impact of a Non-Event, Measuring Historical Heat: Event, Performance and Impact in China and the West, Symposium in Honourof Rudolf G. Wagner on his 60th Birthday, Heidelberg, November 3th-4th, 2001;〔美〕艾志端：《铁泪图: 19世纪中国对于饥馑的文化反应》，曹曦译，江苏人民出版社，2011; 郝平：《丁戊奇荒: 光绪初年山西灾荒与救济研究》，北京大学出版社，2012; 王瓒玮：《"丁戊奇荒"期间日本对华赈济及其内在动因初探》，《清史研究》2014年第2期; 刘亮：《近代西方人对"丁戊奇荒"的认识及其背景——〈纽约时报〉传达的信息》，《古今农业》2014年第3期; 等等。

漫长的灾荒史上最致命的旱灾"中,① 在华英国人的两条消息渠道对他们主导下的赈灾活动进程产生了重要影响。"洋赈"主要包括传教士赴灾区了解灾情和发放善款、赈灾组织制定赈灾计划并筹集善款、各大英文报纸报道灾情并宣传募款、中外善士捐款等环节。其中,奔赴灾区的传教士和上海的英文报纸掌握着有关灾情的最新情报,前者通过书信报告传达灾情,后者则在登载灾区前线发来报告的同时,向读者传递从《京报》获得的相关消息。

无论是亲历者的记录还是已有研究都表明,山西南部是"丁戊奇荒"中受灾最重的地区,② 但在华英国人最初获得的大都是沿海各口岸对周边地区的受灾情况的报告,极少涉及山西等内陆地区。《字林西报》对灾情的报道在当时的在华外国人群体中有极大的影响力,也清晰地反映出当时灾情的消息来源状况和在华英国人对灾情的关注状况。1876 年至 1877 年 6 月以前,《字林西报》刊出的大都是来自天津、芝罘等沿海开放口岸的通讯员对当地灾情的报道,其中包括针对山东旱情的长篇专题报道;③ 相比之下,该报只在 1877 年 2 月 20 日刊出过一条译自《京报》的上谕,对于山西官员恳请赈灾一事仅以"报闻"二字一语带过,④ 这是此时期该报对内陆省份灾情的唯一一次涉及。

由于来自沿海和内陆受灾情报的严重不对等,在"丁戊奇荒"之初的 1876 年到 1877 年秋,"洋赈"主要围绕山东展开而并未涉及山西。"丁戊奇荒"暴发之初,在山东一带较为严峻的灾情、当地传教士的呼吁、各大英文报刊对于山东灾情的频繁报道三者的共同作用下,"洋赈"将重点集中在山东一带。1877 年 3 月,在华英国人在上海成立山东赈灾委员会(Shangtung Famine Relief Committee),并特设基金为山东

---

① 〔美〕艾志端:《铁泪图:19 世纪中国对于饥馑的文化反应》,第 1 页。
② 〔英〕李提摩太:《亲历晚清四十五年:李提摩太在华回忆录》,李宪堂、侯林莉译,天津人民出版社,2005,第 78 页。
③ "Suffering in Shantung," The North-China Daily News, March 8th, 1877, p. 3.
④ "Abstract of Peking Gazettes," The North-China Daily News, February 20th, 1877, p. 3.

第六章　187
开拓与变革：《京报》消息的国际传播与清政府的官报改革

筹集善款（Shangtung Relief Fund）①，这是"丁戊奇荒"中较早成立的"洋赈"组织。此外，在华英国人还在山东芝罘（现隶属烟台）成立委员会，负责接收和发放善款。②

　　1877年6月，《京报》上刊出的一篇奏折的译稿成为上述状况发生转变的契机。1877年6月2日，前任山西巡抚鲍源深有关山西灾情的奏折出现在《京报》上，该奏折的英译稿在16日的《字林西报》"《京报》摘要"栏目中被全文登载。鲍源深在奏折中写道："自冬及春，各该地方官倡捐抚恤，并全谕殷实，各就村邻互相振贷。原冀春雨依时，可接麦熟，讵意亢旱日久，官民捐赈力均不支，到处灾黎哀鸿遍野。始则卖儿鬻女以延活，继则挖草根、剥树皮以度餐。树皮既尽，亢久野草亦不复生，甚至研石成粉和土为丸。"③ 山西的灾情就伴随这样的描述首次呈现在英国人面前。

　　鲍源深的奏折不仅将山西的灾情带入了英国人的视野，还对英国人造成了巨大的冲击。《字林西报》编辑在同日的"本埠消息"栏目中写道，"6月2日的《京报》刊出了山西巡抚的一封奏折，其所描述的山西省百姓的困苦远比我们所知道的山东省的状况要糟"，并复述了山西灾民卖儿鬻女、挖草剥树、研石成粉和土为丸以果腹的境况。在6月18日，该报编辑再次引用鲍源深有关灾民的描述并感叹道："中国官员知道以何种语言描述百姓疾苦最能引人怜悯。"④ 当时的英国驻华使馆汉文正使梅辉立在给本国政府的报告中也附有该奏折的英文稿。⑤ 奏折译稿在其读者中的影响在相当长的一段时间内一直存在，甚至于1878

---

① "Local," *The North-China Daily News*, March 22nd, 1877, p. 3.
② Committee of the China Famine Relief Fund, *The Great Famine: Report of the Committee of the China Famine Relief Fund*, Shanghai, 1879, p. 13; "Report of the Shantung Famine Relief Committee," *The North-China Daily News*, July 24th, p. 3.
③ 朱寿朋：《十二朝东华录（光绪朝）》，台北，文海出版社，1963，第391页；"Abstract of *Peking Gazettes*," *The North-China Daily News*, June 16th, 1877, p. 3.
④ "Local," *The North-China Daily News*, June 16th, 1877, p. 3.
⑤ W. F. Mayers, "Report on the Famine in the Northern Provinces of China," Annex No. 7-10, China Papers, 1871-1886, 日本东京东洋文库藏，编号：iii-7-F-e 86。

年初正式成立的中国赈灾委员刊登在《泰晤士报》的宣传语中，中国灾民"剥树皮、挖草根，甚至以石头充饥""丈夫将妻子变卖为奴、父母卖掉小孩"等描述也非常接近刊登在《字林西报》上鲍源深奏折英译稿的表述方式。①

1877年7月以后，在华英国人的目光开始由沿海灾区向内陆省份转移，《京报》上有关中国北方内陆省份的消息在这一转变中发挥了重要作用。自1877年7月到11月间，《字林西报》频繁刊载有关山西灾情的消息，这些消息绝大多数都源于《京报》刊载的相关上谕和奏折（详见表6-1）。

表6-1 《字林西报》刊载的有关山西灾情的消息

刊载时间	栏目	来源	简介
1877年7月13日	《京报》摘要	1877年6月30日《京报》	奏折：山西巡抚曾国荃报告山西灾情；当地政府赈灾举措
1877年7月30日	《京报》摘要	1877年7月14日《京报》	奏折：曾国荃的灾区见闻；请朝廷采取赈灾措施
1877年7月31日	《京报》摘要	1877年7月17日《京报》	上谕：应曾国荃之请调整山西的税收政策
1877年8月11日	《京报》摘要	1877年7月28日《京报》	奏折：曾国荃汇报为应对灾情，将缴税日期延后半年
1877年8月18日	本埠消息、《京报》摘要	《字林西报》编辑；1877年8月1日《京报》	评论：对8月1日《京报》有关赈灾的上谕进行评论，该上谕重点在于山西赈灾
1877年8月27日	本埠消息	《字林西报》编辑	评论：对《京报》消息中清廷和地方官员在山西赈灾活动中表现的评价
1877年8月30日	《京报》摘要	1877年8月15日《京报》	上谕：对曾国荃的回复
1877年9月13日	《京报》摘要	1877年8月30日《京报》	奏折：曾国荃报告山西灾情加重
1877年9月22日	读者来信	上海的外国人	对中国北方的饥荒的感想

---

① "China Famine Relief Fund," *The Times*, March 2nd, p. 8.

第六章　开拓与变革：《京报》消息的国际传播与清政府的官报改革

续表

刊载时间	栏目	来源	简介
1877年9月29日	本埠消息	《字林西报》编辑	评论：李鸿章对山西赈灾的贡献
1877年10月19日	本埠消息	《字林西报》编辑	《京报》上谕：清廷为山西和河南灾区拨款赈灾
1877年10月20日	《京报》摘要	1877年10月3日《京报》	上谕：李鸿章等人在山西和河南的赈灾活动
1877年11月1日	读者来信	北京来信	为山西、陕西、河南、直隶等地的灾情请求捐助
1877年11月7日	本埠消息	《字林西报》编辑	评论：《京报》上有关拨款山西赈灾的上谕

表6-1显示，除《京报》消息外，《字林西报》先后于1877年9月和11月刊出的两封读者来信也对山西灾情进行了讨论，可见译自《京报》的消息已在在华英国人中引起了回响。李提摩太的记录从另一个角度证明了这些消息的公布所产生的效果，他在回忆录中写道："1877年秋，关于山西省发生灾荒的消息传到了沿海地区，灾情比我们在山东见到的要严重得多。伦敦会的传教士慕维廉（Muirhead）博士应上海赈灾委员会的请求，写信给我说，他们对我在山东赈灾的工作方式深表满意，问我愿不愿意赶赴山西，在那儿开展救灾工作。"① 1877年秋，尚未有传教士发回有关山西当地灾情的报道，因此李提摩太所谓"关于山西省发生灾荒的消息"所指的应该就是源于《京报》的消息，可见这些消息确实在引起在华英国人对山西灾情的重视这一点上起到了关键作用。

1877年11月到1878年初，在在华英国人的主导下，针对山西的赈灾组织相继成立，这标志着他们在聚焦山西灾情的同时也在实际行动上将"洋赈"的重心由山东转向了山西。"洋赈"重心的转变始于1877年11月7日，山东赈灾委员会在上海召开会议，负责人慕维廉（W. M. Muirhead）在会上宣布"考虑到山西等省的灾情"，决定将在山

---

① 〔英〕李提摩太：《亲历晚清四十五年：李提摩太在华回忆录》，第105页。

东赈灾委员会基础上建立"中国赈灾委员会（China Famine Relief Fund Committee）";① 首个专为重灾区山西而设的"洋赈"组织——山西灾情申诉委员会（Shansi Famine Appeal Committee）则于一个月后在北京宣布成立;② 1878 年 1 月，中国赈灾委员会第一次会议正式召开。此外，在山东"洋赈"开展过程中贡献突出的李提摩太也接受慕威廉的请求，前往山西开展救灾工作。

在华英国人对中国北方灾荒的关注重点从山东转向山西并不只意味着其赈灾活动在空间上的转移，还标志着"洋赈"新阶段的开启。与之前相比，1877 年秋以后在华"洋赈"进入新阶段主要表现为组织者身份多元化和赈灾组织迅速发展两方面。

第一，组织者身份的多元化。"丁戊奇荒"早期，传教士不仅奔赴灾区前线发放善款以及报告灾情，还是"洋赈"最主要的组织者，上海山东赈灾委员会组织者都只限于慕维廉等"一些教会人士"。由 1878 年 1 月在上海成立的中国赈灾委员会成员名单可见，除教会人士外，如美国驻华外交官吉罗福（G. B. Glover）、英属印呵加剌银行上海分行经理马钱德（F. W. Lamarchand）、怡和洋行大班约翰逊（F. B. Johnson）等人也在委员会出任要职，同时还有专人负责法租界的募捐事宜。③ 由此可见，在组织者身份多元化的同时，"洋赈"也完成了由"宗教界为主"向"政、教、商"等各界共同领导，由"在华英国人单独行动"向"在华欧美人"联合协作的组织形式上的转变。

第二，赈灾组织的迅速发展。首先是"洋赈"组织规模的扩大。以"中国赈灾委员会"为例，与其前身"山东赈灾委员会"相比，该

---

① "The Famine in North China," *The North-China Daily News*, November 19th, p. 3.
② "Peking," *The North-China Daily News*, December 7th, 1877, p. 3.
③ "Famine in China," *The Straits Times*, December 22nd, 1877, p. 1; China Famine Relief Fund London Committee（ed.）, *The Famine in China Illustrations by a Native Artist With a Translation of the Chinese Text*, C. Kegan Paul & Co., Paternoster Square, 1878, p. 1; Committee of the China Famine Relief Fund（ed.）, *The Great Famine: Report of the Committee of the China Famine Relief Fund*, Shanghai, 1879, pp. 13-15.

第六章 开拓与变革：《京报》消息的国际传播与清政府的官报改革

会无论在组织的构成还是组织的职能上都有所扩展。其次，"洋赈"组织数量和覆盖范围上的发展也很明显。1877年秋季以前，外国人针对中国北方灾荒成立的赈灾组织只有位于上海的山东赈灾委员会以及位于芝罘的赈灾委员会，1877年11月以后，随着中国赈灾委员会在上海的成立，天津、北京、香港等地也相继成立了赈灾组织。

"丁戊奇荒"期间，在华英国人主导下的"洋赈"活动在1877年秋经历了一次转向，《京报》消息作为他们的重要情报，成为促成这一转变的关键。19世纪70年代，英国人在中国的活动区域还主要集中在沿海开放口岸，因此在饥荒暴发后相当长的一段时间里，受消息来源所限，在华英国人的目光一直停留在山东、直隶两地的灾情上；1877年6月，山西巡抚的奏折几经辗转终于呈现在在华英国人眼前，这封奏折详细呈现了山西受灾的惨状，令闻者动容，并引出了随后在华英国报纸一系列对山西灾情的报道，使1877年秋季在华英国人对中国北方灾情的关注焦点迅速从北方沿海地区转向内陆地区，而山西也最终代替山东成为"洋赈"的中心。换言之，在华英国人主导下的"洋赈"的进程并非与"中国灾情的实际近况"相对应，而是与他们所掌握的消息勾勒出的"中国灾情状况"相对应。

二 "洋赈"策略与饥荒消息在国际上的传播

正如德国学者燕安黛所言，"丁戊奇荒"的影响并不局限于中国，它是一个国际性的事件。[①] 所谓的"国际性"在地域上主要包括东亚和东南亚、英国及其属地、美国三个部分，三地在不同的时间点开始关注"丁戊奇荒"。地理位置并非这一状况出现的决定性因素，三地获得中国灾情消息的方式以及"洋赈"组织的赈灾策略才是其中

---

① Andrea Janku, The North-China Famine of 1876-79—Performance and Impact of a Non-Event, Measuring Historical Heat: Event, Performance and Impact in China and the West, Symposium in Honourof Rudolf G. Wagner on his 60th Birthday Heidelberg, November 3th—4th, 2001, p. 128.

关键。

　　得益于便利的地理位置和发达的航运系统，东亚和东南亚成为最早获得有关中国的灾情消息的海外地区。横滨、长崎等东亚各主要口岸获得的有关中国的消息主要源于上海，当时在日本颇具影响力的英文报《日本公报》(The Japan Gazette)甚至以"上海消息"作为栏目标题，刊登与中国有关的各种消息，有关"丁戊奇荒"的消息也包含其中；以新加坡为代表的东南亚主要口岸主要通过上海和香港获得有关中国的消息，其中有关中国北方的消息则大都来源于上海，"丁戊奇荒"在当时一般被外国人称为"中国北方的饥荒"，相关消息也是从上海送往东南亚。因此早在1877年4月，东亚和东南亚地区已经通过来自上海的消息获悉了中国的灾情，这点在当地英文报纸上有关中国北方饥荒的消息中得到证明。①

　　鉴于东亚和东南亚与中国东部沿海的紧密联系，"洋赈"组织成立之初便开始面向这一地区筹措善款。对于当时的在华英国人来说，将消息从上海传递到东亚和东南亚各口岸远比传递到中国内陆乃至南部沿海地区便利快捷，因此山东赈灾委员会在成立之初就面向这一区域展开了募款宣传。这一点可由山东赈灾委员会在1877年4月公布的日本各港捐款统计表以及新加坡《海峡时报》(The Straits Times) 5月刊登的募款消息证明。② 山东赈灾委员会在同年7月公布的阶段性善款统计表显示，当时通过新加坡、横滨、兵库三个港口发至中国的捐款数额分别为7344.22两（Tls.）、2547.50两和1181.19两，在中外各港捐款数额中仅次于上海（30361.65两），高于香港（1000.00两）；③ 在1879年中国赈灾委员会公布的最终统计报告中，东亚和东南亚各港的捐款数额在

---

① "Shanghai," *Supplement to the Japan Gazette*, April 4th, 1877, p. 3; "China News," *Straits Times Overland Journal*, April 28th, 1877, p. 5, May 20th, 1877, p. 12.

② *The Straits Times*, May 12th, 1877; "The Shantung Famine Fund," *The North-China Daily News*, April 9th, 1877, p. 3.

③ "Report of the Shantung Famine Relief Committee," *The North-China Daily News*, July 24th, 1877, p. 3.

第六章
开拓与变革：《京报》消息的国际传播与清政府的官报改革

海外总捐款数额中所占比重虽然下降，但仍然是海外善款的重要来源地。[1]

英国本土也与中国各港保持着密切的消息往来，包括"丁戊奇荒"在内的很大一部分中国新闻都是由各大英国本土报社派驻中国的通讯员发回的。英国当地人获悉中国北方灾情的时间稍晚于他们在东亚和东南亚地区活动的同胞。从1877年5月开始，英国本土一些报纸上陆续出现有关中国灾情的报道。以英国本土最具影响力的报纸《泰晤士报》为例，1877年5月3日，该报应大英浸礼会司库约瑟夫（Joseph Tritton）的请求，刊登了《字林西报》通讯员有关山东灾情的报告并呼吁向教会捐款以协助传教士在中国灾区的善行。1877年8月，《泰晤士报》驻上海通讯员在发回的报告中称："包括山东、山西等地在内的中国北方地区正在遭受严重的旱灾。"[2]

尽管英国本土仅比东亚和东南亚地区稍晚获悉中国灾情，但受"洋赈"组织赈灾策略的影响，当地人直到1878年以后才广泛关注中国北方的饥荒。在了解到山西等内陆地区受灾情况之前，在华英国人并没有充分认识到中国北方灾情的严峻形势，因此当时的"洋赈"组织尚未考虑在英美本土进行募捐宣传，而主要在东亚和东南亚区域内开展募捐宣传。随着对山西、河南等地灾情了解的深入，在华英国人认识到有必要寻求来自英美本土的支援。1878年1月26日，中国赈灾委员会在其成立大会上决定将募捐范围扩展到英美本土。委员会为唤起英美本土对中国灾情的重视采取了两个措施。一方面"致电英格兰和美国请求援助"，电报内容如下："中国北方四省同时暴发饥荒，受灾者不计其数。

---

[1] Committee of the China Famine Relief Fund (ed.), *The Great Famine: Report of the Committee of the China Famine Relief Fund*, Shanghai, 1879, p. 30.

[2] "The Famine in China," *The York Herald*, May 2nd, 1877, p. 5; "The Famine in China," *The Times*, May 3rd, 1877; "Another Asiatic Famine," *The Times*, August 24th, 1877; "The Indian Famine," *The Times*, January 23rd, 1877, pp. 2-12; "Terrible Famine in China," *The Dundee Courier & Argus*, May 17th, 1877; "The Famine in China—From *The Times of India*," *The Morning Post*, July 3rd, 1877.

为了果腹，连孩子也被出卖。洋赈委员会（Foreign Relief Committee）恳请英美支援。"从英国本土舆论的反应来看，电文引起了当地对中国灾情的关注，威妥玛甚至专门在报上澄清"电文中所谓'为了果腹，连孩子也被出卖'并不是指饥饿的人们为了生存而吃掉小孩"，而是说父母将孩子卖作奴隶或者娼妓以赚钱求生。另一方面，中国赈灾委员会致信阿礼国等在伦敦颇有声望的人物以寻求帮助。这一措施同样收到了效果，阿礼国等人很快做出回应，在伦敦成立了中国赈灾委员会。①

英国本土对中国北方饥荒关注度的上升为灾区带来了大量的捐款，在其带动下，印度、澳大利亚、新西兰、加拿大等英国的海外属地也参与"洋赈"的宣传和捐助活动。英国本土报纸曾转载印度当地英文报纸对中国饥荒的报道，可见英属殖民地也留意到中国的灾情。② 此外，在1879年中国赈灾委员会公布的最终统计报告中，英国本土（包括伦敦、苏格兰、爱尔兰等地）的捐款额在海外各地捐款额中高居榜首，澳大利亚的捐款额位居第二，新西兰、加拿大、印度等地也有少量捐赠。③

在关注中国灾情的几个区域中，美国是最晚做出反应的一个。美国报纸上有关中国的消息经常转载自英国或日本的英文报纸，因而在实效性上大打折扣。仅就对"丁戊奇荒"的报道而言，英国本土报纸早在1877年就开始登载驻华通讯员发回的有关中国灾情的最新情报，而美国报纸上有关中国灾情的消息基本都出现在1878年2月以后，即中国赈灾委员会做出将善款的募集区域拓展到英美的决定之后，难怪美国宾州一家报纸的编辑在同年4月写道："尽管三年以来中国北方地区一直

---

① "Famine in North China," *The Times*, February 4th, 1878; Committee of the China Famine Relief Fund (ed.), *The Great Famine：Report of the Committee of the China Famine Relief Fund*, Shanghai, 1879, pp. 14-15.
② "The Famine in China—From *The Times of India*," *The Morning Post*, July 3rd, 1877, p. 6.
③ Committee of the China Famine Relief Fund (ed.), *The Great Famine：Report of the Committee of the China Famine Relief Fund*, Shanghai, 1879, p. 30.

收到灾荒的侵袭，但这一现实在最近才被外界所知。"① 目前可见的报道中只有一个例外，1877年12月，有一位来自耶鲁学院（Yale College）名为CHUN LUNG的中国人给夏威夷的报社写信，他在信中介绍了中国北方灾区受灾情况，呼吁"善良的夏威夷人"为中国捐款，并表示善款将由其目前居住在夏威夷的父亲送往中国灾区。② 由此似乎可以推测，在美华人比美国当地人更早了解到中国北方的灾情，并更快地做出了反应。

从各地区的反应可以看到，在"丁戊奇荒"的影响遍及国际的过程中，上海扮演着"消息集散地"和"赈灾指挥中心"的重要角色。一方面，上海依靠其优越的地理位置和便利的交通环境集合了来自各方的有关中国北方灾情的消息并及时向外传送，无论是东亚、东南亚还是英美的报纸上刊出的有关中国灾情的最新报道皆来源于上海英文报纸或驻上海的通讯员；另一方面，"丁戊奇荒"期间最重要的"洋赈组织"——中国赈灾委员会及其前身山东赈灾委员会都设立在上海，"洋赈"活动最重要的决策都是在上海制定并通过上海向中国各地以及海外传达的。可以说，"丁戊奇荒"虽然发生在中国北方，但在上海的外国人群体的一举一动最终决定了国际社会对中国北方饥荒的反应。

三 英国人眼中的"洋赈"与"外交"

在谈到"丁戊奇荒"时，灾区的受灾情况和善款的募集是国际社会共同关心的两大主题。在各方留下的有关"丁戊奇荒"的材料中，很大一部分是关于灾区天气状况以及灾民生存景象的记录，这些记录在构筑起人们对"丁戊奇荒"认识的同时，也推动了募款的进行。在募款问题上，国际社会表现出很大热情。在获知中国北方灾情之初，新加坡当地英文刊物就发出了呼吁："在所有海外捐款中，新加坡的捐款可

---

① "The Famine in China," *Clearfield & Republican*, April 3rd, 1878, p.1.
② "The Famine in North China," *The Pacific Commercial Advertiser*, March 2nd, 1878.

196 信息之争
《京报》的英译、传播与影响（1802—1911）

以最及时送达当地，新加坡在对于赈灾来说责任重大，（新加坡的）华人团体则理应为家乡做出贡献。"《海峡时报》等一些当地主要英文报刊上有关中国北方灾情的报道也大都涉及募款事宜。① 在美国和英国，当地的相关组织也为募款进行了大量宣传。

在上述两大主题外，各地的外国人对"丁戊奇荒"的关注各具特点。东亚和东南亚的英文刊物倾向于客观记录灾情而不发表评论。美国人比较注意"丁戊奇荒"对国际对华贸易的影响，蒙大拿州的一家报纸曾以《中国饥荒的一个效应》为题分析其对美国粮食出口的刺激作用："中国饥荒使市场对美国西海岸的谷物的需求量猛增，（美国西海岸）农民因此受益。旧金山港口的所有轮船都满载着面粉准备启航。"② 此外还有文章谈到中国饥荒对英美对华贸易的一些环节造成的不利影响。③

与东亚、东南亚或美国当地人相比，在华英国人和英国本土人在论及"丁戊奇荒"时，特别关心中国人对"洋赈"活动的反馈。《字林西报》曾刊出一段传教士与上海附近的逃荒者的对话："当难民得知救助他们的是住在租界里的外国人时，他们说：'你可以向他们转达我们的谢意吗？''如果外国人来到你家，你会让你的孩子叫他们洋鬼子吗？''不！不！我们会叫他们洋先生。'"④ 一份来自北京的报告则特别提到："一位颇具威望的中国人在目睹了山西的灾情之后问（英国人）：外国人为什么不为我们修铁路？他们可以捐款援助又饿又穷的中国人，为什么不建立廉价便捷的运粮通道，以此拯救更多人？"⑤ 李提摩太在回忆录中也写道，在山西巡抚上报朝廷为赈灾者请求加官晋爵的奏章中没

① "China News," *Straits Times Overland Journal*, April 28th, 1877, p. 5, May 20th, 1877, p. 12; "Famine in China," *Straits Times Overland Journal*, May 26th, 1877, p. 12; "Famine in China," *Singapore Daily Time*, December 17th, 1877, p. 2; "Famine in China," *The Straits Times*, December 22nd, 1877, p. 1.
② "One Effect of the Chinese Famine," *Rocky Mountain Husbandman*, September 5th, 1878, p. 8.
③ "Commercial and Financial Matters," *The New Orleans Democrat*, June 27th, 1878, p. 3.
④ "Local," *The North-China Daily News*, May 9th, 1877, p. 3.
⑤ "Peking," *The North-China Daily News*, March 15th, 1878, p. 3.

有提到外国人的贡献,"李鸿章却给我们请赐了爵位——上海赈灾委员会的人没跟我们当中的任何人协商,去跟李鸿章接触过——只是阶位上要低很多"。① 可见,英国人不仅关心得到救助的灾民对"洋赈"的反馈,也关心中国的士绅阶层以及中国政府对"洋赈"的态度和反应。

中英两地的英国人对中国各方反馈的关心表明,他们领导下的"洋赈"活动除了是对"人道主义"的一次实践,还被赋予了"推动中英关系发展"的外交意涵。第二次鸦片战争以后,越来越多的英国人感到中国民众对英国人的敌意及抱有的成见对他们进一步扩大在华利益形成了巨大阻碍,因此如何改变中国人对英国人的看法成为英国人对华行动的一个课题。中国赈灾委员会这样总结"洋赈"的成果:"我们的赈灾工作收效卓著。赈灾工作不仅帮助灾民脱离困境,使无数人的生命得以延续,还使我们了解到人们对于赈灾者的看法已经发生了许多可喜的变化。他们不再被斥为洋人或是敌人,也不再受到怀疑和歧视,而是被当作中国人最好的朋友而受到欢迎……由此不仅可以使外国人和本地人互相抱有好感,还可以为他们(外国人)所投身的其他事务取得更大进展打下基础。"② 一位驻华英国外交官福礼赐(R. J. Forrest)更加明确地指出了"洋赈"在中英关系中的作用:"聪明果敢的传教士们已经将贵会(中国赈灾委员会)的善款送达(灾区),他们现在所从事的事业将使中国更加开放,其效果远胜于数次战争。连士绅这一中国最顽固的阶层也开始调整他们对外国人的看法。"③

一般来说,外交活动是一种政府间的行为,而此次"洋赈"活动则是另一种形式的外交尝试。此次"洋赈"在非政府团体的主导下,依靠民间的交流改变中国人对包括英国人在内的外国人的看法,以此为中英关系谋求新的发展。整个活动在传教士和在华英国商人的倡议与推动下拉开帷幕,中途不断吸引各界人士的加入并获得了很多灾区中国官员的

---

① 〔英〕李提摩太:《亲历晚清四十五年:李提摩太在华回忆录》,第122页。
② Committee of the China Famine Relief Fund (ed.), *The Great Famine: Report of the Committee of the China Famine Relief Fund*, Shanghai, 1879, p. 13.
③ "The Famine in China," *Aberdeen Weekly Journal*, July 19th, 1878.

协助，甚至最终获得了双方外交最高代表的认同。当时的英国驻华公使威妥玛在伦敦赈灾委员会中身兼要职，而驻英大使郭嵩焘也向英国民众传达了清政府在赈灾中所面临的困境，并号召英国民众为中国捐款。①

在讨论中英关系时，在华英国人所处的多重立场是一个值得关注的问题，这在"丁戊奇荒"中表现得尤为明显。美国学者艾志端在《铁泪图：19世纪中国对于饥馑的文化反应》一书中以大量篇幅描述了"丁戊奇荒"期间以《北华捷报》为代表的"西方观察者"对清政府对待赈灾的态度非常不满，并以印度政府的赈灾活动为参照系，对清政府的赈灾措施大加批评的情况，认为这一论调之所以出现，主要是由于英国人将清政府当作"现代化的敌人"。② 艾志端的论述并没有特别区分西方人、英国人和在华英国人，而在讨论"丁戊奇荒"中"西方观察者"对清政府的态度时，将在华的英国人与英国本土人区别来看更有助于厘清状况并分析其中原因。

将在华英文报纸与英国本土报纸上有关清政府赈灾表现的评论进行比较可以发现，双方舆论倾向存在差异。以上海各大英文报纸为代表的在华英文舆论正如艾志端所言，大多是批评清政府对灾情重视不够，赈灾不力；而英国本土报纸的报道则倾向于认为清政府已经尽力救灾，只是灾情之重已经大大超出了政府力所能及的范围。双方言论倾向的差异在1878年后表现得尤为明显，《泰晤士报》当年3月刊出的上海通讯员来信称："就清政府这样一个积贫积弱的政府而言，它无疑已经做出了巨大努力来为灾区提供食物。"③ 同年4月，威妥玛也在伦敦的公开场合指出，"清政府已经通过免税、提供物资等方式为赈灾做出了许多努力"。④

在华英文报纸与英国本地报纸上有关"丁戊奇荒"的内容都来自在华英国人或是与在华英国人有密切联系的英国人，上述差异的出现主要是在华英国人的立场变化导致的。当面对中国时，在华英国人站在英

---

① "The Famine in China," *The Times*, February 13th, 1878.
② 〔美〕艾志端：《铁泪图：19世纪中国对于饥馑的文化反应》，第130—142页。
③ "China," *The Times*, March 1st, 1878.
④ "The Famine in China," *The Dundee Courier & Argus*, April 18th, 1878.

第六章　开拓与变革：《京报》消息的国际传播与清政府的官报改革

国人一贯对华立场上寻找中国的问题，以此作为中国需要改变的凭证；当面对英国本土时，在华英国人则将自己与中国连为一体，首先考虑的是如何使中国的灾情引起本土的重视，同时推动募捐，因此更为强调灾情的严重和清政府的力所难及。在华英国人眼中印度的角色变化很好地体现了他们的这种立场转换：在上海的英文报纸中，在华英国人将印度政府的救灾行动作为榜样来对清政府提出建议；在面对英国本土时，他们面临的问题则是如何将公众的目光从印度灾情转向中国灾情。威妥玛曾致信《泰晤士报》，呼吁为印度捐款的英国公众也能为中国捐款。在华英国人在发往英国本土的报告中强调中国受灾人数之巨和受灾程度之深，某种程度上是在暗示中国与印度一样，甚至比印度更需要得到外援。① 此时的在华英国人的眼中，印度不再是榜样，而成为竞争对手。

　　《京报》信息由中国到国际社会的扩散主要是在在华英国群体的推动下达成的，与此同时，在华英国人也从中获得了相应的权力——通过搜集和扩散这些信息，他们得以参与外交实践，为表达本群体在国际关系中的诉求谋得了更大的空间。"丁戊奇荒"中，以《京报》为第一消息来源，英国人发起并主导了国际对华援助活动。他们的行动并不仅是基于人道主义立场，更是出于改变中国人的成见从而推动中英关系发展的考量。此外，在华英国人在"丁戊奇荒"中所处的多重立场也从一个侧面说明"中英关系"所涉及的并不仅仅是中英双方，英国本土、在华英国人居留地和英国殖民地三者间的关系也是发人深思的重要问题。

---

① "The Famine in the North of China," *The Times*, January 25th, 1878; "The Famine in China," *The Leeds*, February 19th, 1878; "Terrible Famine in China," *Aberdeen Weekly Journal*, May 5th, 1877; "China," *The Times*, March 1st, 1878, p. 3; "The Famine in China," *The Times*, May 3rd, 1877; "China Famine Relief Fund," *The Times*, March 2nd, 1878, p. 8; "The Famine in China," *Daily News*, March 15th, 1878; "The Famine in China," *The Belfast News-Letter*, April 15th, 1878; "The Famine in China," *The Derby Mercury*, August 28th, 1878; "The Famine in China," *The Morning Post*, September 4th, 1877, p. 6; "The Famine in China," *The York Herald*, May 4th, 1877, p. 5.

19世纪中后期，中国的大部分地区虽然尚未对外国人开放，由中国向国际社会辐射的信息传播网却已在悄然形成。《京报》和上海是一信息网络上的两个关键节点：《京报》及其译稿将国际社会的触角延伸至中国的统治中心，而上海则将中国事务的影响扩散至全球各地。"丁戊奇荒"消息在外国人群体间的传播过程印证了这一点：一方面，《京报》及其译稿使国际社会的触角从中国沿海各开放口岸延伸至饥荒的中心——山西一带，也将中方的救灾决策中心——清廷的活动纳入国际社会的视野；另一方面，上海不仅作为消息的"集散地"为中国灾区和国际社会建立了联系，还作为"指挥中心"影响了国际赈灾活动的进程。

第二节　清末危局中清政府的态度转变与《京报》的退场

一　清末危局中以《京报》为代表的传统官方信息传播体系的式微

《京报》在清朝官方信息传播系统中的重要地位，建立在中国古代皇权制度下固有的"信息保密"的统治观念基础上。清政府对以邸抄、《京报》为代表的信息媒介采取"严控"的态度，并以政府强制力推行。①"严控"表现在两方面：一是内容方面，"只抄公文、不发议论、不登新闻"，内容为各类提奏折件，并非自采自发的报道；② 二是传播方面，清中叶出现的两起邸抄伪抄案中，统治者皆以雷霆手段处之，案件牵连颇广，处罚颇重。道光年间，因大臣奏报有"英逆"（来华英国人）阅看《京报》，皇帝特命当地官员查拿递送之人，"一面正

---

① 参见邵志择《机事不密则殆：京报、新闻纸与清政府保密统治的式微》，《新闻与传播研究》2018年第5期。
② 参见吕小鲜《有关清代邸抄的三个问题》，《清史研究》2000年第1期；方汉奇：《〈清史·报刊表〉中有关古代报纸的几个问题》，《国际新闻界》2006年第6期。

法，一面奏闻"，并表示要对向外泄露《京报》消息者"从严惩办"。①

19世纪中叶之后，清政府"严控信息"的主观意愿与内外时局变化的客观环境之间的差距越来越大，迫使统治阶层内部一些官员开始思考固有的官方信息传播方式是否需要有所变动。太平天国运动期间，江西巡抚张芾曾奏请清廷大量刊刻邸报并发往各省，以此传播官方消息。其提议被咸丰皇帝以"不但无此体制，且恐别滋弊端"严词拒绝。② 张芾奏议的目的在于"使信息通达"，而清政府运作《京报》的根本目的恰恰不是"使信息通达"，而是通过垄断官方信息达到控制民情民心的效果。戈公振对此评论道："西人之官报乃与民阅，而我国乃与官阅也。'民可使由，不可使知'，乃儒家执政之秘诀；阶级上之隔阂，不期然而养成……进一步言之，官报之惟一目的，为遏止人民干预国政，遂造成人民间一种'不识不知顺帝之则'之心理……"③ 在以《京报》为代表的清政府信息传播体制内，皇帝的地位至高无上，各种国家大事都只是关乎统治集团内部的事务，相关的信息只需要在统治集团内部流通，民众无权也不应该知道，更不存在参政议政；在这种体制下，民众应该做的就是"顺从"，即服从皇帝的统治。因此即便在19世纪中后期《京报》在信息传播功能上的缺陷已经被清政府内部感知，甚至被指出，清朝统治者仍然出于其统治理念，拒绝扩大《京报》的流通范围。

19世纪中后期，随着新式报刊在中国的蓬勃发展，传统的官方传播系统不断受到冲击。与传统《京报》相比，新式报刊的优势主要表现在三个方面。

第一，在中国社会近代转型的大潮下，《京报》所代表的传统官方信息传播的理念受到严峻挑战。中国传统的《京报》虽名为"报"，其编辑发行理念却与新式报纸相去甚远，它只是被作为公开朝廷发抄公文

---

① 《清宣宗成皇帝实录》（抄本）卷之三百七十六，《明清实录数据古籍丛书》，第31168页。
② 《钦定大清会典事例（光绪朝）》第15卷，商务印书馆石印本，第5页。
③ 戈公振：《中国报学史》，第85页。

的多种载体形态之一，本质上与布告、公文等无异，未被赋予近代报刊所讲求的"市场化""时效性"。而在近代中国新闻市场已在民间初步形成的形势下，《京报》"滞后""刻板""保守"的特征使其无法在市场竞争中胜出。同一时期，在中国雨后春笋般出现的新式报刊则以"时效性""商品化"为要务，建立起一整套近代新闻采编和报刊发行制度。例如在新闻采写中建立访员制度，各报馆除了在本地长期与各类人员保持信息合作外，还以直接派遣和间接聘用的方式保持省外的主要城市有大量访员为其搜集和传递各地紧要信息。① 再如在报刊发行中采用分销制度，引入市场化的经营销售方法，在经营报刊时不仅考虑报纸新闻这一商品的质量，还考虑如何控制报纸产销中的成本问题。在报纸销售的问题上，特别注意搭设和掌握销售渠道，通过在报馆编辑部之外广设各地"分销处"的办法，实现报纸订户数和销售量的指数式增长。

第二，从传播技术上看，《京报》所依靠的"驿马""人传"式的传播手段缓慢而滞后，新式报刊则积极尝试使用火轮船邮寄以及电报通信等手段传递消息。从19世纪70年代起，《字林西报》就开始利用电报采编国际新闻，到19世纪90年代，《字林西报》已经可以通过电报获得两日内北京出版的《京报》中重要上谕的原文，较之从前通过邮驿方式获取《京报》，其新闻获取所耗时间缩短了十余日。19世纪80年代中法战争期间，上海的中西报刊都曾雇用外国访员到越南的战争前线去获取最新消息，并将消息以电报的形式经香港、厦门等地发回上海。同期的清政府则因无法及时洞悉中法战争最新进展，在军事、外交等领域屡屡受挫。新式报纸对当时前沿通信技术的运用能力以及对电讯价值的敏锐把握，是《京报》难以企及的。

第三，从新闻覆盖面和版面形式来看，新式报刊也远超《京报》。在新闻覆盖面上，新式报刊所载信息除了政治新闻，还有很多市井杂谈和文娱消息，为适应不同人群的口味，除了传统的政经内容，还设置女界、小说、丛录等多元化的栏目，题材非常丰富，极大拓展了其受众范

---

① 《搜访新闻告白》，《申报》1875年7月9日，第1版。

围;《京报》在百余年间体例未经改变,内容单调,"但传朝廷之政事,不录闾里之琐屑而已",其所载朝廷人事消息和朝堂政治论说与普通百姓生活距离甚远,"故阅之者学士大夫居多,而农工商贾不预焉,反不如外国之新报人人喜阅也"。① 在版面形式上,因为并未采用市场化运作,《京报》在内容生产中并不考虑受众兴趣和口味,几乎是原样刊载公文原文;新式报刊则为扩大销量,不断创新内容和形式,小说文学体裁的引入,"白话"等新闻体裁的探索,字体、排版、插图等多元编辑手段的运用,无不是新式报刊为开拓市场做出的尝试。因此,读者以士绅文人为主体的《京报》,其受众远不及新式报刊广泛,随着新式报刊的崛起,《京报》在民间影响力日益式微。②

与此同时,当时中国的民办报刊却利用《京报》所刊消息充实版面,挖掘其中的新闻和商业价值。晚清时人并非只能从报房发行的《京报》及其抄本上获悉朝堂信息,清末新式报纸对《京报》内容的转载为人们提供了另一条阅读渠道。姚公鹤在《上海闲话》中言及:"报纸之有访员,其初仅本埠延聘一二人,外埠则除京师照录邸抄外,各省会则摘录一二督抚辕门抄而已……故报纸所登事实,无过于官厅中日行寻常公事……"③

对于晚清新兴的中文报纸而言,《京报》消息曾是其版面的重要组成部分。以《申报》为例,该报创刊早期,对《京报》消息的转载就被作为一大卖点宣传。1872年8月,《申报》在头版醒目位置刊载告白,称:"本馆京报,上谕、宫门抄、奏折、选单俱逐日全册遵刊,并赶寄本京第一等快报,诸君光顾者祈留神对读可也。"④ 告白点名了《申报》转载《京报》内容的特点:一是内容的完整性,即对《京报》中的上谕、宫门抄、奏折和选单"逐日""全册"刊出;二是消息的及

---

① 《邸报别于新报论》,《申报》1872年7月13日,第1版。
② 参见唐海江、丁捷《重构"上下之通":清末新式官报与帝国传播体系的变革》,《新闻大学》2021年第4期。
③ 姚公鹤:《上海闲话》,吴德铎标点,上海古籍出版社,1989,第131页。
④ 《告白》,《申报》1872年8月12日,第1版。

时性,特别强调其转载的《京报》是"赶寄本京第一等快报"。从《申报》1875年刊载的一篇"澄清"告白来看,在当时的上海中文报界,对《京报》的完整、及时转载是各报市场竞争的热点。1875年11月,《申报》由于部分《京报》邮递延误,优先刊载了出版日期靠后但先期邮寄到馆的《京报》内容,由此受到别家报纸攻讦。针对这一情况,《申报》特发告白,先简述了报馆刊载《京报》的优势,即:"本馆所录邸抄(京报),皆按日遵照次序摆列,观者一目了然。"之后讲到近期刊载《京报》稍有迟缓,是因为"轮船邮递间有稽迟,《京报》亦因之濡滞"。而报馆为"郑重"严谨起见,对于延期未收到的"十五、十六、十八三日《京报》一字不登",受手头素材限制,对《京报》的转载也只能打破"遵照次序摆列"的惯例,"前录今日之宫门抄,又录前日之上谕。前录昨日之上谕后,又录前数日之奏折也"。一些报刊以此为口实,称《申报》"不如他报","何其不知量乎?"对于竞争对手的《京报》转载活动,《申报》也毫不客气地反唇相讥:"况今日他报,首载谕旨二道,俱系十月初六日之谕。乃其后注云:此十月初十日之谕嘻!自欺而即以欺人,曾自命为尊王者,竟敢将丝纶倒置乎?"① 可见上海中文商业报纸围绕《京报》消息的转载竞争之激烈。

《申报》对《京报》的转载策略在不同的历史时段表现出不同的特点。该报在第一号就刊发告白,表示:"本馆因《京报》为皇朝象魏之书,理宜全遵颁发,故逐日全刻,概不删节。"② 1872—1877年的五年间,该报转载《京报》基本遵循这一原则,即按日期逐日全册转载,不作删节。在此期间,除了常规全篇转载《京报》,《申报》还会就转载中出现的不同问题,采取一些针对性辅助编辑手段,为读者阅读相关内容提供方便。具体情况如下。

其一,针对转载中发生的印刷、校对等技术性错误,采取"补注"的方式进行修订。如《申报》1876年9月所录《京报》在年号上出现

---

① 《京报依次登录》,《申报》1875年11月17日,第2版。
② 《申报》1872年5月2日,第1版。

第六章 205
开拓与变革：《京报》消息的国际传播与清政府的官报改革

错误，该报于10月9日专门刊载"补注"，说明疏漏原委："十九日所录《京报》上之年号，本馆校字人原校对无讹，只之刷印时铅字为胶墨粘去，印工随手填补，致有颠倒脱落，惟阅者鉴之。"①

其二，针对转载中发生前后两期内容重复的问题，详细"释疑"，并妥善处置失误源头。如《申报》1903年7月31日刊载"释疑"，称："昨日，手民漫不经心误将隔昨已登之第二十八页《京报》重付机房印出。除照章罚薪工以资儆诫外，为特声明于此，以释群疑。"②

其三，对于转载中缺漏的《京报》内容，及时"补录"，为读者提供信息。"补录"的原因主要有两种。一是由于邮递原因，漏收所至的内容。如《申报》1876年10月9日就补录了前一期漏载的《京报》上谕内容。1875年11月17日，则专门刊载"《京报》依次登录"的告白，对之前由于邮递原因漏转的三日《京报》进行补录，并对补录的每一则消息均加以说明。二是出于商业需求将紧要内容优先印出，策略性地暂缓一些内容的刊出。如1874年4月14日《申报》告白称："本馆前将《京报》迅速印出，致昨朝不能接续博采新闻以抵《京报》。昨日接十四日至十六日者，而十一至十三日，尚属缺如故。今日先将十四日《京报》印出，十一至十三日到时当补印也。"③

其四，对于由报纸版面所限无法一次性刊载完毕的《京报》长篇奏折或附片，则在说明情况后，日后"接录"。如1873年5月20日刊载《京报》全文时注明："四月初五日《京报》全录谕旨未完。"④ 1875年12月4日，《申报》表明："本日《京报》较长，难于全录，所尚有折片两扣，俟初九日接录。"⑤

其五，从1873年起，《申报》开始另辟篇幅刊载当期附录的《京报》"导读"，方便读者有的放矢地阅读。如1873年1月17日，《申

---

① 《申报》1876年10月9日，第3版。
② 《申报》1903年7月31日，第10版。
③ 《申报》1874年4月14日，第1版。
④ 《申报》1873年5月20日，第3版。
⑤ 《接录》，《申报》1875年12月4日，第4版。

报》针对当期《京报》内容刊出导读,先道:"今日所刊《京报》无甚要事。谕旨仅一道,奏折则恭亲王等循例保军机章京数人及缮写关档者,皆蒙俞旨。其全报在后幅,详阅可也。"尽管编辑认为当日所载《京报》"无甚要事",还是随后逐条介绍了各类文书内容:"今日之《京报》有:上谕二道:一为陕甘严禁种植罂粟事,一为饬查部文舛误;奏折则福绚谏请酌裁厘卡复征关税一折,袁侍御请严禁科场,实一折一片也。"在导读最后,编辑就《京报》所载上谕中谈及国家削减用于充发军饷的厘金税卡一事发表意见,认为此事如果能行,不仅有便于商民,且有益国家。"盖自军兴以来,因库帑支绌,始行设卡抽厘,然厘金所得概充兵饷,于国库毫无裨益。关税倘复,则按年解部帑项不无小补耳。特未知部议若何?"① 由此开始,《申报》对于《京报》的转载不止步于消息搬运,还开始以此为据,发表意见主张。

其六,从1875年起,《申报》开始对新近收到但转载排期未至的《京报》以"预登"方式满足读者需要。如1875年2月16日,《申报》在"《京报》全录"中注明:"是日谕旨,其已预登诸前报者,兹不再录。"② 同期《申报》还预录了十五日《京报》两则上谕:

  上谕　本日礼部奏朕登极日期及颁诏典礼一折览奏,益增感恸。惟念大行皇帝以祖宗丕绪传付,朕躬勉从所请,以明年为光绪元年,依钦天监所择吉日,于正月二十日午戌卯时举行登极颁诏巨典。各该衙门,遵照旧仪,敬谨预备。钦此。

  慈安端裕康庆皇太后、慈禧端佑康颐皇太后懿旨　醇亲王奕譞,现在开除差使,着改派孚郡王奕譓恭理丧仪。钦此。③

可以看到,需要列为"预录"的内容全是关于咸丰帝驾崩后事以

---

① 《申报》1873年1月17日,第1版。
② 《同治十三年十二月初六七日京报全录》,《申报》1875年2月16日,第4版。
③ 《十五日京报预录》,《申报》1875年2月16日,第2版。

及光绪帝登基这类关系王朝最高统治者更替的重大事件。

各地报馆获取《京报》的渠道，是另一值得探讨的问题。《京报》由北京各报房印出后，一般经各省专设的京报馆售卖，但这种传播方式过程相对较长，只是针对民间的一般读者，对于追求时效的各地商业报纸来说并非最优解。因此，以《申报》为代表的各地中文报馆都在试图开辟自己的《京报》传递专线，即所谓"专脚《京报》"。从1874年《申报》刊载的有关《京报》的多则告白中可以大致勾勒出其"专脚《京报》"的传播过程。1874年3月21日，《申报》告白称："天津通河《京报》较速。"1874年7月8日，《申报》告白称："启者今轮船到申，得《京报》涌到。故今将本月十三、十四、十五计三本《京报》另出附章发售。诸君子欲阅全报，仍请向送报人购取可也。"①从上面两则材料可见，在路径上，《京报》是由报房印出后，先经陆路到达天津，之后被装上轮船送至上海申报馆，然后由申报馆所雇送报人送至读者手中。这是一条相对"较速"的传播路径。此外，受船期所限，每次轮船是集中前后三日左右的《京报》一并送至上海，因此才会出现前文的《申报》打破日期次序，先"预录"相近各期《京报》中紧要内容的情况。由于申报馆在上海之外一些地区还设有分销、代销点，因此《京报》也能通过这些分销点迅速在东部沿海地区翻印扩散，在价格上也更加实惠。正如1873年7月3日《申报》发表的《谨告福州各贵客》中所言："本馆今在福建分设代买新报之友。本报逐日全刊每日《京报》，其布印甚捷，而价亦廉。至另有中外各新闻贵官士商，欲按日购阅者，请与该友人面定可也。"②

《申报》打通的《京报》获取渠道也存在一些问题，主要表现在两方面。一是由于轮船是一次性将数期《京报》运达，短时间《京报》内容的大量积压有时会给《申报》编排造成压力。如1874年9月7日该报告白称："本馆前因赶寄《京报》，不惜重资，但取捷足，以致来

---

① 《本馆告白》，《申报》1874年3月21日，第1版；《本馆告白》，《申报》1874年7月8日，第1版。
② 《谨告福州各贵客》，《申报》1873年7月3日，第1版。

《京报》的英译、传播与影响（1802—1911）

源甚快，存积颇多。不得已印入附章，冀与《申报》并蒙购阅。乃闻外间有失于购取者，有嫌其烦琐者，又有谓于正报反脱漏者是，诸君子皆不以为然也。第近来，邸报又复日积日多，倘挨次排印，未免太觉迟缓。故今日复将七月初九、初十两日《京报》印出，附《申报》中挨家分派，不取印价分文，以便阅者，庶报中无挂漏之讥，而报外得见闻之助。惟诸君子鉴之。"① 二是出于诸如河道结冰等一些不可抗的自然原因，《京报》转而采用陆路运输，致使《申报》不得不临时调整刊载计划。如 1873 年 1 月 14 日《申报》告白称："近因天津轮船业，经守冻封河，所有《京报》、邸抄均须陆路转递。陆路跋涉维艰，以至传送稍慢。本馆印行《京报》竟至接续无由，今日姑且停印，以俟脚信到来，再行并日刻布可也。"②

中文新式报纸大量转载《京报》的原因主要有四点：其一，这些报纸本身对于《京报》消息的权威性是认可的，且在电报普及之前，这些报纸也认可《京报》是最为迅捷的官方情报源；其二，迫于清政府的舆论管制压力，转载政府认可的《京报》内容是避免问责的有效手段；其三，由于办报初期缺乏消息源，容量颇大且发布信息较为及时的《京报》被视为重要的消息来源；其四，对于以《申报》为首具有外方背景的商业性报纸来说，如何迅速打入中国市场是其必须解决的问题，这些报纸一般视中国的知识阶层为其目标读者群，因此，转载早已为中国知识阶层所接受的《京报》内容无疑增强了这些商业报纸实现本土化的可能性。晚清在中国出现的英文报纸同样有转载《京报》消息的习惯，在 19 世纪上海、香港等地的报纸上经常可以看到《京报》消息的翻译稿。

民间报刊对《京报》内容的转载，除了市场、政治等客观原因外，还受到《京报》在旧信息传播体制下"余威"的心理因素影响。第一章已经述及，《京报》所刊载的消息及其在传统信息传播体制下的传播

---

① 《本馆告白》，《申报》1874 年 9 月 7 日，第 1 版。
② 《专脚京报，到后再印》，《申报》1873 年 1 月 14 日，第 5 版。

方式，使其在中国百姓心中具备带有皇权色彩的"权威性"。在传统的皇权政治之下，中国一般民众只能够被"告知"政事，而不能主动"参与"政事，而在保密统治影响下，百姓能被"告知"的政事也是极其有限的，这就给与国家政治相关的官方信息附加了一层"神秘色彩"。在"皇权权威性"与"神秘性"的双重加持下，一般的官绅、百姓在阅读《京报》这种刊载来自朝廷政治中心消息的刊物时，就不是以普通读物观之，而是怀有一种对皇权的崇敬心理，映射出清朝统治者与其子民在身份认同上的尊卑关系。到了清末，在中国人的社会文化心理上，西方影响进一步深化，皇权的无上权威逐渐式微，《京报》身上所附着的"皇权加持"也越来越弱，成为其退出历史舞台的前奏。

二 清政府的态度转变与各省新式官报的创办

戊戌运动时期，面对舆论环境的变化，清政府对报刊媒介的"严控"态度一度出现松动，其表现在由孙家鼐管理的朝廷官书局出版的《官书局报》和《官书局汇报》，以及在《时务报》基础上改办的《时务官报》。可是它们都没有成功办理。清廷在宣布停办《时务官报》的时候解释，《时务官报》本"寓明目达聪之用"，结果言路一开，反而后果严重："《时务官报》无裨政体，徒惑人心，并着即行裁撤。"[1] 可见在当时清政府的认知中，官报这一新式媒介仍然是皇权政治的附属品，一旦于政体无益，便可随时取缔。

庚子之乱使清末的政治和思想环境加速变化，最为突出的就是"开民智"呼声由民间上至朝堂，迫使清朝统治集团重新检视以官报这一新式媒介"开言路"的问题。各省率先行动起来，《北洋官报》《四川官报》等新式官报纷纷出现。此时中国社会舆论场已处在"群雄逐鹿"的"战国时期"。多方政治势力和利益团体都在试图通过创办新式报

---

[1] 《德宗皇帝实录》卷四二七，第2页，书同文数据库。

刊、发表报刊言论在舆论场中争取有利地位。身处其中的清廷日渐丧失对"言路"的绝对控制权，不得不面对需要与民间力量乃至地方大员争夺舆论话语权的现实。①

这一时期各省创办的官报在内容体例上已显示出与《京报》的巨大差异。以在清末地方官报中具有普遍代表性的《四川官报》体例为例，其开篇第一章为"宗旨"：

一、本报以宣德通情启发民智为宗旨。

一、本报除本省公牍由各署各局抄送，本省新自延访事报告外，皆从各种月报、旬报、日报选辑，不议论朝政，不臧否人物，惟期扶掖进化，以开风气。②

较之《京报》只是古代"官文书"的一个变种，近代新式报刊皆有立场宗旨。各报刊出版发刊号（创刊号）时，形成了通过"发刊词""致读者""编辑部启事"等阐明自身宗旨、办报意图的惯例，这也成为近代新式报刊的一大特点。新式官报也延续了近代新式报刊的做法，宣明宗旨。清末官报宗旨一般都以"开民智""宣下情"等为主题，如《四川官报》即声明其宗旨为"宣德通情，启发民智"。

在"宗旨"之后，《四川官报》的内容分类方法如下：

一、恭录谕旨。

二、奏章。据谕旨汇存择要选登。

三、公牍。录本省公牍之关于学校、交涉、边防、兵政、财政、农工商矿者，例文琐事不录，部文及他省咨行公事择要附焉。

四、论说。报章例有论说，然蜀省僻处偏隅，闻见狭隘，强求备体，必涉涂附，今就各报选录，区为二类：

---

① 参见唐海江、丁捷《重构"上下之通"：清末新式官报与帝国传播体系的变革》，《新闻大学》2021年第4期。

② 中国第一历史档案馆：《晚清创办报纸史料（一）》，《历史档案》2000年第2期。

甲、外人论说。凡东西人撰著已译刊华报或本系华人者，择要选登。

乙、各报论说。报纸盛行，卮言日出，平权自由，各张横议，今备购各华文报，汰其芜累，撷其精华，中间有驳杂之语者，酌为删易，以归纯粹。

五、新闻。泰西报章初入中国，广东译之曰新闻纸，记载新闻报馆之专职也。区类三：

甲、本省新闻。本省事实于官、商、士、民有关系者皆录，惟据事直书，不参议论，以防流弊，或有伪误及他报记本省事不实者，皆更正之。

乙、外省新闻。书采各报登录实事游移影响者，概从摈斥。

丙、外国新闻。各国练兵、筹饷、通商、惠工、联盟、争衅之事及新学、新理、新器有益政学足扩见闻者，广为采录。

六、专件。录京师及各省文告、禀牍、章程、序例有关新政、新学者，蜀中官吏、士人有条陈新政，经大府采择者附焉，私家论著不录。

七、演说。报章以开民智为第一义，而尤莫急于启牖颛愚，故设此门，以便略识之无之人皆可阅看。区类三：

甲、演书。近出新书有益于开智浚蒙者，按期以白话演之，如无锡裘氏演农学新法之类。

乙、演事。演说近今事实及新学、新理尤为切要宜知者。

丙、录报。杭州有《白话报》，他报亦多附白话论说，择尤刊登。

八、附录。区类三：

甲、辕门钞。

乙、表。凡本省政、学、商、工之事可以统计者，皆表之。本省晴雨、谷价及各郡之货物税厘，如丝、药、白蜡行销情形，洋商采办猪毛、各种羽毛之属，价值低昂、出口数目，随时采访布告。

丙、告白。附登广告报馆通例，惟官报体裁谨严，凡鄙琐、秽亵、辨枉、讦私者不录，刊资暂不议。①

可知，该报除"谕旨"和"奏章"两个门类保留了《京报》传统内容外，从第三部分"公牍"开始，则属于原本《京报》没有的内容。各类"论说"栏目，展现出近代报刊评论的特点，"各报论说"和"外人论说"两个栏目在理念上已等同于新式报纸的"转载"；另外四个以"新闻"命名的栏目，更是直接引入了西方的新闻概念，突出时效性，展现出新式官报与传统《京报》的根本不同。

与同期其他新式官报一样，《四川官报》特别注意传播新知、提倡新学。如"演说"部分下分"演书""演事""录报"，从章程中的介绍可以看到这一部分主要是推广新学、新法以及"白话"，前二者为达"启发民智"的目的，后者则主要从中下层读者需求出发，用一般读者能够明白的通俗语言解释官方政策、文件、知识。相比《京报》只以"公布信息"为职能毋论传播效果的思维模式，新式官报显然更加注重内容能否为读者接受，因此更加注重编辑过程中的方式方法问题。除了在栏目策划上更加考虑受众心理，在内容选择上《四川官报》也注意到受众的多样性，正如章程中所言"本省事实于官、商、士、民有关系者皆录"，相比《京报》内容主要涉及皇族和官员，更多出了"商、士、民"三大群体。

除了上述各省发行的"综合性"官报外，一些省份还在政府日常行政的重要领域尝试办理"专门性"官报，促进了新建立的官报系统的分工细化。当时出现的专门性官报涵盖教育、商业、司法、警务、兵事等，其中数量最多的是教育和商务两类，如1905年创办的《教育杂志》、1906年创办的《南洋商务报》等。

---

① 中国第一历史档案馆：《晚清创办报纸史料（一）》，《历史档案》2000年第2期。

第三节 《政治官报》与清廷重塑信息传播体系的尝试

一 争夺舆论主导权驱动下《政治官报》的创办

面对外来的信息涌入以及内部的剧烈变动，清廷的统治阶层承担了前所未有的信息压力。原本皇权控制下传统的信息传播系统正在遭到严峻的挑战，清廷内部对以邸抄、《京报》为主要媒介的旧式信息传播体系的质疑指摘之声日涨。特别是在对外事务中。按清廷惯例，"凡朝廷之谕旨、臣工之折奏，其有关于交涉者，率秘不发钞"，[①] 与外国、番邦有关的事务不可随便发抄，也就不会出现在以《京报》为代表的官报上。这一问题致使很多官员对于涉外事务常有疑惑甚至误解，给办理相关事宜的大臣造成很大困扰，甚至让他们受到攻讦。奕䜣就在奏折中表示，朝廷对于官报的严控会让朝中一些反对者认为"臣衙门所办各件，大率多徇洋人之意者"。[②] 奕䜣认为反对声音出现的症结就在于信息无法通过官报公开，"凡臣衙门所办事务，外间均无从知其底蕴，原无怪局外者疑议之生"。张焕纶也在奏折中提到，官报不载有关洋务公文，原本是为了保护国家秘密不会"为外人刺知"，但事实表明，外国人能够通过各种方式探知中国政治机密，最终官报不刊发洋务"不足蔽外人之耳目，适足锢我中土志士之学识而已"，其最终只是闭塞了本国有识之士的耳目，于国有害。[③]

在此背景下，"少宽禁制"——办理一份由中央主持的"官报"以正视听的想法被提上朝堂。首先提出此建议的是张百熙。1901年，管学大臣张百熙上疏清廷，明确提出"创设官报"以控制舆论、抵制民报。他认为从官吏到草野，从中到外，由于报纸不流通，晚清以来的变法无法如东西洋那样顺利；而那些已办的民报（集中于通商各埠），小

[①] 《论官报》，何良栋辑《皇朝经世文四编》，文海出版社，1996，第592页。
[②] 宝鋆等编《筹办夷务始末（同治朝）》第5册，中华书局，2008，第2022页。
[③] 葛士濬编《皇朝经世文续编》洋务二十，台北，文海出版社，1966，第3215页。

成本却乱报道，淆乱视听，更有甚者，藏身租界躲逃政府的控制。因此，公家办报才能真正收到开通之效，广见闻，"不然，则恐徒塞小手之途，不足间缠慝之口也"。① 张百熙的意见代表了当时朝堂对"官报"认识的变化，即少宽禁制以改革立论，广见闻的同时抑制民间私报。

与张百熙提议通过办理一份新式官报应对时局不同，当时朝堂还有一种声音，就是通过强化旧式媒介来控制舆论。1902年，四川学政吴郁生提出"广刻邸抄"，目的在于"裨实学"，他还认为广刻邸抄是教练吏才、开通民智的便捷方法。他指出："近来报房所录，大抵各省例折，而于在京各衙门折件，仅千百之十一，实属无所取裁。"② 与吴郁生意见类似的还有御史黄昌年在次年提出的请刊谕旨阁钞。然而这类刊刻邸抄、谕旨的意见在现实中可行性不高，究其原因，一则当时清廷的驿站传递系统无法负担大量的官报运输，二则这一动议需要依靠各衙门的配合，而清末政局之下政府内部各机构难以协同，致使"各家抄送寥寥，未能编辑"。③

两种意见中，张百熙一派的主张占据上风。1906年，御史赵炳麟提议筹设官报局。他开篇便道明《谕折汇存》之类与官报的不同："外间钞报，如《谕折汇存》、《阁钞汇编》之类，大抵皆照例折件，于朝廷立法行政本末无甚关系。"他指出不设官报有三弊：弊一，朝廷更章改例流于形式，使"虽撤胥吏之名，而仍留胥吏之害"；弊二，朝廷的信息被私报扭曲，立法行政真意因此无法传达；弊三，私报杂出，"秘其所不必秘，而反发其所不可发"。因此赵炳麟认为，"印刷官报已刻不容缓"，何况不刻官报还会窒塞民智，弊端更大。④

赵炳麟直接质疑以往用政治强权压制报刊、舆论控制的僵化思路，

---

① 朱寿朋：《东华续录》卷一六九，中华书局，1958，转引自方汉奇主编《中国新闻事业编年史》（上），第194—195页。
② 中国第一历史档案馆：《晚清创办报纸史料（一）》，《历史档案》2000年第2期。
③ 戈公振：《中国报学史》，第48页。
④ 《御史赵炳麟请令会议政务处筹设官报局片》，《清末筹备立宪档案史料》，沈云龙主编《近代中国史料丛刊续编》第81辑，台北，文海出版社，1981，第1059页。

第六章
开拓与变革：《京报》消息的国际传播与清政府的官报改革

提出"窒塞民知，弊更有不可胜言者耶"。他认为"今年国家行政，多尚秘密"，对信息的严控使"举国之人，耳目愈闭，视听愈惑"，结果适得其反，导致"举国之端百出"。作为对策，他转而从"使耳目得以相通"的角度看待"政体"与"舆论"的关系，认为可以用官报规范视听、统一言论，"视听自一后"，行政的真意也可广为传布。①

上述两人都意识到朝廷办理官报的意义绝不仅是"开民智"，更可以"正言论"，阻止流言散布。当时建议开设官报的不只赵炳麟一人，且这一建议在某种程度上得到清朝统治者的认可。《大公报》就有报道提到，当朝某尚书递具封奏条陈立宪政体，指出要"刊发政务官报"等若干条宗旨以使"民智大开"时，"深蒙两宫嘉纳"。② 可见，不仅朝堂重臣们开始重新定位"政体"与报刊的关系，清廷统治者对于报刊这一新式媒介的认知也已发生了变化。

很快，"筹办官报"就从一种"朝廷动议"走向实操，《京报》在此过程中逐渐被《政治官报》取代。1907年，时任宪政编查馆大臣奕劻上《办理政治官报酌拟章程折》，提出："欲开民智而正民心，自非办理官报不可。"③ 奕劻所理解的"开民智"只是手段，为"正民心"服务。唯有朝廷办理的官报，才能"归纳众流，启发群智"，因此，地方官报、各部官报都不能担当"开民智"的任务，更遑论私家报纸了："（私家报纸）放言高论、荧惑是非。"④

从光绪朝以前清廷对邸抄及《京报》非法传播的严厉态度，至戊戌变法期间清政府停办《时务官报》的理由，再到清末新政时期诸大臣关于"刻官报、正民心"的提议，这一过程反映出清廷对其政治统

---

① 《御史赵炳麟请令会议政务处筹设官报局片》，《清末筹备立宪档案史料》，沈云龙主编《近代中国史料丛刊续编》第81辑，第1059页。
② 《尚书条陈立宪》，《大公报》（天津版影印本）第5册，1906年8月24日，人民出版社，1982，第450页。
③ 《宪政编查馆大臣奕劻等奏办理政治官报酌拟章程折》，《清末筹备立宪档案史料》，沈云龙主编《近代中国史料丛刊续编》第81辑，第1060页。
④ 《宪政编查馆大臣奕劻等奏办理政治官报酌拟章程折》，《清末筹备立宪档案史料》，沈云龙主编《近代中国史料丛刊续编》第81辑，第1060页。

治与近代新式媒介的关系认知的转变。清末朝堂对《政治官报》的重要性和必要性的讨论以及两宫的态度表明，清廷已经认识到无法继续以"保密—惩处"的政治手段压制报刊，于是转变思路，主动迎合报刊媒介迅速发展的大势，利用官报"传播—引导"的媒介特性掌握对信息和舆论的主导权。

《政治官报》不仅是清廷政治改革的宣传工具，也是清廷通过新的传播媒介影响公众舆论，从而主导意识形态的一种尝试。这是清廷与地方政府和民间在信息场域进行的一场"主导权之争"。清廷行预备立宪后，开始通过多种渠道加强在清末乱局中业已被削弱的中央集权，在办理官报时也将这一诉求融入其中。在御史大臣赵炳麟等的力主下，清廷于1907年10月26日创设《政治官报》。该报初期由考察政治馆筹办，声称以"将朝廷立法行政公诸国人"为目的，内容上"专载国家政治文牍"。①

在内容上，《政治官报》较以往各类官报有很大不同，它没有社评，不作评论，所刊出的内容几乎全部源于各部院衙门及所属司厅、学堂、局所的官方公文，包括：谕旨、批折、宫门抄列第一；电报、奏咨列第二；折奏列第三，按外务、吏政、民政、财政、典礼、学校、学政、军政、法律、农工商政、邮电、航路政十二门依次登录，登录内容不含军机、外交秘密；咨札列第四；法律章程列第五；条约、合同列第六；报告、示谕以及各省督抚衙门紧要告示列第七；外事、广告、杂录分列第八、九、十。特别需要注意的是，该报强调："凡私家论说及风闻不实之事，一概不录。"②

作为一份中央官报，《政治官报》的内容体例对地方官报形成强烈的规约作用。在《政治官报》之后，新办的地方官报对于刊载论说的态度由积极转为严苛。如《两广官报》就明确规定"本报纸登载官文书，不

---

① 《宪政编查馆大臣奕劻等奏办理政治官报酌拟章程折》，《清末筹备立宪档案史料》，沈云龙主编《近代中国史料丛刊续编》第81辑，第1061—1062页。

② 《宪政编查馆大臣奕劻等奏办理政治官报酌拟章程折》，《清末筹备立宪档案史料》，沈云龙主编《近代中国史料丛刊续编》第81辑，第1061—1062页。

第六章
开拓与变革：《京报》消息的国际传播与清政府的官报改革

述新闻、不撰论说，亦不转载别报论说、刊录诗词及无关政事文件"。①

清廷试图通过树立《政治官报》在官报系统中的权威地位，进而强化其在各省的控制力和影响力。为此，清廷一方面禁止同类内容的刊物出版。早在该报创刊前，便有人以"《阁钞汇编》与《政治官报》形式相似"为由，呈请政务处代奏禁止《阁钞汇编》《谕折汇存》等的出版。② 当《政治官报》出版时，《谕折汇存》等已被下令停刊。原来每日须由内务府将《谕折汇存》进呈预览的工序，也改为"将《政治官报》按日进呈"。③ 另一方面，清廷采取行政手段强制推广《政治官报》，如要求邮传部推行官报。宪政编查馆发文指出，"现在行销各报，政界居多。各省商民尚未能一律普及"，为了使《政治官报》的影响不限于政界，要求邮传部"认销官报数分"，并认为这种做法"所费不多，所益甚大。是于推行报务之中，实寓振兴要政之意"。④ 另外令各省"协力推行，日加增广"，⑤ 并强调此乃"公事"。⑥

"中央集权"与"地方分权"在政治上是一对相对的概念，其区分标准在于"国家权力偏重于中央政府还是次一级政府或地方政府"。⑦ 清政府长期以皇权行中央集权统治。到清末，外有列强的多方干涉，内有各省督抚势力坐大，清朝的皇权统治摇摇欲坠。在这种情况下，清廷仍在寻找各种方式，维系自己的集权政体。某种程度上来说，《政治官报》就是清廷在舆论情报领域与外部和地方势力进行权力博弈的产物。

---

① 《两广官报》，沈云龙主编《近代中国史料丛刊三编》第50辑，台北，文海出版社，1989。
② 方汉奇主编《中国新闻事业编年史》（上），第581页。
③ 《进呈官报》，《大公报》（天津版影印本）第6册，1907年11月21日，第649页。
④ 《政治官报》，《清末官报汇编》第66册，全国图书馆文献微缩复制中心，2007，第33128页。
⑤ 《政治官报》，《清末官报汇编》第67册，第33576页。
⑥ 《政治官报》，《清末官报汇编》第67册，第33576页。
⑦ 见"集权"词条，《中国大百科全书》（第2版），中国大百科全书数据库。

二 《政治官报》与清廷重塑官方信息传播体系的困境

在强烈的政治诉求的推动下，清廷赋予《政治官报》的组织机构高度的行政职能。奕劻在《办理政治官报酌拟章程折》中就已明确，办理《政治官报》的机构为考察政治馆，该馆主理《政治官报》的编辑、校对、印刷和发行工作。从馆名就可窥见，清廷对于《政治官报》的定位并非一个单纯的信息和言论发布机构，而是具有极强的政治属性。正如奕劻随后提到的，要将《政治官报》办成一个"风动令行、纤细必达"的行政机关。这一特点，是以往的《京报》所没有的，也是同期的地方官报与民间报刊所不具备的。

在奕劻"借官报以为行政之机关"之说以前，赵炳麟在筹设官报局的提议中也曾提出由"政务处筹办官报"，但未实行。督办政务处在1902年设置，起初政务处"以军机大臣领督办事"，① 到了1906年"更名会议政务处，隶属内阁"，② 1907年，则"改由内阁办理"。③ 政务处这一机构与军机处、内阁关系紧密。赵炳麟筹设官报局的提议正是在政务处这一机构日趋稳定时提出的。但在《政治官报》之前，以行政化手段运营官报的想法始终停留在纸面未能落实。这一点在赵炳麟1906年的奏折中得到印证："政务处初议本有印刷官报之说，乃至今未见举办。"④

根据奕劻的意见，《政治官报》的隶属机构从原本设想的政务处移至宪政编查馆，仍延续了将官报作为清政府的一个行政机关的思路。宪政编查馆前身为"考察政治馆"，顾名思义，是为配合五大臣出洋考察而设的机构，任务是为考察各国政治之可效法者并纂订成书，但"馆为

---

① 张德泽编著《清代国家机关考略》，中国人民大学出版社，1981，第282页。
② 张德泽编著《清代国家机关考略》，第282页。
③ 张德泽编著《清代国家机关考略》，第282页。
④ 《御史赵炳麟请令会议政务处筹设官报局片》，《清末筹备立宪档案史料》，沈云龙主编《近代中国史料丛刊续编》第81辑，第1059页。

宪政之枢纽",①"中外政治，细心考核"，对来自全国各地的折件进行批复。至1904年，考察政治馆才改编为宪政编查馆。② 其初设、更名，皆由政务处开办、具奏。该年七月五日上奏的宪政编查馆章程中除了说明该馆分编制、统计两大块外，还说明了该馆的经费来源于度支部专使考察政治项，并称"臣馆前奏政治官报，现在机器业将陆续运齐，亦即克期开办"。③ 无论从隶属关系还是经费来源来看，负责办理《政治官报》的宪政编查馆都具有鲜明的政治属性。

《政治官报》办事章程中所述宪政编查馆、官报局、《政治官报》三者的关系，进一步说明该报成员班底隶属于清朝的官僚系统。宪政编查馆由军机大臣管理，除办有官报外，还设有译书处、编书处以及时介绍西方先进知识；附设之"官报局"，设局长一人；此外，宪政编查馆还设总核二员，稽核各项奏咨文牍和官报事件。④ 尽管官报局是附设机构，但宪政编查馆还是十分重视的："其官报局，造端伊始，规制务取闳通，亦宜采取才识并优之员，分理各务。"于是，最后宪政编查馆秉持"择其通知政体及娴习法律、明悉科学各员"的用人原则，派遣前军机处之员华世奎充任官报局局长，候选知府傅范初充任官报局印刷科科员。⑤ 光绪三十四年（1908）十二月，吏部候补中丞秦敦世，花翎同知衔分省试用知县谢隽彝、璋瓒，举人截取监大使刘树森，候选监大使左念恒，新选固安县教谕张克一充任官报局编辑校对两科科员。⑥ 官报局局长华世奎出身官僚世家华氏家族，他本身是优贡生，在天津辅仁书

---

① 《宪政编查馆奏拟办事章程折》，《政治官报》，《清末官报汇编》第66册，第32728页。
② 张德泽编著《清代国家机关考略》，第285页。
③ 《宪政编查馆奏拟办事章程折》，《政治官报》，《清末官报汇编》第66册，第32735页。
④ 《宪政编查馆奏拟办事章程折》第一条、第八条、第十五条，《政治官报》，《清末官报汇编》第66册，第32728页。
⑤ 《宪政编查馆奏调员分任馆务折并单》，《政治官报》，《清末官报汇编》第66册，第32962页。
⑥ 《又奏政治官报局请派编辑校对科员片》，《政治官报》，《清末官报汇编》第70册，第35051页。

院肄业，师从李鸿章、盛宣怀、李慈铭等显要人物，后来是内阁候补中书，① 军机领班上行走、三品章京、官报局局长，到宣统三年成为内阁阁丞，② 是新政时期清廷的重要官员，如宣统时期缩短预备立宪时间时的决议，就令"军机章京、政治官报局总理华世奎拟定而后成稿"。③ 其官报局局长的身份，正好反映出《政治官报》组织的官僚化特征。

基于清政府赋予的中央行政地位，《政治官报》与其他政府机构来往时也经常采取指令式沟通方法。如咨催外务部的条文："如有迟漏，并由本馆催取，迭经咨明在案。"④ 措辞用句颇为严厉，态度方式与清末行政系统中的"上令下达"如出一辙。

行政属性、官僚班底将官僚主义的风气和做派植入了《政治官报》的实际运作中，导致《政治官报》内容需要权衡官场多方态度和政治利益。恶果就是该报的出版受到官场各方掣肘。1908年，有大臣指责该报称："开办之时，曾商允军机处除外交秘密外其余一概宣布，近日鹿尚书忽然反对，谓枢坦向守秘密宗旨，不便漏泄，以后不问事次，但论其秘密与否，寻常廷寄可发钞，若交片电报之紧要者，亦不应漏泄云云。故近来较前严禁紧要者概不发钞矣。"⑤ 1911年8月的《申报》载："前日详参内务府一折中有某项浮冒若干等语，指斥内务府蚕蚀积弊甚详，上月二十四日已由内阁叫《政治官报》刊登，排印已就，忽传谕收回此折。《政治官报》局只得临时拆版登他稿。"⑥ 这里由于关涉内务府的既得利益，该折件被收回不准刊登，与官报刊登"立方行政""国家政治文牍"的宗旨相去甚远。同年《大公报》载："初五日北京《政治官报》发行极晚，外间均不识为何故，咸谓必有重要之事件出现。兹探悉是日颁行亲任海陆军大元帅之明谕，凡三易其稿，始行核定。兼觐

---

① 来新夏主编《清代科举人物家传资料汇编》第98卷，学苑出版社，2006，第139页。
② 钱实甫编《清代职官年表》第4册，中华书局，1980，第3236、3095页。
③ 《京师近信》，《时报》1910年11月16日，第2版。
④ 《政治官报》，《清末官报汇编》第67册，第33576页。
⑤ 《鹿尚书反对政治官报》，《申报》1907年12月4日，第5版。
⑥ 《政治官报改为内阁官报》，《申报》1911年8月26日，第5版。

见奥国使臣,军机处办法谕旨时已甚严,讵《政治官报》于匆忙之际又将'国家肇基东土'句内之'假'字脱落,及'先圣临戒'句之'圣'字误为'帝'字,后复送军机处旋被驳回,指为该局排印之误。该局则归咎于原稿之讹,彼此推诿,终乃查出错在官报局,已将经受诸人分别罚办,故该报之颁发遂迟至九点钟云云。"[1] 可见《政治官报》在编辑发行中,受官场风气影响甚深,一则消息除了要考虑"可不可报""该不该报"外,还得"三易其稿"再作定夺,而匆忙之中讹误毕现,论到责任又"彼此推诿"。

《政治官报》组织运营中的乱象,不仅反映出新政时期清政府内部官僚政治的滑稽世态,也使其"官报"的权威性难以在民间舆论场上树立。《政治官报》出版前,《申报》一则《近闻》写道:昔日有人提议办官报,"王相国则谓办报近于牟利,有伤政体,批驳不准",今日"政治馆乃攘之而去矣,是亦官场权利之竞争也"。[2] 这种"牟利",既是谋津贴之利,又是谋官场之利。另有时人评《政治官报》"腐败已极,每日报纸不过六页,所载之折件又无关政治"。[3]《政治官报》的官僚化组织运营使民间将对官场政治的厌恶延伸至《政治官报》本身,极大阻碍了官报"上通下达"功能的发挥,清廷以办理新式官报获取舆论主导权的意图也同样难以实现。

小　结

在19世纪中后期欧美各国在中国的争夺与合作更加频繁的背景下,由《京报》及其英译文稿所构成的消息通道也从沟通中英的"单线条"向由中国辐射至世界多个地区的连通中西的"网状"发展。这从一个侧面展现出近代交通技术和通信手段在全球范围内的迭代对国际信息传播理念和渠道的巨大变革性影响。

---

[1]《是谁之过欤》,《大公报》(天津版影印本) 第14册,1911年4月6日,第524页。
[2]《近闻》,《申报》1907年6月15日,第3版。
[3]《政治官报改为内阁官报》,《申报》1911年8月26日,第5版。

《京报》的英译、传播与影响（1802—1911）

此时，在中国信息空间内，一种权力洗牌后更具"近代"特征的新的秩序形态呼之欲出。19世纪末20世纪初，各种新式通信手段在华推广，新式报业生态日趋成熟，信源、信道和信息流动的方式变得纷繁复杂。就官方信息传播系统这条线索来看，也发生了信息载体由邸抄、《京报》到新式官报，信息形式由"官讯"到"时政信息"的转换。① 只是在清末危局中，由清朝统治集团推动的官方信息传播体系的革新，最终在中外政治和社会结构的急剧变化中无疾而终。

---

① 刘琼：《从"官讯"到"时政信息"：晚清官报内容之变及其含义》，《史林》2022年第1期。

结　语

　　古往今来，人类在进行社会活动时常将信息作为自身占有的一种资源，信息由此被赋予了权力属性。国际关系专家约瑟夫（Joseph S. Nye）对此有过深入论述，他认为当一个主体能够获取到某些信息，就拥有了某个领域的权力，主体获得的信息越来越多，在某个领域的权力则越来越大，并且能够利用这些信息去扩充自身在某个群体中的权力。[①] 固有信息传播制度和体系的滞后既是近代中国国家实力衰落的表征之一，也是其原因之一。清朝中国"官讯"的主要传播载体《京报》在19世纪至20世纪初的经历，为从信息传播领域观察近代中国同外部世界的联系与碰撞，以及这种联系与碰撞对中国近代社会的转型产生了何种作用提供了绝佳视角。

　　本书所研究之《京报》与中国近代史上存在的其他以"京报"为名的报纸的根本区别在于，它是土生土长的中国传统报纸，而非近代中国接受西方文化影响的产物。《京报》的内容经过上至皇帝、下至民间"京报人"层层编选，由官方授权的民间报房刊印发行。经由《京报》内容的生产和传播，可大致窥见清政府对中国传统社会"信息秩序"的管控思路：以"密折""廷寄"等公文递送渠道从信息源头进行分

---

① 参见〔美〕罗伯特·基欧汉、〔美〕约瑟夫·奈《权力与相互依赖》，北京大学出版社，2012，第一编第一、二章。

类，在"信息空间"内建立多重壁垒，防止信息发生"无序流动"；以"发抄制度"对《京报》的信源进行筛选，保证皇权对"信息秩序"的绝对统治力；以"抬头制度"强化《京报》消息的权力属性，使《京报》的阅读实践成为具有传播与仪式双重属性的行为。通过上述制度化的手段，清政府建立起一套封闭式"自上而下"的信息传播体系，并对其内部秩序进行严格的把控。

上述中国信息空间内的"秩序"在19世纪中西交往日趋频繁的背景下不断受到冲击。以英国人为代表的西方人对《京报》的英文译介活动，一方面塑造着当时西方人对《京报》的认知，另一方面为西方人打造出一条获取中国朝野信息的捷径，并促成了《京报》在中西交涉中所承担的职能的转变，从而在某种意义上赋予《京报》这一中国古老传统报纸沟通中西的新使命。

以英国人为代表的西方人围绕《京报》所进行的各类活动是随着中西关系的发展进程逐步展开的，换言之，以英国人为代表的西方人对《京报》的搜集、译介、利用活动的每一个新阶段的开启，都与他们的对华认知以及对华需求的变化有着密切关系。

鸦片战争之前，踏上中国土地未久的英国人一方面需要尽可能了解这块土地，以寻找打开这个古老帝国国门的方法；另一方面，由于活动范围被限制在中国大陆的南部一隅，他们对于千里之外的这个帝国的中心——紫禁城内那位以"天子"之名号令数亿臣民的帝国统治者越发感到好奇，渴望着与其相关的各种消息。在上述需求的推动下，他们展开了对《京报》消息的搜集和译介活动。早期英国人围绕《京报》所展开的活动集中于粤港澳一带，鉴于当时西方对《京报》的认知极为有限，此时期与《京报》相关的英文文本中，"译"与"介"往往交杂出现，其内容也较为简单浅显。在这一时期，英国人对《京报》译介的翻译仅限于情报搜集的范畴，《京报》只承担英国人的"中国情报源"职能，并未现身于中英交涉的舞台之上。

鸦片战争之后，英国人虽然通过条约"打开了大清朝的大门"，获得了在中国沿海各开放口岸活动的权利，但他们很快发现，"打开大门"并不意味着中国的广阔市场就此成为他们的囊中之物——大门之内不仅没有高举着双手欢迎满载而来的英国商船的清朝百姓,反而闪烁着一双双满是蔑视与敌意的黑色眼睛,使英国人在华开展活动时仍有处处受限之感。英国人由此开始意识到让清政府遵守条约,并让尽可能多的中国人知晓条约对其扩大在华权益的意义,与此同时,他们对《京报》的认识也进入对其权威性以及影响力的探讨阶段。将上述情况两相结合,英国人迈出了将《京报》引入中英交涉的第一步——在第二次鸦片战争末期,英法联军总司令额尔金提出将"条约签订的消息刊登在《京报》上"作为联军从北京撤兵的条件之一,这是以英国人为代表的西方人为将《京报》作为逼迫清政府就范的手段而进行的最初尝试。

进入19世纪中后期,对于此时关心中国事务的英国人来说,迫使清政府履行承诺、督促地方掌权者按约章办事、改变全体中国人在对待西方人时的"华夷观念"已经成为一种习惯性思维,潜移默化中影响着他们的对华言论以及对华行动,这种情况不仅存在于英国人中,法、美等其他欧美国家的一些人士在展开对华活动时,也抱有类似的想法。《京报》译介活动的发展趋势与以英国人为代表的欧美人的上述对华需求的变化趋势呈正相关,因此在19世纪中后期,《京报》译介活动也迎来蓬勃发展的时期,其中最重要的成果就是字林报馆从1871年开始大量、定期、系统地刊载《京报》所载新闻的译文。这些《京报》新闻的英译文本在19世纪中后期的中西交往中占据了一席之地,在"觐见问题""马嘉理案""丁戊奇荒"等诸多19世纪中后期涉及中西关系的事件中都受到了以英国人为代表的西方人的关注,并对事件进程产生了影响。

鸦片战争以后,随着中英关系的步步推进,英国人意识到凭借船坚炮利使中国屈服的这一"硬"的做法效果虽然立竿见影,但善后问题重重。为应对对华动武所留下的后遗症,也为其在华的后续发展创造更好的环境,19世纪中期以后,英国人的对华政策及其对华活动的侧重点开始由"倚仗船坚炮利取得短暂胜利"向"借助文化、意识形态的渗透谋求长远利益"这更为"柔软"的一面倾斜。对《京报》英译活动的研究正是从中英双方在"信息空间"内的权力角逐的角度，展现近代中英关系这一演变轨迹。《京报》在19世纪中英关系中所经历的从"幕后"到"台前"，由"本地"到"国际"，由"信息源"到"外交手段"再到"评判中英关系的风向标"的功能转变过程，正反映出英国对华活动中"硬"与"软"两面之间关系的微妙变化。

与此同时，在欧美各国在中国的争夺与合作更加频繁的背景下，由《京报》及其英译文稿所构成的消息通道也从沟通中英的"单线条"向由中国辐射至世界多个地区的连通中西的"网状"发展。19世纪末20世纪初，随着近代报业在中国的崛起以及各种新式通信手段在中国的推广，越来越多的人员、机构开始投入中西信息的互译活动，中西之间的信息通达程度远非之前所能比，《京报》及其英译活动也随之淡出了时人的视野。在这种环境下，就清政府而言，不仅对《京报》内容的生产和传播的掌控能力已被大大削弱，在整个信息传播领域的权威地位也摇摇欲坠。有鉴于此，在20世纪初清末新政中，清政府以一套从中央到地方的新式官报系统取代以《京报》为代表的旧有系统，将对官方信息的控制方法由"保密"变为"引导"，试图通过"政治媒介化"的方式建立新的"信息秩序"，帮助清政府夺回日渐削弱的信息控制权。从权力的角度来看，这一转变所反映的正是信息场域皇权权威被逐步消解，以英美外交要员和各省督抚为代表的多个新兴权力体迅速冒头的现实，展现出清末"信息秩序"重塑后的新景象。

附 录

一 19世纪有关《京报》的主要英文介绍及研究[*]

初刊时间	作者	题名	出处	提要
April, 1833	Robert Morrison	*Peking Gazette*	*The Chinese Repository*, Vol. I, No. 12, April, 1833, pp. 506–507	《京报》简介：《京报》名称由来、获取途径、版本、内容评介
October, 1835	Thomas Fisher	The *Peking Gazette*[*]	*The Gentleman's Magazine*, Vol. IV, October, 1835, p. 384	《京报》简介（命名、发行等）；《京报》的定价、读者

---

[*] 这些研究成果中不仅有以《京报》为研究主题的文章，也包括以专门的章节或是段落论及《京报》的文章或著作。本表是在1933年版 Roswell S. Britton（白瑞华）所著 *The Chinese Periodical Press, 1800-1922* 书后参考书目中 The Indigenous Press（本土报刊）部分所列著述的基础上整理、增补和校订而成的，增补的部分多为原载于报纸上的《京报》相关文章，以及 不以《京报》为主题但包含专门论述《京报》的章节或段落的著作。本表中题名后标有 * 的条目为在白瑞华所列参考文献外新增补的内容。

续表

初刊时间	作者	题名	出处	提要
May, 1836	E. C. Bridgman	Periodical Literature	The Chinese Repository, Vol. V, No.1, May, 1836, pp. 1-12	《辕门抄》;《京报》发抄简介;《京报》的形态、版本、定价方式、内容格式(包括对"朱批"的介绍)、中英对译方式
September, 1836	Robert Inglis	Notices of Modern China	The Chinese Repository, Vol. V, No. 5, September, 1836, pp. 202-208	《京报》在朝廷和外省的发抄与传播过程
August, 1838	John Morrison	Analysis of the Peking Gazette, from 10th February to 18th March, 1838	The Chinese Repository, Vol. Ⅶ, No. 4, August, 1838, pp. 226-231	《京报》内容的价值;《京报》常见内容分类介绍
February 12th, 1842	Charles Knight	The "Peking Gazette"*	The Penny Magazine, February 12th, 1842, p. 64	《京报》从内阁发抄到到达各省较为详细的流程介绍;清政府对《京报》的监管;《京报》的性质、内容,特别说到其中包括很多有趣的物理现象;《京报》在北京和外省流通渠道的区别
December, 1843	Edward Hickson	Asiatic Journals*	Westminster Review, Vol. 40, No. 2, December, 1843, p. 515	对流传到英国的《京报》原本的形态和内容的介绍;《京报》的性质
February, 1844	E. C. Bridgman〔美〕	Remarks upon the Peking Gazette	The Chinese Repository, Vol. ⅩⅢ, No. 2, February, 1844, p. 107	是1836年5月同名文章的续篇,内容承接前文
1850	Thomas Francis Wade	Note on the Condition and Government of the Chinese Empire in 1849 [Chiefly from the Peking Gazette]	Hongkong: Printed at the China Mail Office, 1850, pp. 2-6	《京报》溯源(至宋代);《京报》的性质、版本、内容;《京报》的权威性和真实性

续表

初刊时间	作者	题名	出处	提要
1861	D. F. Rennie	Peking, and the Pekingese during the First Year of the British Embassy at Peking*	李国庆整理《"中国研究"外文旧籍会刊·中国记录》第2辑（3），广西师范大学出版社，2014，第231—234页	《京报》的版本（提到"红皮京报"）；《京报》的内容详细解析
February 25th, 1865	James Macauley	The Peking Gazette*	The Leisure Hour: A Family Journal of Instruction and Recreation, February 25th, 1865, pp. 119-122	将《京报》与《伦敦公报》比较。《京报》的权威性；《京报》的性质；《京报》的形态、印刷方式、版本；《京报》的内容价值
February 17th, 1866	J. Frances, etc.	The Flying Dragon Reporter for China, Japan, and the East*	The Athenaeum, No. 1999, February 17th, 1866, p. 234	《京报》的权威性；有助于认识中国人的民族性
February, 1867	Deak	Native Newspapers	Notes and Queries on China and Japan, Vol. I, February, 1867, p. 19	《京报》的性质（中国唯一的本土报纸）
September 21st, 1867		The Peking Gazette*	The North-China Herald and Market Report, September 21st, 1867, p. 259	《京报》的读者；《京报》内容的编选、获取渠道
October 3rd, 1868		Our Chinese Newspaper*	The North-China Herald and Market Report, October 3rd, 1868, p. 477	《京报》的性质、与西方商业报纸和《伦敦公报》的比较
November 8th, 1869		The Emperor of China Personally Supervises the Peking Gazette*	The Dundee Courier & Argus, November 8th, 1869, issue 5076	《京报》编选和监管（皇帝亲自负责）
March 29th, 1871		The China "Press"**	The North-China Herald and Supreme Court & Consular Gazette, March 29th, 1871, pp. 216-217	将英国伦敦、印度加尔各答和中国北京的官报（《京报》）一起讨论；《京报》消息的价值；引用《北华捷报》的《京报》译文介绍总理衙门

续表

初刊时间	作者	题名	出处	提要
February and March, 1873	Rutherford Alcock	The *Peking Gazette*	*Fraser's Magazine*, Vol. VII, No. 38, Feb. & Mar., 1873, pp. 245-256, 341-357	将《京报》与《伦敦公报》做比较；《京报》内容的价值、重要性
July and August, 1874	William Mayers	The *Peking Gazette*	*The China Review*, Vol. III, No. 13, July & August, 1874, pp. 13-18	19世纪英国人最详尽的《京报》研究：概述；发抄；形态；监管；溯源和性质
December 27th, 1877	P.	*Peking Gazette**	*Liverpool Mercury*, December 27th, 1877, Issue 9345	《京报》的读者、形态和内容
July 25th, 1877		The *Peking Gazette* for 1876*	*The Pall Mall Gazette*, July 25th, 1877, Issue 9345	《京报》的性质、发行、内容介绍（除了常见的三部分内容，还提到选单）；《京报》的价值；《京报》译本介绍
June, 1890	E. T. C. Werner (1864-1954)	A Curiosity in Journalism*	*Time*, June, pp. 594-596	《京报》的形态、版本、编选、印刷出版；《京报》由皇帝监管；《京报》与英国商业报纸的比较；《京报》的格式；《京报》在人类历史上的地位
1892	J. Dyer Ball	*Things Chinese*[1] （共五版：1st 1892, 2nd 1893, 3rd 1900, 4th 1903, 5th 1925*）	Kelly & Walsh, Limited, 1892, pp. 407-408	《京报》是世界上最古老的报纸，具有政府公报的性质；引用1874年梅辉立对《京报》内容、版本和读者的介绍
November, 1896	E. H. Parker	The "*Peking Gazette*" and Chinese Posting	*Longman's Magazine*, No. 169, 1896, pp. 73-81	《京报》文本通过上海等地新式报纸以及电报的扩散；《京报》的发行机构；《京报》内容的15个固定模式

续表

初刊时间	作者	题名	出处	提要
October 17th, 1898	Ernest Box	Native Newspapers	The North-China Herald and Supreme Court & Consular Gazette, October 17th, 1898, p. 737	《京报》的性质；《京报》内容的编选；《京报》的译本

注：[1] 该书主要参考第3、4版：J. Dyer Ball, *Things Chinese being Notes on Various Subjects Connected with China*, Kelly & Walsh, Limited, 1900; J. Dyer Ball, *Things Chinese or Notes Connected with China*, Kelly & Walsh, 1903。

二 《字林西报》"《京报》摘要"栏目中易混淆常见用语的中英文对译

分类	中文	英文
公文类型	上谕	(Imperial) Decree/Edict
	宫门抄	Court Circular
	报本	Report
	奏折	Memorial（多人联奏时译作 joint Memorial）
	附片	Supplementary memorial/Sub-Memorial
公文格式	旨	A Decree ordering/Rescript
	准	Ratification
	命	(in) command/order
	召见	To summon to audience
	殿见、觐、觐见	To have audience
	派、任命	To appoint
	钦此	Respect this
	奏、奏为、题报	To memorialize/report to the Throne
	奏为请旨事	Request
	旨知道了	Received/The request is recorded/Rescript: Noted
	旨某部议奏	The Board of XX is ordered to report

续表

分类	中文	英文
公文格式	旨某部知道	Referred to the Board of XX
	旨准奏	Granted by Rescript
常见机构	部院	Departments
	吏部	Board of Civil Office
	户部	Board of Revenue
	礼部	Board of Ceremonies
	兵部	Board of War
	刑部	Board of Punishments
	工部	Board of Works
	宗人府	The Imperial Clan Court
	内务府	The Imperial Household
	广储司	Treasury of the Privy Purse
	都虞司	Pay and Commission Office for the Household Brigade
	掌仪司	Office of Worship, Ceremonial, and Control of Eunuchs
	营造司	Office of Works
	慎刑司	Judicial Department
	侍卫处	The Department of the Imperial Body Guard
	亲军营	The Imperial Guard
	奏事处	Privy Cabinet Office
	军机处	Grand Council
	内阁	Grand Secretariat or Inner Cabinet
	方略馆	The Military Archive Office
	总理衙门	The Yamen of Foreign Affairs
	四译会同馆	Keeper of the Residence for Tributary Envoys
	会同馆	Imperial Despatch Office
	报捷处	Council Messenger's Office
	提塘	The Courier Posts
	军需局	Office of the Military Chest

续表

分类	中文	英文
常见机构	钱法局	Coinage Department
	职方清吏司	General Conduct Office
	理藩院	The Mongolian Superintendency or Colonial Office
	都察院	The Censorate
	通政司	Office of Transmission
	大理寺	Grand Court of Revision
	翰林院	The College of Literature
	詹事府	Imperial Supervisorate of Instruction
	太常寺	Court of Sacrificial Worship
	太仆寺	Court of the Imperial Stud
	光禄寺	Court of the Imperial Entertainments
	鸿胪寺	Court of State Ceremonial
	南书房	The Imperial College of Inscriptions
	钦天监	Imperial Board of Astronomy
	太医院	College of Imperial Physicians
	旗	Banner
	中书省	Central Government
	府	Fu/Prefecture
	厅	T'ing/Independent Sub-Prefecture
	直隶州	Chih-li/Independent Department
	州	Chow/Department
	县	Hien/District
	营务处	Military Secretariat
	步军营	The Division of Gendarmerie
	提督衙门	Office of Gendarmerie
	宝泉局	The Coinage Department of the Board of Revenue
	宝源局	The Coinage Department of the Board of Works
	前锋营	Vanguard Division

续表

分类	中文	英文
常见机构	火器营	The Artillery and Musketry Division
	神机营	The Peking Field Force
	驻防	Garrison
	绿营	The Chinese Provincial Forces
	陆路	Land Forces
	水师	Marine
常见职官	尚书	President
	左都御史	President of the Censorate
	侍郎	Vice-President of a Board
	右都御史	Associate-President of the Censorate
	大臣	Minister/Statesman
	部院大臣	Heads of Departments
	御史	Censor
	钦差	Imperial Commissioner
	院使	Commissioner
	按察使司	Provincial Judicial Commissioner
	通商大臣	Superintendent of Trade
	铸印局大使	Superintendent of the Seal-casting Department
	海关监督	Superintendent of Customs
	织造	Superintendent of an Imperial Manufactory
	中军	Military Secretary
	游牧正尉	Chief Superintendent of Nomads
	卿、监正	Director
	学正	Director of Studies
	学政	Provincial Director of Education
	少卿、监副	Sub-Director
	河东河道总督	Director-General of the Yellow River
	漕运总督	Director-General of the Grain Transport
	大学士	Grand Secretary
	协办大学士	Assistant Grand Secretary

续表

分类	中文	英文
常见职官	堂郎中、章京、中书、五官正、知事	Secretary
	郎中	Senior Secretary of a Board
	主事、左右评事	Assistant Secretary
	寺丞	Secretary of a Court
	管理监事大臣	Chancellor
	管理国子监大臣	Chancellor of the Imperial Academy
	内阁学士	Sub-Chancellor of the Grand Secretariat
	总管大臣	Comptroller of the Household
	盐运使司	Salt Comptroller
	部堂/总督	Governors-General/Viceroy
	布政使司	Lieutenant-Governor/Financial Commissioner
	巡抚	Inspector/Governor
	都统	Lieutenant-General
	骁骑校、护军校	Lieutenant
	印务参领	Adjutant-General
	将军	Military Governor
	府尹	Governor of a *Fu*
	府丞	Vice-Governor of a *Fu*
	粮道	Grain Intendant
	府州县	Prefects and Magistrates
	知州	Department Magistrate
	知府	Prefect
	同知	Sub-Prefect
	通判	Assistant Sub-Prefect
	治中	Sub-Prefect of a *Fu*
	知县	District Magistrate
	兵马司指挥	Police Magistrate
	副指挥	Assistant Police Magistrate
	营总	Commandant

《京报》的英译、传播与影响（1802—1911）

续表

分类	中文	英文
常见职官	步军统领	General Commandant of the Gendarmerie
	城守尉	Military Commandant
	左右翼前锋统领	Commandants of the Left and Right Wing of the Vanguard Division
	骁骑参领、副将	Colonel
	副骁骑参领、护军参领、参将	Lieutenant-Colonel
	佐领	Captain
	护军统领	Captain-General
	提督	Provincial Commander-in-Chief
	总兵	Brigade General

三　《字林西报》"《京报》摘要"栏目与中国文化有关的注释一览

英文注释刊出日期	中文原文刊出日期	注释对象	内容概要
1871年8月25日	1871年7月22日	Foreign	汉字"番"可与英文单词"Foreign"对应
1872年2月1日	1871年12月20日	Si-yo（西岳）	介绍西岳华山的地理位置和历史地位
1872年6月15日	1872年5月11日	barbarians（夷）、savages（生番）	对汉语中"夷"和"生番"的介绍
1873年5月15日	1873年3月21日		介绍中国各省总督开缺和任命方式
1873年5月24日	1873年3月31日	Eastern Mountain（东岳）	东岳泰山对中国人的意义
1873年7月5日	1873年5月28日	Luminous Azure（昊苍）	对昊天上帝的解释
1874年8月29日	1874年8月6日	Transcription of documents	对公文来源《京报》的介绍
1875年3月18日	1875年2月15日	Cheng Ch'eng-kung（郑成功）	郑成功事迹介绍

续表

英文注释刊出日期	中文原文刊出日期	注释对象	内容概要
1875 年 11 月 4 日	1875 年 10 月 11 日	Dassaks（扎萨克）	介绍蒙古各旗首领
1877 年 3 月 2 日	1877 年 2 月 1 日	Min kia（民教）	词义解释
1878 年 12 月 2 日	1877 年 10 月 14 日	青	对于"青"色该如何翻译的讨论
1879 年 9 月 15 日	1879 年 8 月 30 日	宝石顶戴	顶戴佩戴规则介绍
1880 年 1 月 23 日	1879 年 12 月 25 日	Sun San-hai（孙三漘）	介绍中国人的起名习俗
1880 年 1 月 15 日	1879 年 12 月 12 日	Foreign opium	对"洋烟"含义的解释
1880 年 3 月 25 日	1880 年 2 月 2 日	Wooden tablets	历史上中国人的书写工具
1880 年 8 月 17 日	1880 年 7 月 12 日	Imperial Supervisorate	詹事府职能介绍
1881 年 1 月 18 日	1880 年 11 月 21 日	Imperial Princes	爵位继承制度介绍
1881 年 7 月 1 日	1881 年 5 月 25 日	Hun Ch'un River	珲春河简介
1882 年 3 月 23 日	1882 年 1 月 24 日	腊八粥	腊八粥名词解释
1882 年 7 月 21 日	1882 年 5 月 20 日	板登（现代汉语：板凳）	板凳名词解释
1883 年 5 月 15 日	1883 年 3 月 28 日	浙江人口	浙江人口变迁介绍
1883 年 5 月 15 日	1883 年 3 月 29 日	Six Scrutinies*（六察）	根据《唐书百官志》对监察御史职能的介绍
1885 年 1 月 30 日	1884 年 12 月 11 日	Conch-shell	祭祀祈福习俗介绍
1885 年 5 月 9 日	1885 年 3 月 15 日	抚恤伤员	援引理雅各的《中国经典春秋》，说明中国的治国理念
1885 年 5 月 30 日	1885 年 4 月 22 日	Commute（减刑）	对于中国量刑时罚银减刑规则的解释
1885 年 12 月 8 日	1885 年 10 月 19 日	福晋	名词解释
1885 年 12 月 15 日	1885 年 10 月 27 日	A screen or hedge（藩篱）	援引《诗经》进行解释
1890 年 12 月 5 日	1890 年 11 月 12 日	"Chao Chung" shrines	台湾当地一种立碑纪念贤能之人的方法
1893 年 3 月 30 日	1893 年 1 月 20 日	湖南银票	湖南特殊的货币交换情况介绍
1894 年 4 月 13 日	1893 年 12 月 26 日	Comptrollers-General	六部介绍
1895 年 10 月 25 日	1895 年 8 月 16 日	"robbed" or "stolen"	汉语用法解释
1896 年 2 月 7 日	1896 年 12 月 3 日	Director-general of the Yellow River	河东河道总督职权介绍

续表

英文注释刊出日期	中文原文刊出日期	注释对象	内容概要
1896年7月10日	1896年4月16日	Brigadier-General of Teng-choufu, Shangtung	山东滕州总兵介绍
1896年11月13日	1896年8月29日	Kung family	孔氏家族简介
1896年12月18日	1896年9月18日	Miaotze aborigines	从明到清,湖南苗族人的武装情况
1897年2月5日	1896年12月1日	Sacred Edicts	"圣谕"译法解释
1897年2月26日	1896年12月22日	Ningshou Place	宁寿宫介绍
1897年4月15日	1897年2月21日	Captain General	八旗护卫简介
1898年3月7日	1897年12月24日	Court of Revision	大理寺职能介绍
1898年7月11日	1898年3月4日	Patriarchal system of government in China	地方官员被当地人视为父母官
1898年8月15日	1898年5月1日	Manchu term of mourning	满制对丁忧的规定
1899年7月25日	1899年4月1日	21st day 4th moon	对明代以来殿试时间的解释
1899年11月6日	1898年11月16日	Pao-yi Banners	包衣三旗介绍

参考文献

一 报刊

《邸抄》（影印本），咸丰二年至十一年、同治元年至光绪七年，北京图书馆出版社，2004。

《大公报》（天津版影印本）第6、10、13、14册，人民出版社，1982。

《京报》（大英图书馆藏本），咸丰朝至光绪朝（部分）。

《京报》（早稻田大学藏本），光绪朝（部分）。

《京报（邸报）》（影印本），光绪八年至光绪二十六年，全国图书馆文献缩微复制中心，2003。

《申报》（影印本），1873年、1882年，上海书店出版社，2008。

《政治官报》，《清末官报汇编》第66、67册，全国图书馆文献缩微复制中心，2007。

《印中搜闻》（*The Indo-Chinese Gleaner*）（影印本），1817—1822，国家图书馆出版社，2009。

The Canton Register, 1837.

The China Mail, 1856, 1875-1877.

The Chinese Repository, 1832-1851.

The Japan Daily Herald, 1876-1879.

The Japan Gazette, 1876-1879.

The Japan Times, 1876-1879.

The North-China Daily News, 1864-1900.

The North-China Herald, 1851-1867.

The North-China Herald and Market Report, 1867-1869.

The North-China Herald and Supreme Court & Consular Gazette, 1870-1900.

The Shanghai Evening Courier, 1873-1874.

The Transactions of the Royal Asiatic Society of Great Britain and Ireland, 1825-1827.

二 资料集、笔记、文集等

〔美〕阿林敦:《青龙过眼》,叶凤美译,中华书局,2011。

〔英〕阿绮波德·立德:《亲密接触中国——我眼中的中国人》,杨柏、冯冬等译,南京出版社,2008。

〔英〕艾莉莎·马礼逊编《马礼逊回忆录》第1、2卷,北京外国语大学中国海外汉学研究中心翻译组译,大象出版社,2008。

〔法〕伯纳·布立赛等编《圆明园劫难记忆译丛》,中西书局,2011。

曹雪芹、高鹗:《红楼梦》,人民文学出版社,1982。

长白山人:《北京报纸小史》,管翼贤纂辑《新闻学集成》第6辑,中华新闻学院,1943。

《筹办夷务始末(道光朝、咸丰朝)》,沈云龙主编《近代中国史料丛刊》,台北,文海出版社,1970。

《筹办夷务始末(同治朝)》,中华书局,2008。

范道生:《瞻岱轩日记》,国家清史编纂委员会《清代稿抄本》,广东人民出版社,2008。

〔英〕G.L.狄更生:《"中国佬"信札——西方文明之东方观》,卢彦明、王玉括译,南京出版社,2008。

〔法〕古伯察:《中华帝国纪行——在大清国最富传奇色彩的历险》,张子清等译,南京出版社,2006。

〔美〕何天爵:《真正的中国佬》,鞠方安译,中华书局,2006。

胡道静:《上海新闻史》,上海通志馆,1935。

蒋国珍:《中国新闻发达史》,《民国丛书》第三编(41),上海书店出版社,1991。

蒋予奇:《中英交涉史》,大东书局,1933。

〔英〕克拉克·阿神尔:《中国旅行记——阿美士德使团医官笔下的清代中国》,刘海岩译,刘天路校,上海古籍出版社,2012。

李伯元:《官场现形记》,世界繁华报馆,1903。

〔美〕李国庆整理《中国研究外文旧籍汇刊》第2辑,广西师范大学出版社,2014。

〔英〕呤唎:《太平天国革命亲历记》,王维周译,上海古籍出版社,1985。

〔美〕M.G.马森:《西方的中国人和中国人观念(1840—1876)》,杨德山译,黄兴涛、杨念群主编《西方的中国形象》,中华书局,2006。

马建石:《大清律例通考校注》,中国政法大学出版社,1992。

〔日〕内藤乾吉校《六部成语注解》,浙江古籍出版社,1987。

〔美〕倪维思:《中国和中国人》,崔丽芳译,中华书局,2011。

钱实甫编《清代职官年表》,中华书局,1980。

《亲历晚清四十五年:李提摩太在华回忆录》,李宪堂、侯林莉译,天津人民出版社,2005。

《清末筹备立宪档案史料》,沈云龙主编《近代中国史料丛刊续编》第81辑,台北,文海出版社,1981。

上海社会科学院历史研究所编《太平军在上海——〈北华捷报〉选译》,上海人民出版社,1983。

史和、姚福申、叶翠娣编《中国近代报刊名录》,福建人民出版社,1991。

〔英〕斯当东:《英使谒见乾隆纪实》,叶笃义译,上海书店出版社,1997。

王铁崖编《中外旧约章汇编》第1册,三联书店,1957。

王学主编《李鸿章全集》，时代文艺出版社，1998。

〔英〕伟烈亚力：《1867年以前来华基督教传教士列传及著作目录》，倪文译，广西师范大学出版社，2011。

〔美〕卫三畏：《中国总论》，陈俱译，陈绛校，上海古籍出版社，2005。

《翁同龢日记》，《中国近代人物日记丛书》，中华书局，2006。

吴敬梓：《儒林外史》，中华书局，2009。

姚公鹤：《上海闲话》，吴德铎标点，上海古籍出版社，1989。

〔俄〕叶·科瓦列夫斯基：《窥视紫禁城》，阎国栋译，耿昇、李国庆主编《亲历中国丛书》，北京图书馆出版社，2004。

《云钟雁三闹太平庄全传》，清刊本。

曾朴：《孽海花》，王培元校点，山东文艺出版社，1995。

张剑整理《翁心存日记》，中华书局，2011。

中国社会科学院近代史研究所编译室编《近代来华外国人名辞典》，中国社会科学出版社，1981。

中外旧约章大全编委会：《中外旧约章大全》第1分卷，中国海关出版社，2007。

朱寿朋：《十二朝东华录（光绪朝）》，台北，文海出版社，1963。

Committee of the China Famine Relief Fund (ed.), *The Great Famine*: *Report of the Committee of the China Famine Relief Fund*, Shanghai, 1879.

E. H. Parker, "The 'Peking Gazette' and Chinese Posting," *Longman's Magazine*, No. 169, 1896.

E. T. C. Werner, "A Curiosity in Journalism," *Time*, June, 1890.

Edward Hickson, "Asiatic Journals," *Westminster Review*, Vol. 40, No. 2, December, 1843.

Ellen Miller Casey, "Weekly Reviews of Fiction: The *Athenaeum* vs. the *Spectator* and the *Saturday Review*," *Victorian Periodicals Review*, Vol. 23, No. 1, 1990.

J. Dyer Ball, *Things Chinese or Notes Connected with China*, Kelly & Walsh,

Limited, Hongkong, Shanghai, Yokohama and Singapore, 1903.

J. Frances, etc., "The Flying Dragon Reporter for China, Japan, and the East (Review)," *The Athenaeum*, No. 1999, Feb. 17th, 1866.

James Macauley, "The *Peking Gazette*," *The Leisure Hour: A Family Journal of Instruction and Recreation*, Feb. 25th, 1865.

Robert Morrison, *The Original Chinese with Notes*, East India Company's Press, Canton, 1815.

Rutherford Alcock, "The *Peking Gazette*," *Fraser's Magazine*, Vol. VII, No. 38, Feb. and Mar., 1873.

Thomas Francis Wade, *Note on the Condition and Government of the Chinese Empire in 1849*, Hong Kong: China Mail, 1850.

Translation of the Peking Gazette for 1872–1899, Hong Kong: The "North-China Herald" Office, 1873–1900.

William Henry Wilkinson, "Where Chinese Drive," *English Student-life at Peking*, London, 1885.

William Mayers, "The *Peking Gazette*," *The China Review*, Vol. III, No. 13, July and August, 1874.

三 论著

〔美〕艾志端:《铁泪图:19世纪中国对于饥馑的文化反应》,曹曦译,江苏人民出版社,2011。

〔美〕白瑞华:《中国报纸(1800—1912)》,王海译,暨南大学出版社,2011。

〔美〕白瑞华:《中国近代报刊史》,苏世军译,中央编译出版社,2013。

白润生:《中国新闻通史纲要》,中央民族大学出版社,2004。

〔英〕保罗·法拉奇:《镜里看中国——从鸦片战争到毛泽东时代的驻华外国记者》,张强译,中国友谊出版社,2011。

〔英〕彼得·伯克:《知识社会史》,贾士蘅译,台北,麦田出版社,2003。

〔英〕伯尔考维茨:《中国通与英国外交部》,江载华、陈衍译,商务印书馆，1959。

程丽红：《清代报人研究》，社会科学文献出版社，2008。

丁淦林：《中国新闻事业史新编》，四川人民出版社，1998。

端木赐香：《大国之殇：第二次鸦片战争全景解读》，华中科技大学出版社，2014。

方汉奇：《中国近代报刊史》，山西教育出版社，1981。

方汉奇主编《中国新闻事业编年史》，福建人民出版社，2000。

〔美〕费正清、刘广京编《剑桥晚清中国史（1800—1911年）》，中国社会科学院历史研究所编译室译，中国社会科学出版社，1985。

高晞：《德贞传：一个英国传教士与晚清医学现代化》，复旦大学出版社，2009。

戈公振：《中国报学史》，岳麓书社，2011。

顾长声：《从马礼逊到司徒雷登——来华新教传教士评传》，上海书店出版社，2005。

郭卫东：《转折——以早期中英关系和〈南京条约〉为考察中心》，河北人民出版社，2003。

郭小东：《打开"自由"通商之路》，广东人民出版社，1999。

〔美〕哈林、〔意〕曼奇尼：《比较媒介体制——媒介与政治的三种模式》，陈娟、展江等译，中国人民大学出版社，2012。

郝平：《丁戊奇荒：光绪初年山西灾荒与救济研究》，北京大学出版社，2012。

〔美〕何伟亚：《怀柔远人：马戛尔尼使华的中英礼仪冲突》，邓常春译，社会科学文献出版社，2002。

〔美〕何伟亚：《英国的课业：19世纪中国的帝国主义教程》，刘天路、邓红风译，社会科学文献出版社，2007。

黄瑚：《中国新闻事业发展史》，复旦大学出版社，2001。

黄卓明：《中国古代报纸探源》，人民日报出版社，1983。

〔英〕季南：《英国对华外交（1880—1885）》，许步曾译，商务印书馆，1984。

季压西、陈伟民：《从"同文三馆"起步》，学苑出版社，2007。

蒯世勋等：《上海公共租界史稿》，上海人民出版社，1980。

赖光临：《中国新闻传播史》，台北，三民书局，1983。

李彬：《中国新闻社会史文选》，清华大学出版社，2008。

李良荣：《新闻学概论》，复旦大学出版社，2013。

〔美〕李普曼：《舆论学》，林珊译，华夏出版社，1989。

李文海等：《中国近代十大灾荒》，上海人民出版社，1994。

林语堂：《中国新闻舆论史》，暨南大学出版社，2011。

〔美〕刘禾：《帝国的话语政治：从近代中西冲突看现代世界秩序的形成》，杨立华等译，三联书店，2009。

刘家林：《中国新闻通史》，武汉大学出版社，1995。

〔美〕罗伯特·基欧汉、约瑟夫·奈：《权力与相互依赖》，门洪华译，北京大学出版社，2012。

马光仁主编《上海新闻史（1850—1949）》，复旦大学出版社，1996。

〔德〕马克斯·韦伯：《儒教与道教》，洪天福译，江苏人民出版社，2010。

〔美〕马士、宓亨利：《远东国际关系史》，姚曾廙等译，上海书店出版社，1998。

〔美〕马士：《东印度公司对华贸易编年史》，区宗华译，中山大学出版社，1991。

〔美〕马士：《中华帝国对外关系史》，张汇文等译，上海书店出版社，2000。

〔美〕曼切尔：《新闻报道与写作》，艾丰等编译，中国广播电视出版社，1981。

茅海建：《天朝的崩溃》，三联书店，1995。

倪延年：《中国古代报刊发展史》，东南大学出版社，2001。

牛传誉：《报人·报史·报学》，台北，台湾商务印书馆，1980。

秦绍德：《上海近代报刊史论》，复旦大学出版社，1993。

史斌：《电报通信与清末民初的政治变局》，中国社会科学出版社，2012。

史媛媛：《清代前中期新闻传播史》，福建人民出版社，2008。

苏精：《马礼逊与中文印刷出版》，台北，台湾学生书局，2000。

苏精：《中国，开门！马礼逊及相关人物研究》，香港，基督教中国宗教文化研究社，2006。

童兵主编《中西新闻比较论纲》，新华出版社，1999。

王宏志：《翻译与近代中国》，复旦大学出版社，2014。

王健：《沟通两个世界的法律意义——晚清西方法的输入与法律新词初探》，中国政法大学出版社，2001。

王开玺：《清代外交礼仪的交涉与争论》，人民出版社，2009。

王立诚：《中国近代外交制度史》，甘肃人民出版社，1991。

王绳祖：《中英关系史论丛》，人民出版社，1981。

王天根：《清末民初报刊与革命舆论的媒介建构》，合肥工业大学出版社，2010。

王曾才：《英国对华外交与门户开放政策》，台北，联经出版社，1979。

王曾才：《中英外交史论集》，台北，联经出版社，1983。

吴义雄：《条约口岸体制的酝酿——19世纪30年代中英关系研究》，中华书局，2009。

吴义雄：《在华英文报刊与近代早期的中西关系》，社会科学文献出版社，2012。

吴义雄：《在宗教与世俗之间——基督教新教传教士在华南沿海的早期活动研究》，广东教育出版社，2000。

夏笠：《第二次鸦片战争史》，上海书店出版社，2007。

萧致治主编《鸦片战争史》，福建人民出版社，1996。

熊文华：《英国汉学史》，学苑出版社，2007。

《严中平文集》，中国社会科学出版社，1996。

尹韵公：《中国明代新闻传播史》，重庆出版社，1997。

于乃仁、于希德编著《马嘉理事件始末》，德宏州史志办公室，1992。

〔美〕约翰·希利·布朗、保罗·杜奎德：《信息的社会层面》，王铁生、葛立成译，商务印书馆，2003。

曾虚白：《中国新闻史》，台北，三民书局，1984。

〔美〕张馨保：《林钦差与鸦片战争》，徐梅芬等译，福建人民出版社，1989。

朱雍：《不愿打开的中国大门——乾隆时期的中英关系》，江西人民出版社，1989。

〔新加坡〕卓南生：《中国近代报业发展史（1815—1874）》，中国社会科学出版社，2002。

邹振环：《影响中国近代社会的一百种译作》，中国对外翻译出版公司，1996。

邹振环：《晚清西方地理学在中国》，上海古籍出版社，2000。

井東憲『中華新聞發達史』日本問題研究會、1937。

Andrea Janku, The North-China Famine of 1876-79—Performance and Impact of a Non-Event, Measuring Historical Heat: Event, Performance and Impact in China and the West, Symposium in Honourof Rudolf G. Wagner on his 60th Birthday, Heidelberg, November 3th-4th, 2001.

Barbara Mittler, A Newspaper for China? Power, Identity, and Change in Shanghai's News Media, 1872-1912, New York: Harvard University Press, 2004.

C. A. Bayly, Empire and Information: Intelligence Gathering and Social Communication in India, 1780-1870, Cambridge: Cambridge University Press, 2000.

David Scott, China and the International System, 1840-1949: Power, Presence and Perceptions in a Century of Humiliation, Netherlands: Springer, 2009.

Frank H. H. King and Prescott Clarke, A Research Guide to China-Coast Newspapers, 1822-1911, New York: Harvard University Press, 1965.

Henri Cordier, Histoire des relations de la Chine, avec les puissancesoccidentales, 1860-1900, Paris: Félix Alcan, 1901.

Howard Tumber (ed.), The Nation and Communicative Space, Media Power, *Professionals, and Policies*, New York: Routledge, 2000.

James C. Cooley, *T. F. Wade in China: Pioneer in Global Diplomacy 1841- 1882*, Leiden: E. J. Brill, 1981.

James Hevia, *English Lessons: The Pedagogy of Imperialism in Nineteenth-Century China*, Durham: Duke University Press, 2003.

John Y. Wong, *Deadly Dreams: Opium, Imperialism, and the "Arrow" War (1856-1860) in China*, Cambridge University Press, 1998.

John Seely Brown, Paul Duguid, *The Social Life of Information*, New York: Harvard Business School Press, 2000.

Paul Richard Bohr, *Famine in China and the Missionary: Timothy Richard as Relief Administrator and Advocate of National Reform 1876-1884*, New York: Harvard University Press, 1972.

Roswell S. Britton, *The Chinese Periodical Press*, Shanghai: Kelly & Walsh, Limited, 1933.

S. T. Wang, *The Margary Affair and the Chefoo Agreement*, Oxford: Oxford University Press, 1940.

Sidney Lee (ed.), *Dictionary of National Biography*, London: Smith, Elder & Co., 1912.

Tomoko Akami, *Japan's News Propaganda and Reuters' News Empire in Northeast Asia, 1870-1934*, St. Louis: Republic of Letters, 2012.

TomoLydia H. Liu, *Clash of Empires: The Invention of China in Modern World Making*, Harvard University Press, 2004.

W. C. Costin, *Great Britain and China*, Oxford: Clarendon Press, 1937.

William Mayers, *Treaties between the Empire of China and Foreign Powers, togherther with Regulations for the Conduct of Foreign Trade*, Cornell University Library, 1873.

Y. P. Wang, *The Rise of the Native Press*, New York: Columbia University, 1924.

四　论文

程丽红：《清初京报的沉浮与小报之兴衰》，《探索与争鸣》2013年第12期。

方汉奇：《清代北京的民间报房与〈京报〉》，《新闻与传播研究》1990年第4期。

傅佳雯：《从〈字林西报〉探寻上海早期拍卖市场》，学士学位论文，复旦大学，2002。

傅佳雯：《十九世纪七十年代上海英美侨民眼中的华人社会与生活——以〈字林西报〉、〈晋源西报〉、〈文汇报〉的"读者之声"为中心》，硕士学位论文，复旦大学，2009。

葛思恩：《北华捷报集团的报刊——上海近代报刊史的最早一页》，《新闻传播与研究》1989年第4期。

谷长岭：《清代报刊的发展轨迹和总体状况》，《国际新闻界》2009年第12期。

关诗珮：《大英帝国、汉学及翻译：理雅各与香港翻译官学生计划（1860—1900）》，王宏志主编《翻译史研究（2012）》，复旦大学出版社，2012。

关诗珮：《翻译与调解冲突：第一次鸦片战争的英方译者费伦》，《"中央研究院"近代史研究所集刊》（台北）第76期，2013年。

关诗珮：《翻译政治及汉学知识的生产：威妥玛与英国外交部的中国学生译员计划（1843—1870）》，《"中央研究院"近代史研究所集刊》（台北）第81期，2013年。

关诗珮：《英法〈南京条约〉译战与英国汉学的成立——"英国汉学之父"斯当东的贡献》，王宏志主编《翻译史研究（2013）》，复旦大学出版社，2013。

黄宇和：《英国对华"炮舰政策"剖析》，《近代史研究》1999年第4期。

金玲：《明清邸报研究》，硕士学位论文，云南师范大学，2006。

《京报》的英译、传播与影响（1802—1911）

孔正毅：《清代邸报研究》，博士学位论文，中国人民大学，2011。

李开军：《戈公振〈中国报学史〉分期观点探源》，《国际新闻界》2010年第2期。

刘琼：《从"官讯"到"时政信息"：晚清官报内容之变及其含义》，《史林》2022年第1期。

李润波：《北京报业的奠基石——〈京报〉》，《北京档案》2007年第6期。

骆世查：《经由全球媒介的中西互动：〈北华捷报〉的信息交换网络（1850—1866）》，《新闻与传播研究》2022年第1期。

李文海：《晚清义赈的兴起与发展》，《清史研究》1993年第3期。

李育民：《论清政府的信守条约方针及其变化》，《近代史研究》2004年第2期。

廖欣：《清代京报研究》，硕士学位论文，安徽大学，2013。

刘亮：《近代西方人对"丁戊奇荒"的认识及其背景——〈纽约时报〉传达的信息》，《古今农业》2014年第3期。

吕小鲜：《有关清代邸抄的三个问题》，《清史研究》2000年第1期。

满志敏：《光绪三年北方大旱的气候背景》，《复旦学报》（社会科学版）2000年第6期。

潘贤模：《清初的舆论与钞报——近代中国报史初篇（续）》，《新闻与传播研究》1981年第3期。

潘贤模：《上海开埠初期的重要报刊》，《新闻与传播研究》1982年第6期。

屈文生：《早期中英条约的翻译问题》，《历史研究》2013年第6期。

唐海江、丁捷：《重构"上下之通"：清末新式官报与帝国传播体系的变革》，《新闻大学》2021年第4期。

汪幼海：《〈字林西报〉与上海近代新闻事业》，《史林》2006年第1期。

王宏志：《第一次鸦片战争中的译者上篇：中方的译者》，王宏志主编《翻译史研究（2011）》，复旦大学出版社，2011。

王宏志：《第一次鸦片战争中的译者下篇：英方的译者》，王宏志主编

《翻译史研究（2012）》，复旦大学出版社，2012。

王鸿泰：《明清的资讯传播、社会想像与公众社会》，《明代研究》2009年第6期。

王瓒玮：《"丁戊奇荒"期间日本对华赈济及其内在动因初探》，《清史研究》2014年第2期。

吴义雄：《权力与体制：义律与1834—1839年的中英关系》，《历史研究》2007年第1期。

夏明方：《论1876至1879年间西方新教传教士的对华赈济事业》，《清史研究》1997年第2期。

夏明方：《清季"丁戊奇荒"的赈济及善后问题初探》，《近代史研究》1993年第2期。

夏明方：《也谈"丁戊奇荒"》，《清史研究》1992年第4期。

姚福申：《关于明代京报的辨析》，《新闻大学》1984年第1期。

姚福申：《有关邸报几个问题的探索》，《新闻与传播研究》1981年第4期。

尹文涓：《耶稣会士与新教传教士对〈京报〉的节译》，《世界宗教研究》2005年第2期。

赵莹：《〈京报〉的流传与19世纪中英关系构建：以"觐见问题"为例》，《国际新闻界》2013年第7期。

赵莹：《〈京报〉英译与两次鸦片战争期间的中英关系》，《新闻与传播研究》2018年第3期。

赵莹：《"丁戊奇荒"中的灾情信息传播与"洋赈"》，《全球史评论》第18辑，中国社会科学出版社，2020。

邵志择：《机事不密则殆：京报、新闻纸与清政府保密统治的式微》，《新闻与传播研究》2018年第5期。

Andrea Janku, "Sowing Happiness: Spiritual Competition in Famine Relief Activities in Late Nineteenth-Century China," 《民俗曲艺》（台北）第143期，2004年。

Ariane Knuesel,"British Diplomacy and the Telgraph in Nineteenth-Century China," *Diplomacy and Statecraft*, Vol 18, No. 3, 2007.

Henrietta Harrison,"Newspapers and Nationalism in Rural China 1890-1929," *Past & Present*, No. 166, Feb., 2000.

Hyun-ho Joo, Between Culturalism and Nationalism: Late Qing Chinese Media's Representation of Choson Korea, A dissertation submitted to the faculty of the division of the humanities in Chandidacy for the degree of doctor of philosophy, The University of Chicago, June 2010.

Jonathan Ocko,"The British Museum's *Peking Gazette*," *Ch'ing-shih wen-t'i*, Vol. 2, No. 9, January, 1973.

Rodolf Wagner,"Don't Mind the Gap! The Foreign-language Press in Late-Qing and Republican China," *China Heritage Quarterly*, Jun. & Sep., 2012.

W. W. Rockhill,"Diplomatic Missions to the Court of China: The Kotow Question Ⅱ," *The American Historical Review*, Vol. 2, No. 4, July, 1897.

五　数据库

爱如生数据库"中国丛书库""中国俗文库"
全国报刊索引数据库
清代档案文献数据库《大清五部会典》《大清历朝实录》
书同文数据库《清代外交档案文献汇编》
中国基本古籍库
中国近代报刊数据库

近现代中国英文报纸库（1832—1953）（ProQuest-Chinese Newspapers Collection,1832-1953）
大英图书馆馆藏英国报纸数据库（British Library Newspapers）
英国政府文献数据库（U. K. Parliamentary Papers）

《泰晤士报》全文数据库（*The Times* Digital Archive）
英国国会辩论记录数据库（Hansard's Parliamentary Debate）
英国历史线上数据库（British History Online）
十九世纪作品在线（Gale-Nineteenth Century Collections Online）
东南亚报纸集（Southeast Asian Newspapers）
新加坡报纸数据库（Singapore Newspaper Article）
东印度公司档案数据库（East India Company）
美国旧报纸数据库（Chronicling America）
纽约时报数据库（Historical *New York Times*，1851-2009）

图书在版编目(CIP)数据

信息之争:《京报》的英译、传播与影响:1802—1911 / 赵莹著. --北京:社会科学文献出版社,2025. 1. --ISBN 978-7-5228-3887-8

Ⅰ.G219.294.9

中国国家版本馆 CIP 数据核字第 2024QL1059 号

信息之争:《京报》的英译、传播与影响(1802—1911)

著　　者 / 赵　莹

出 版 人 / 冀祥德
责任编辑 / 邵璐璐
责任印制 / 王京美

出　　版 / 社会科学文献出版社·历史学分社(010)59367256
　　　　　　地址:北京市北三环中路甲 29 号院华龙大厦　邮编:100029
　　　　　　网址:www.ssap.com.cn
发　　行 / 社会科学文献出版社(010)59367028
印　　装 / 三河市龙林印务有限公司
规　　格 / 开　本:787mm×1092mm　1/16
　　　　　　印　张:16.75　字　数:246 千字
版　　次 / 2025 年 1 月第 1 版　2025 年 1 月第 1 次印刷
书　　号 / ISBN 978-7-5228-3887-8
定　　价 / 89.00 元

读者服务电话:4008918866

△ 版权所有 翻印必究